高等院校经济管理类系列教材

物流与供应链管理
(第 2 版)

罗春燕 杨 茜 主 编
张泰祯 芦亚柯
石 淼 曹红梅 副主编

清华大学出版社
北京

内 容 简 介

本书是高等院校物流专业、电子商务专业的核心教材之一。全书共分十章,全面、系统地介绍了物流管理、仓储管理、配送管理、物流信息管理、物流模式管理、供应链管理、供应链采购管理、供应链关系管理、供应链整合与优化以及物流与供应链风险管理等内容。本书注重物流与供应链管理专业知识的系统性、全面性,并突出教材的应用性、时效性,旨在通过对基础知识的详细阐述,结合实际案例的运用,使读者掌握物流与供应链管理的基础知识与前沿信息,以提高在实际生活和工作中的运用能力。

本书内容翔实,阐述简练,重点突出,案例丰富,版式活泼,既可以作为高等院校物流、物流管理与工程、电子商务、管理科学与工程、工商管理等经济管理类专业的教材,也可作为从事相关专业管理、规划和研究工作人员的参考书。

本书封面贴有清华大学出版社防伪标签,无标签者不得销售。
版权所有,侵权必究。举报: 010-62782989,beiqinquan@tup.tsinghua.edu.cn。

图书在版编目(CIP)数据

物流与供应链管理/罗春燕,杨茜主编. —2版. —北京: 清华大学出版社,2023.8(2024.10重印)
高等院校经济管理类系列教材
ISBN 978-7-302-64113-1

Ⅰ. ①物… Ⅱ. ①罗… ②杨… Ⅲ. ①物流管理—高等学校—教材 ②供应链管理—高等学校—教材 Ⅳ. ①F252.1

中国国家版本馆 CIP 数据核字(2023)第 131040 号

责任编辑: 孟　攀
封面设计: 李　坤
责任校对: 周剑云
责任印制: 沈　露

出版发行: 清华大学出版社
    网　　址: https://www.tup.com.cn, https://www.wqxuetang.com
    地　　址: 北京清华大学学研大厦A座　　邮　编: 100084
    社 总 机: 010-83470000　　邮　购: 010-62786544
    投稿与读者服务: 010-62776969, c-service@tup.tsinghua.edu.cn
    质量反馈: 010-62772015, zhiliang@tup.tsinghua.edu.cn
    课件下载: https://www.tup.com.cn, 010-62791865
印 装 者: 三河市少明印务有限公司
经　　销: 全国新华书店
开　　本: 185mm×260mm　　印　张: 13.5　　字　数: 334千字
版　　次: 2020年4月第1版　2023年9月第2版　　印　次: 2024年10月第2次印刷
定　　价: 39.80元

产品编号: 097719-01

前　言

科学技术的快速发展和信息网络技术的广泛应用加剧了企业之间的市场竞争。在此背景下，一个企业必须与其上下游企业，甚至竞争对手加强合作才能适应竞争。物流业是融合运输、仓储、货贷、信息等产业的复合型服务业，是支撑国民经济发展的基础性、战略性产业。供应链管理既是物流系统的重要组成部分，也是物流运营的关键环节。而电子商务与物流、与供应链的深度融合，以及人工智能、大数据、云计算、物联网和区块链等前沿技术的快速发展，对物流及供应链的运营及管理都产生了深刻的影响。

《物流与供应链管理》自 2020 年出版以来，以其理论性、实用性和适用性受到读者的肯定。《物流与供应链管理(第 2 版)》在保持第 1 版原有的思路、结构和特点的基础上，贯彻二十大报告精神，融入课程思政，落实立德树人任务，并配套立体式教学资源，以此"推进教育数字化，建设全民终身学习的学习型社会"。本书按照结构更合理、条理更清晰、重点更突出、内容更精炼的原则进行修订，具体如下。

(1) 体现物流与供应链管理的新发展、新实践。本书将原书第 10 章拆分成两部分，分别并入第 1 章物流与物流管理及第 6 章供应链管理后，重新梳理并撰写了"第 10 章 物流与供应链风险管理"的相关内容；新增了新兴物流信息技术、供应链管理战略、供应链采购等章节；新增了各个章节的思政学习目标；更新了物流发展趋势、物流模式选择、各种物流信息技术的应用范围等部分内容；更新了部分导入案例及延展阅读。同时增加了课后习题，以尽可能多地展示我国企业现代物流与供应链管理领域的新实践和新发展。

(2) 结构更合理，条理更清晰。本次修订调整了部分章节的内容，如将原第 10 章供应链与物流成本管理的物流成本概述、物流成本的核算以及物流成本控制调整到本书第 1 章物流与物流管理的物流成本构成与分类中；将原第 10 章供应链与物流成本管理的供应链成本的概念构成与分类、供应链成本的影响因素、供应链成本控制调整到本书第 6 章供应链管理的供应链成本管理这一节里。同时，各章的重点内容得到了进一步完善，如对物流发展趋势、库存管理的发展趋势等内容进行了重写；对物流管理的主要学说、供应链采购的相关内容进行了扩充。

(3) 重点更突出，内容更精炼。本次修订删减了配送成本控制的主要措施等部分内容；将绿色物流的实施与绿色物流的应用等内容进行了合并；对配送路线规划进行了精简；优化各章节内部的图片，使之更加清晰。

(4) 学习目标更明确，思政内容覆盖面全。对各个章节的学习目标包括知识目标、能力目标和素养目标进行了提炼。同时，基于知识传授、能力培养、价值塑造"三位一体"及行业企业特点，本书新增思政目标以加强课程思政的价值引领，创设"爱国情怀""爱岗敬业""职业素养"三大思政模块，以培养学生正确的世界观、人生观和价值观，养成善于洞察行业前沿、行业热点的习惯，以及实事求是、根据实际情况解决问题的实践能力。

本书是西南科技大学博士基金项目(校内项目号 20sx7107)，由罗春燕、杨茜担任主编,他们负责对全书框架结构进行设计、审稿及最后定稿;由张泰祯、芦亚柯、石淼、曹红梅担任副主编,他们负责对全书进行编排和整理。各章节的编写分工如下:第1、第3、第4、第7章由罗春燕负责编写,第5、第6章由杨茜负责编写,第2章由张泰祯负责编写,第8章由芦亚珂负责编写,第9章由曹红梅负责编写,第10章由石淼负责编写。

本书在编写过程中参考、借鉴了许多国内外同行的最新研究成果和文献,在此向这些研究者表示衷心的感谢。本书在编写和出版过程中得到了清华大学出版社的大力支持和帮助,在此一并致以由衷的感谢!

由于编者时间与水平所限,书中难免有疏漏之处,敬请读者批评、指正。

本书的习题请扫描下方二维码获取。

编 者

目 录

第1章 物流与物流管理 1
1.1 物流概述 1
- 1.1.1 物流的产生 1
- 1.1.2 物流的发展 2
- 1.1.3 物流的含义 4
- 1.1.4 现代物流 4

1.2 物流管理 5
- 1.2.1 物流管理的概念 5
- 1.2.2 物流管理的原则 5
- 1.2.3 物流管理的基本内容 6
- 1.2.4 实施物流管理的目的 6
- 1.2.5 物流管理的发展历程 7
- 1.2.6 物流管理的主要学说 8

1.3 电子商务物流管理 10
- 1.3.1 电子商务物流管理的概念 10
- 1.3.2 电子商务物流管理的内容 10
- 1.3.3 电子商务物流管理的职能 11

1.4 物流的作用 11
- 1.4.1 物流在微观经济运行中的作用 11
- 1.4.2 物流在宏观经济运行中的作用 12

1.5 物流的主要环节 13
- 1.5.1 运输 13
- 1.5.2 仓储 18
- 1.5.3 配送 22
- 1.5.4 装卸搬运 25
- 1.5.5 包装 27
- 1.5.6 流通加工 30
- 1.5.7 物流信息 34

1.6 物流系统 35
- 1.6.1 物流系统的概念 35
- 1.6.2 物流系统的构成要素 35
- 1.6.3 国际物流系统 36

1.7 物流成本 37
- 1.7.1 物流成本的含义 37
- 1.7.2 物流成本的构成 37
- 1.7.3 物流成本的特征 38
- 1.7.4 物流成本的分类 38
- 1.7.5 物流成本的影响因素 40
- 1.7.6 物流成本核算 41
- 1.7.7 物流成本控制 42

1.8 物流的发展趋势 43
- 1.8.1 智慧物流成趋势 43
- 1.8.2 绿色物流成必然 44
- 1.8.3 共享物流成潮流 44

第2章 仓储管理 45
2.1 仓储管理概述 46
- 2.1.1 仓储管理的概念 46
- 2.1.2 仓储管理的原则 46
- 2.1.3 仓储管理的内容 47
- 2.1.4 仓储管理的模式 48

2.2 入库管理 51
- 2.2.1 入库前的准备工作 52
- 2.2.2 货物接运 52
- 2.2.3 货物验收与入库 53

2.3 在库管理 56
- 2.3.1 商品的保管和养护 56
- 2.3.2 盘点 58

2.4 出库管理 60
- 2.4.1 商品出库的依据 60
- 2.4.2 商品出库的要求 60
- 2.4.3 商品出库的方式 60
- 2.4.4 商品出库的业务程序 61
- 2.4.5 商品出库中发生问题的处理 62

2.5 库存管理 63
- 2.5.1 库存概述 63
- 2.5.2 库存的分类 64

2.5.3 库存的作用 66
2.5.4 库存控制的目标 67
2.5.5 库存管理的办法 67
2.5.6 库存管理的发展趋势 73

第 3 章 配送管理 74

3.1 配送模式 75
　　3.1.1 自营配送 75
　　3.1.2 共同配送 76
　　3.1.3 互用配送 77
　　3.1.4 第三方配送 78
3.2 配送成本管理 78
　　3.2.1 配送成本的构成 78
　　3.2.2 配送成本的核算 79
　　3.2.3 配送成本的控制 81
3.3 配送中心 83
　　3.3.1 配送中心的概念 83
　　3.3.2 配送中心的类别 84
　　3.3.3 配送中心的功能 85
　　3.3.4 配送中心的作业流程 87
　　3.3.5 配送中心选址 88
　　3.3.6 配送线路规划 91

第 4 章 物流信息管理 97

4.1 条码技术 98
　　4.1.1 条码技术的发展 98
　　4.1.2 条码概述 99
　　4.1.3 条码的构成 102
　　4.1.4 条码技术的特点 103
　　4.1.5 条码的种类 103
　　4.1.6 条码技术的应用 106
4.2 RFID 技术 109
　　4.2.1 RFID 技术的概念 109
　　4.2.2 RFID 技术的发展 109
　　4.2.3 RFID 系统的构成 110
　　4.2.4 RFID 技术的优势 110
　　4.2.5 RFID 技术的应用 111
4.3 EDI 技术 113
　　4.3.1 EDI 的概念 113

　　4.3.2 EDI 技术的发展 113
　　4.3.3 EDI 系统的构成 114
　　4.3.4 EDI 的特点 114
　　4.3.5 EDI 的功能 115
　　4.3.6 EDI 的运用 116
4.4 GPS 技术 117
　　4.4.1 GPS 的概念 117
　　4.4.2 GPS 的构成 117
　　4.4.3 GPS 的工作原理 118
　　4.4.4 GPS 的特点 119
　　4.4.5 GPS 技术的应用 120
4.5 GIS 技术 121
　　4.5.1 GIS 的概念 121
　　4.5.2 GIS 技术的特点 121
　　4.5.3 GIS 技术在物流领域的
　　　　　应用 122
4.6 物联网技术 122
　　4.6.1 物联网概述 122
　　4.6.2 物联网的关键技术 123
　　4.6.3 物联网在物流中的应用 124
4.7 新型物流信息技术 124
　　4.7.1 大数据 124
　　4.7.2 云计算 125
　　4.7.3 人工智能 126

第 5 章 物流模式管理 127

5.1 自营物流 128
　　5.1.1 自营物流的概念 128
　　5.1.2 自营物流的优点 128
　　5.1.3 自营物流的缺点 128
5.2 第三方物流 129
　　5.2.1 第三方物流的概念 129
　　5.2.2 第三方物流的特征 129
　　5.2.3 第三方物流的优点 130
5.3 第四方物流 131
　　5.3.1 第四方物流的概念 131
　　5.3.2 第四方物流的特征 131
　　5.3.3 第四方物流的运作模式 132
　　5.3.4 第四方物流的基本功能 133

5.3.5 与第三方物流的异同..............133
5.3.6 第四物流存在的问题..............134
5.3.7 第四物流的解决方案..............135
5.4 物流联盟..............135
　　5.4.1 物流联盟的概念..............135
　　5.4.2 物流联盟的优势..............136
　　5.4.3 物流联盟的组建方式..............136
5.5 绿色物流..............137
　　5.5.1 绿色物流的概念..............137
　　5.5.2 绿色物流的内涵..............137
　　5.5.3 绿色物流的特点..............138
　　5.5.4 绿色物流的实施与应用..............138
5.6 再生资源物流..............140
　　5.6.1 再生资源物流的概念..............140
　　5.6.2 再生资源物流的特点..............140
　　5.6.3 再生资源物流的种类..............141
　　5.6.4 再生资源物流的作用..............141
5.7 冷链物流..............142
　　5.7.1 冷链物流的概念..............142
　　5.7.2 冷链物流的适用范围..............142
　　5.7.3 冷链物流的特点..............143
　　5.7.4 冷链物流的发展趋势..............143
5.8 逆向物流..............144
　　5.8.1 逆向物流的概念..............144
　　5.8.2 逆向物流的主要环节..............144
　　5.8.3 逆向物流的特点..............145
　　5.8.4 逆向物流的分类..............145
5.9 物流模式的选择..............146

第6章 供应链管理..............148

6.1 供应链概述..............149
　　6.1.1 供应链的概念..............149
　　6.1.2 供应链的发展..............150
　　6.1.3 供应链的分类..............150
　　6.1.4 供应链的主要流程..............152
6.2 供应链管理概述..............153
　　6.2.1 供应链管理的概念..............153
　　6.2.2 供应链管理的发展..............153
　　6.2.3 供应链管理的内容..............154

6.2.4 供应链管理的特点..............155
6.2.5 供应链管理的基本要求..............156
6.2.6 供应链管理的作用..............156
6.3 供应链管理战略..............157
　　6.3.1 供应链管理的原理..............157
　　6.3.2 供应链管理的支点..............159
　　6.3.3 供应链管理的方法..............160
　　6.3.4 供应链管理模式..............171
6.4 供应链成本管理..............174
　　6.4.1 供应链成本的概念..............174
　　6.4.2 供应链成本的构成..............174
　　6.4.3 供应链成本的核算..............175
　　6.4.4 供应链成本的控制..............175

第7章 供应链采购管理..............178

7.1 采购概述..............179
　　7.1.1 采购的概念..............179
　　7.1.2 采购管理的概念..............179
　　7.1.3 采购管理的作用..............180
　　7.1.4 现代采购管理的内容及
　　　　 与传统采购管理的差异..............181
　　7.1.5 采购流程..............182
7.2 采购方式..............182
　　7.2.1 集中采购和分散采购..............182
　　7.2.2 招标采购和非招标采购..............183
　　7.2.3 竞争性谈判采购..............183
　　7.2.4 询价采购..............183
　　7.2.5 单一来源采购..............183
7.3 供应链采购..............183
　　7.3.1 供应链采购的概念..............183
　　7.3.2 供应链采购的特点..............184
　　7.3.3 供应链采购的模式..............185

第8章 供应链关系管理..............186

8.1 供应链合作伙伴关系概述..............186
　　8.1.1 供应链合作伙伴关系的
　　　　 概念..............186
　　8.1.2 供应链合作伙伴关系的
　　　　 形成..............187

8.1.3 供应链合作伙伴关系建立的
意义 187
8.1.4 供应链合作伙伴关系建立的
制约因素 187
8.2 供应链企业间的关系 188
8.2.1 供应链企业间的委托代理
关系 188
8.2.2 供应链企业间委托代理关系的
特征 188
8.3 供应链合作伙伴的选择 189
8.3.1 选择供应链合作伙伴的基本
条件和原则 189
8.3.2 选择供应链合作伙伴的
方法 190
8.3.3 选择供应链合作伙伴的
步骤 191
8.3.4 供应链合作伙伴的评价
与选择 191

第 9 章 供应链整合与优化 193

9.1 供应链失灵 194
9.1.1 供应链失灵的原因 194
9.1.2 供应链管理中不确定性的
表现 194
9.1.3 牛鞭效应 195
9.2 供应链整合 198
9.2.1 供应链整合的概念 198
9.2.2 供应链整合的类型 198
9.3 供应链优化 199
9.3.1 供应链优化的概念 199
9.3.2 供应链优化的目的 199
9.3.3 供应链优化方案 200

第 10 章 物流与供应链风险管理 201

10.1 商业风险 201
10.1.1 交货延迟产生的风险 201
10.1.2 商业机密泄露产生的风险 ... 202
10.1.3 延迟付款产生的风险 202
10.2 物流运输风险 203
10.2.1 仓储风险 203
10.2.2 运输风险 203
10.2.3 包装风险 203
10.3 其他风险管理 204
10.3.1 物流信息系统的风险 204
10.3.2 连带责任产生的风险 204
10.3.3 人力不可抗产生的风险 204

参考文献 206

第 1 章　物流与物流管理

【案例导入】

> **中远海控发布重磅公告：日均赚 2.45 亿元！净利润同比增长近 800%！**
>
> 2022 年 3 月 10 日，中远海控发布 2021 年度业绩快报公告。公告显示，中远海控 2021 年营业收入为 3 336.94 亿元，同比增长 94.85%；净利润为 892.96 亿元，同比增长 799.52%；基本每股收益 5.59 元。公告透露，2022 年截至目前的生产经营情况为：欧美主要港口持续拥堵，主干航线运价稳定；公司全力保障全球运输服务，东西干线出口航次保持满载，生产经营一切正常，财务状况良好。
>
> 中远海控是全球第三大班轮公司，在东西主干航线以及澳洲等航线均有较强的竞争力。据中远海控 2021 年半年报显示，中远海控共经营 291 条国际航线(含国际支线)、54 条中国沿海航线及 80 条珠江三角洲和长江支线，所经营的船队在全球约 100 个国家和地区的 329 个港口均有挂靠。
>
> 中远海控的前身为中国远洋，成立于 2005 年，于 2007 年 6 月在主板上市。2016 年中国远洋重组，变更为中远海控，更加聚焦集运业务。据 Wind 数据显示，2016—2020 年，其净利润分别为-91 亿元、48 亿元、30 亿元、103 亿元、131 亿元。
>
> 2021 年，中远海控创下历史最好业绩，净利润为 892.8 亿元，平均日赚高达近 2.45 亿元。以 2021 年前三季度的数据与其他行业巨头进行对比，中远海控扣非净利润约为贵州茅台的 2 倍、宁德时代的 10 倍。
>
> 目前，全球集运供应链始终处于紧绷的状态，"对于任何事件冲击都没有抵抗力"。从历史上苏伊士运河堵塞、盐田港停摆等事件的冲击来看，均导致运价产生非线性突变。尽管进出黑海的集装箱运输是一项相对小众的贸易，但是俄乌冲突持续升级可能会对全球集装箱供应链造成较大影响，大大延缓全球供应链的恢复速度。
>
> (资料来源：网易新闻)

思考：在今天，物流行业将何去何从？

1.1　物流概述

1.1.1　物流的产生

物流专家詹姆斯·约翰(James John)曾说：物流学是一个充满活力的新的科学领域。为了使市场经济达到让适当的用户，在适当的时候，花最少的费用，获得他们所需要的产品和服务的目的，拥有一个有效的物流系统是关键。事实上，人类社会自开始商品交换以来，就存在着与生产和流通相适应的物流活动。物流活动包括运输、储存、装卸搬运、包装、配送和流通加工等过程。但是，真正将物流作为企业经营的基本职能，对物流活动实施系统化的科学管理则始于20世纪50年代前后。

物流(physical distribution，PD)这一概念最早是由美国的阿奇·萧(Arch W. Shaw)在20世纪初提出的，汉语的意思是"实物分配"或"货物配送"。他在《市场流通中的若干问题》一书中提出"物流(问题)是一个与创造需求不同的问题"，并提到"物资经过时间或空间的转移，会产生附加价值"。这里时间或空间的转移指的是销售过程的物流。在第二次世界大战中，围绕着战争供应，美军建立了"后勤"(logistics)理论。这里的"后勤"是指将战时物资生产、采购、运输、配送等活动作为一个整体进行的统一布置，以求战略物资补给的费用更低、速度更快、服务更好。后来"后勤"一词在企业的经营活动中得到了广泛的应用，随之又有了商业后勤、流通后勤的提法；此时的后勤包含了生产过程和流通过程的物流，因而是一个内涵更广泛的物流概念。经过半个多世纪的演变，现在大多数国家把物流称作 logistics，而不是 physical distribution。

20世纪60年代，日本派团考察美国的物流技术，引进了物流的概念。20世纪80年代初，我国从日本直接引入物流的概念。

1.1.2 物流的发展

1. 物流概念的孕育阶段

20世纪初至20世纪50年代是物流概念的孕育和提出阶段。这一阶段的特点是范围小、人数少、意见不统一。主要有两个提法：一是美国市场营销学者阿奇·萧于1915年从市场分销的角度提出的叫作 physical distribution 的物流概念，即"实体分配"或"分销物流"，它实际上就是指把企业的产品分送到客户手中的活动；二是美国少校琼西·贝克(Chauncey B. Baker)于1905年从军事后勤的角度提出的叫作 logistics 的物流概念，主要是指物资的供应保障、运输储存等。

2. 分销物流学阶段

从20世纪50年代中期开始到20世纪80年代中期是分销物流学(physical distribution)阶段。这阶段的基本特征是分销物流学的概念得以发展并占据了统治地位，并且从美国走向了全世界，得到世界各国的一致认可，形成了一个比较统一的物流概念，形成和发展了物流管理学，也形成了物流学派、物流产业和物流领域。

(1) physical distribution 概念继续在美国得到发展和完善，基本形成了比较完整的物流管理学。

1961年，爱德华·W. 斯马凯伊(Edward W. Smykay)、罗纳德·J. 鲍尔索克斯(Ronald J. Bowersox)和弗兰克·H. 莫斯曼(Frank H. Mossman)撰写了《物流管理》一书，这是世界上第一本有关物流管理的教科书，建立起了比较完整的物流管理学科体系。20世纪60年代初期，密歇根州立大学以及俄亥俄州立大学分别在大学部和研究生院开设了物流课程。

1963年成立了美国物流管理协会，该协会将各方面的物流专家集中起来，提供教育、培训活动，这一组织成为世界上第一个物流专业人员组织。

(2) physical distribution 概念从美国走向世界，成为世界公认的物流概念，在世界范围内形成了物流管理学的理论体系。

20 世纪 60 年代中期，美国的 physical distribution 概念传到了日本，在日本得到了继承并发扬光大，以后又逐渐传到了欧洲、北美，20 世纪 70 年代末传到了我国。后来，基本上全世界各个国家都接受了这个物流概念和物流管理学。

分销物流学认为物流是运输、储存、包装、装卸、加工(包括生产加工和流通加工)、物流信息等各种物流活动的总和。分销物流学主要研究这些物流活动在分销领域的优化问题。这阶段各个物流专业的理论和应用有了很大的进展，如系统理论、运输理论、配送理论、仓储理论、库存理论、包装理论、网点布局理论、信息化理论以及它们的应用技术等。

(3) 在分销领域各专业物流理论竞相发展的同时，企业内部物流理论异军突起。

1965 年，美国 J. A. 奥列基博士(Dr. Joseph A. Orlicky)提出独立需求和相关需求的概念，并指出订货点法的物资资源配置技术只适用于独立需求物资。而企业内部的生产过程相互之间的需求则是一种相关需求，应当用物料需求计划(material requirements planning，MRP)技术。受 MRP 思想原理的启发，20 世纪 80 年代又产生了应用于分销领域的配送需求计划(distribution requirements planning，DRP)技术；在 MRP 和 DRP 技术发展的基础上，20 世纪 90 年代又出现了物流资源计划(logistics resource planning，LRP)技术和企业资源计划(enterprise resource planning，ERP)技术。

20 世纪 50～60 年代日本丰田公司创造的准时化生产(简称"JIT 生产方式")以及相应的看板技术是生产领域物流技术的另外一朵"奇葩"。它不仅在生产领域创造了一种革命性的哲学和技术，而且为整个物流管理学提供了一种理想的物流思想理论和技术，现在已经应用到物流的各个领域。

企业内部另一个重要的物流领域是设施规划与工厂设计，包括工厂选址、厂区布局、生产线布置、物流搬运系统设计等，也都成为物流学强劲应用和发展的领域，形成了物流管理学一个非常重要的分支学科。

所有这些企业内部物流理论和技术的强劲发展，逐渐引起了人们的关注。分销物流的概念显然不足以涵盖它们，原来只关注分销物流的人们自然想到，只使用分销物流的概念已经不太合适了。特别是到 20 世纪 80 年代中期，随着物流活动的进一步集成化、一体化、信息化，改换物流概念的想法也更加强烈，于是就进入了物流概念发展的第三个阶段。

3. 现代物流学阶段

从 20 世纪 80 年代中期开始至今是现代物流学(logistics)产生和发展的阶段。第二阶段物流业的发展，使全世界都意识到物流已经不再仅限于分销领域，而是已经涉及包括企业物资供应、企业生产、企业分销以及企业废弃物再生等全范围和全领域。原来的 physical distribution 概念已经不适应这种形势，应该扩大概念的内涵，进而采用 logistics 作为物流的概念。

如今的物流已经发展成为社会生活非常重要的"部门"，随着社会潮流进入信息化时代，"互联网+"的模式已经席卷整个物流行业，传统的物流运作方式逐渐将退出历史舞台，新的物流运作方式将在现代社会"生根、发芽"，在现代生活中占据举足轻重的位置。

1.1.3 物流的含义

目前，物流的确切定义各国不尽相同，如下所述。

美国市场营销协会(American Marketing Association，AMA)对物流的定义(20世纪50年代)：物流是对从生产阶段到消费或利用阶段物资的移动及货物处理的活动。

日本通产省物流调查会对物流的定义(20世纪60年代)：物流是制品从生产地到最终消费者的物的转移活动，具体由包装、装卸运输、保管以及信息等活动组成。

根据我国国家标准《物流术语》(GB/T 18354—2021)的规定，物流被界定为：根据实际需要，将运输、储存、装卸、搬运、包装、流通加工、配送、信息处理等基本功能实施有机结合，使物品从供应地向接收地进行实体流动的过程。物流作为供应链活动的一部分，是为了满足客户需要而对商品、服务以及相关信息从产地到消费地的高效、低成本流动和储存进行的规划、实施与控制的过程。

1.1.4 现代物流

1. 现代物流的概念

现代物流(modern logistics)是相对于传统物流而言的。它是在传统物流的基础上，引入高科技手段，即运用计算机进行信息联网，并对物流信息进行科学管理，从而使物流速度加快，准确率提高，库存减少，成本降低，以此延伸和放大传统物流的功能。我国的许多专家学者认为："现代物流是根据客户的需要，以最经济的费用，将物资从供给地向需求地转移的过程，它主要包括运输、储存、加工、包装、装卸、配送和信息等活动。"我国六部委(国家经济贸易委员会、铁道部、交通部、信息产业部、对外贸易经济合作部、中国民用航空总局)于2001年3月2日在《关于加快我国物流发展的若干意见》的通知中，对现代物流的定义是这样表述的："现代物流泛指原材料、产成品从起点至终点及相关信息有效流动的全过程。它将运输、仓储、装卸、加工、整理、配送、信息等方面有机结合，形成完整的供应链，为用户提供多功能、一体化的综合性服务。"

美国物流管理协会认为，现代物流是"以满足消费者需求而进行的对原材料、中间库存、最终产品及相关信息从起始地到消费地的有效流动与储存的计划、实施和控制的过程"。美国后勤管理协会认为，现代物流是"有计划地将原材料、半成品及产成品由产地送至消费地的所有流通活动。它包括为用户服务、需求预测、信息联系、物料搬运、订单处理、选址、采购、包装、运输、装卸、废料处理及仓库管理等"。欧洲物流协会认为，现代物流是"在一个系统内对人员或商品的运输、安排及与此相关的支持活动的计划、执行与控制，以达到特定的目的"。日本通产省物流调查会认为："现代物流是商品从卖方到买方全部转移的过程。"

综上所述，现代物流是指从与客户建立业务关系开始，物流企业可以向客户提供采购原料、提供商品生产或加工地点、原料或产成品的储存保管、装卸、包装、租船、订舱、配载、制单、报价、报关、集港、疏港、运输、结汇、跟踪物流位置，直至货物到达指定目的地的最终用户手中的一系列服务。

2. 现代物流与传统物流的区别

现代物流与传统物流的不同表现在很多方面，其中最主要的有以下几方面。

(1) 服务功能上的差异。一般传统物流的服务功能是相对独立的，因此不具备控制整个供应链的功能；而现代物流强调的是对供应链的全面管理和有效控制。

(2) 与客户关系的差异。传统物流与客户的关系是建立短期合约，以价格竞争和标准服务赢得客户；而现代物流与客户通常是战略合作伙伴的关系，以降低成本、提供增值和定制物流服务满足客户的需求。

(3) 信息系统建设的差异。传统物流无外部整合系统，只是有限的或没有电子数据交换(electronic data interchange，EDI)的联系，更没有卫星跟踪系统；而现代物流实施信息系统，广泛运用 EDI 以及卫星跟踪系统。

(4) 物流企业管理的差异。传统物流企业通常采用分散的、传统的、人工的管理；而现代物流企业采用的是现代化、信息化、全面质量管理系统的管理。可见现代物流是一个全新的系统概念；它包含产品寿命周期的整个物理性位移的全过程；它使传统物流向生产、流通以及消费全过程延伸，并且添加了新的物流内涵；它使社会物流与企业物流有机地结合起来，即从采购物流到生产物流再到销售物流，直至消费终端。

1.2 物 流 管 理

1.2.1 物流管理的概念

物流管理(logistics management)是为达到既定的目标，从物流全过程出发，对相关物流活动进行的计划、组织、协调与控制。现代物流管理是建立在系统论、信息论和控制论基础上的专业学科。

1.2.2 物流管理的原则

1. 物流管理的总原则——物流合理化

物流管理最根本的指导原则是保证物流合理化的实现。所谓物流合理化，就是对物流设备配置和物流活动组织进行调整改进，实现物流系统整体优化的过程。它具体表现在兼顾成本与服务上，即以尽可能低的物流成本获得可以接受的物流服务，或以可以接受的物流成本达到尽可能高的服务水平。

2. 物流合理化的基本思想

物流活动各种成本之间经常存在着此消彼长的关系，物流合理化的一个基本思想就是"均衡"，从物流总成本的角度权衡得失。不求极限，但求均衡，均衡造就合理。

3. 物流管理面临的新挑战

很多先进信息技术的出现，极大地推动了物流行业的巨变。我们不能再以传统的观念来认识信息时代的物流，物流也不再是物流功能的简单组合运作，它已是一个"网"的概念。提高连通物流节点的效率，提高系统的管理效率已成为整个物流产业面临的关键问题。

1.2.3 物流管理的基本内容

1. 物流作业管理

物流作业管理是指对物流活动或功能要素的管理，主要包括运输与配送管理、仓储与物料管理、包装管理、装卸搬运管理、流通加工管理以及物流信息管理等。

2. 物流战略管理

物流战略管理是指对企业的物流活动实行的总体性管理，是企业制定、实施、控制和评价物流战略的一系列管理决策与行动，其核心问题是使企业的物流活动与环境相适应，以实现物流的长期、可持续发展。

3. 物流成本管理

物流成本管理是指对物流活动发生的相关成本进行计划、组织、协调与控制。物流成本管理的主要内容包括物流成本核算、物流成本预测、物流成本计划、物流成本决策、物流成本分析以及物流成本控制等。

4. 物流服务管理

物流服务管理是指物流企业或企业的物流部门从处理客户订货开始，直至商品送交客户的过程中，为满足客户的要求，有效地完成商品供应，减轻客户的物流作业负荷，所进行的全部活动。

5. 物流组织管理

物流组织管理是指专门从事物流经营和管理活动的组织机构，既包括企业内部的物流管理和运作部门、企业间的物流联盟组织，也包括从事物流及其中介服务的部门、企业以及政府物流管理机构。物流组织管理主要包括物流战略管理、项目管理、营销管理、财务管理、信息管理、服务管理、人才资源管理等内容。

6. 供应链管理

供应链管理是用系统的观点通过对供应链中的物流、信息流和资金流进行设计、规划、控制与优化，以寻求建立供、产、销企业以及客户间的战略合作伙伴关系，最大限度地减少内耗与浪费，实现供应链整体效率的最优化，并保证供应链成员取得相应的绩效和利益，来满足顾客需求的整个管理过程。

1.2.4 实施物流管理的目的

实施物流管理的目的就是要在尽可能低的总成本条件下实现既定的客户服务水平，即寻求服务优势和成本优势的一种动态平衡，并由此创造企业在竞争中的战略优势。根据这个目标，物流管理要解决的基本问题，简单地说，就是把合适的产品以合适的数量和合适的价格在合适的时间和合适的地点提供给客户。

物流管理强调运用系统方法解决问题。现代物流通常被认为是由运输、存储、包装、装卸、流通加工、配送和信息诸环节构成。各环节原本都有各自的功能、效益和观念。系统方法就是利用现代管理方法和现代技术，使各个环节共享总体信息，把所有环节作为一个一体化的系统来进行组织和管理，以使系统能够在尽可能低的总成本条件下，提供有竞争优势的客户服务。系统方法认为，系统的效益并不是它们各个局部环节效益的简单相加。系统方法意味着，对于出现的某一个方面的问题，要对全部的影响因素进行分析和评价。从这一思想出发，物流系统并不是简单地追求在各个环节上各自的最低成本，因为物流各环节的效益之间存在相互影响、相互制约的倾向，存在着交替损益的关系。比如过分强调包装材料的节约，就可能因其易于破损造成运输和装卸费用的上升。因此，系统方法强调要进行总成本分析，避免次佳效应，以达到总成本最低，同时达到既定客户的服务水平的目的。

1.2.5 物流管理的发展历程

国际上物流管理的发展经历了以下三个阶段。

1. 运输管理阶段

物流管理起源于第二次世界大战中军队输送物资装备所发展出来的储运模式和技术。第二次世界大战以后，这些技术被广泛应用于工业界，并极大地提高了企业的运作效率，为企业赢得了更多客户。当时的物流管理主要针对企业的配送部分，即在成品生产出来后，如何快速而高效地经过配送中心把产品送达客户，并尽可能维持最低的库存量。当时，美国物流管理协会被称为实物配送管理协会，而加拿大供应链与物流管理协会则被称为加拿大实物配送管理协会。

在这个初级阶段，物流管理只是在既定数量的成品生产出来后，被动地去迎合客户需求，将产品运到客户指定的地点，并在运输的领域内去实现资源最优化利用，合理设置各配送中心的库存量。准确地说，这个阶段物流管理并未真正出现，有的只是运输管理、仓储管理和库存管理。物流经理的职位当时也不存在，有的只是运输经理或仓库经理。

2. 物流管理阶段

现代意义上的物流管理出现在20世纪80年代。人们发现，利用跨职能的流程管理的方式去观察、分析和解决企业经营中的问题非常有效。通过分析物料从原材料运到工厂，流经生产线上的每一个工作站，产出成品，再运送到配送中心，最后交付给客户的整个流通过程，企业可以消除很多看似高效却实际降低了整体效率的局部优化行为。因为每个职能部门都想尽可能利用其产能，没有留下任何富余，一旦需求增加，则处处成为瓶颈，导致整个流程中断。又如运输部作为一个独立的职能部门，总是想方设法降低其运输成本，这本身是一件天经地义的事，但若因此将一笔须加快的订单交付海运而不是空运，虽然省下了运费，却失去了客户，导致整体失利。因此，传统的垂直职能管理已不适应现代大规模工业化生产，而横向的物流管理却可以综合管理每一个流程上的不同职能，以取得整体最优化的协同作用。

在这个阶段，物流管理的范围扩展到除运输外的需求预测、采购、生产计划、存货管理、配送与客户服务等，以系统化管理企业的运作，达到整体效益的最大化。以色列物流学家、企业管理大师艾利·高德拉特(Eliyahu M. Goldratt)所著的《目标》一书风靡全球制造业界，其精髓就是从生产流程的角度来管理生产。相应地，美国实物配送管理协会在20世纪80年代中期改名为美国物流管理协会，而加拿大实物配送管理协会则在1992年改名为加拿大物流管理协会。

一个典型的制造企业，其需求预测、采购和原材料运输环节通常叫作进向物流，材料在工厂内部工序间的流通环节叫作生产物流，而配送与客户服务环节叫作出向物流。物流管理的关键则是系统管理从原材料、在制品到成品的整个流程，以保证在最低的存货条件下物料畅通地买进、运入、加工、运出并交付到客户手中。对于有着高效物流管理的企业股东而言，这意味着以最少的资本做出最大的生产，产生最大的投资回报。

3. 供应链管理阶段

20世纪90年代，随着全球经济一体化进程的加快，企业分工越来越细，各大生产企业纷纷外包零部件生产，把低技术、劳动密集型的零部件转移到人工最廉价的国家去生产。以美国的通用、福特、戴姆勒-克莱斯勒三大车厂为例，一辆车上的几千个零部件可能产自十几个不同的国家、几百个不同的供应商。这样一种生产模式给物流管理提出了新课题：如何在维持最低库存量的前提下，保证所有零部件能够按时、按质、按量，以最低的成本供应给装配厂，并将成品车运送到每一个分销商？这已经远远超出了一个企业的管理范围，它要求与各级供应商、分销商建立紧密的合作伙伴关系，共享信息，精确配合，集成跨企业供应链上的关键商业流程，才能保证整个流程的畅通。只有实施有效的供应链管理，方可达到同一供应链上企业间协同作用的最大化。市场竞争已从企业与企业之间的竞争转化到供应链与供应链的竞争。

在这样的背景下，加拿大物流管理协会于2000年改名为加拿大供应链与物流管理协会，以反映行业的变化与发展。美国物流管理协会曾试图扩大物流管理概念的外延来表达供应链管理的理念，最后因多方反对，不得不修订物流管理的概念，承认物流管理是供应链管理的一部分。

1.2.6 物流管理的主要学说

随着人们对物流认识的不断加深和物流实践的不断发展，物流学说也呈现出百花齐放、百家争鸣的局面。目前，比较重要的物流学说主要有以下几种。

1. "效益背反"理论

"效益背反"又称为"二律背反"，这一术语表明两个相互排斥而又被认为是同样正确的命题之间的矛盾。"物流效益背反"指的是一种物流活动的高成本，会因另一种物流活动成本的降低或效益的提高而抵消的相互作用关系。

2. "黑大陆"学说

在财务会计中，把生产经营费用大致划分为生产成本、管理费用、营业费用以及财务费用，然后把营业费用按各种支付形态进行分类。这样，在利润表中所能看到的物流成本在整个销售额中只占极少的比重。因此，物流的重要性当然不会被认识到，这就是物流被称为"黑大陆"的一个原因。

由于物流成本管理存在的问题及有效管理对企业盈利和发展的重要作用，1962 年，彼得·德鲁克(Peter F. Drucker)将物流比作"一块未开垦的处女地"，强调应高度重视流通及流通过程中的物流管理。德鲁克泛指的是流通，但由于流通领域中物流活动的模糊性特别突出，是流通领域中人们认识不清的领域，所以"黑大陆"学说主要针对物流而言。

3. "第三利润源"说

"第三利润源"的说法是日本早稻田大学教授、日本物流成本学说的权威学者西泽修在 1970 年提出的。

从历史发展来看，人类历史上曾经有过两个大量提供利润的领域。在生产力相对落后、社会产品处于供不应求的历史阶段，由于市场商品匮乏，制造企业无论生产多少产品都能销售出去，于是就大力进行设备更新改造，扩大生产能力，增加产品数量，降低生产成本，以此来创造企业剩余价值，即第一利润源。当产品充斥市场，转为供大于求，销售产生困难时，也就是第一利润达到一定极限，很难持续发展时，便采取扩大销售的办法寻求新的利润源。人力领域最初是廉价劳动，其后则是依靠科技进步提高劳动生产率，降低人力消耗，或采用机械化、自动化来降低劳动耗用，从而降低成本，增加利润，称之为"第二利润源"。然而，在这两个利润源潜力越来越小、利润开拓越来越困难的情况下，物流领域的潜力被人们所重视，于是出现了西泽修教授的"第三利润源"说。

4. "物流冰山"说

"物流冰山"说是日本早稻田大学西泽修教授提出来的，他发现现行的财务会计制度和会计核算方法都不可能掌握物流费用的实际情况，因而人们对物流费用的了解一片空白，甚至有很大的虚假性，他把这种情况比作"物流冰山"。物流就像一座冰山，其中沉在水面以下的是看不到的黑色区域，而看到的不过是物流成本的一部分，人们过去之所以轻视物流，是因为只看见了冰山的一角，而没有看见冰山的全貌。

5. "商物分流"说

商品从生产领域到消费领域的转移过程称为商品流通。在这个过程中，商流和物流的活动表现为：一是商品价值的转移，即商品所有权转移；二是商品使用价值的转移，即商品实体的转移。前者称为商流，后者称为物流。商流和物流的统一，构成了商品流通。

随着商品经济的发展，商流与物流产生了分离，即商业流通和实物流通各自按照自己的规律和渠道独立运动。商流与物流产生分离的根本原因是商流运动的基础(资金流与实物运动具有相对独立性)。实物的运动是通过资金的运动来实现的，也就是说，资金的分配是实物运动的前提，两者的运动渠道、运动形态不同。商物分离实际上是商品流通中专业分工、职能分工的产物，是通过这种分工实现大生产式的社会再生产的产物，这是物流科学中重要的新概念。正是在商物分离的基础上对物流进行独立的科学考察，进而形成了物流科学。

总之，商流和物流构成了商品流通的两大支柱。商流搞活了，能加快物流的速度，给物流带来活力，而物流的畅通无阻能使商品源源不断地被送到消费者手中。商流与物流分离的积极意义是充分发挥资金运动和实物运动各自的规律性和有效性，从而推动商品流通向更现代化的方向发展。

6. "物流森林"说

"物流森林"说是美国学者提出的,该学说认为物流整体效应如同森林,其过程包括一系列活动,如运输、储存、包装、配送、流通加工等。在物流过程中不是单纯地追求各项功能要素优化,而更主要的是追求整体效果的有机联系,即追求总体效果最优。

"物流森林"说强调的是总体观念。在物流理论中,还有很多提法也反映了类似的观念,如物流系统论、多维结构论、物流一体化观念、综合物流观念和物流供应链理论等。

7. "成本中心"说

物流在企业战略中,只对企业营销活动的成本发生影响,物流环节是企业成本的主要发生源。因此,解决企业的物流问题,主要不是物流的合理化、现代化,也不在于物流对其他活动的支持保障,而是通过物流的管理来降低物流成本,以及通过物流的一系列活动来降低企业其他环节的成本。因此,这里的"成本中心"既指主要成本的产生点,又指降低成本的关注点。

1.3 电子商务物流管理

1.3.1 电子商务物流管理的概念

电子商务物流管理(E-commerce logistic management)是指在社会再生产过程中,根据物质资料实体流动的规律,应用管理的基本原理和科学方法,对电子商务物流活动进行计划、组织、指挥、协调、控制和决策,使各项物流活动实现最佳协调与配合,以降低物流成本,提高物流效率和经济效益。简言之,电子商务物流管理就是研究并应用电子商务物流活动规律对物流全过程、各环节和各方面的管理。

1.3.2 电子商务物流管理的内容

(1) 运输管理。运输管理主要包括:运输方式及服务方式的选择、运输路线的选择、车辆调度与组织。

(2) 储存管理。储存管理包括:原料、半成品和成品的储存策略,储存统计,库存控制,养护。

(3) 装卸搬运管理。装卸搬运管理包括:装卸搬运系统的设计、设备规划与配置和作业组织等。

(4) 包装管理。包装管理主要包括:包装容器和包装材料的选择与设计,包装技术和方法的改进,包装系列化、标准化、自动化等。

(5) 流通加工管理。流通加工管理包括:加工场所的选定、加工机械的配置、加工技术与方法的研究和改进、加工作业流程的制定与优化。

(6) 配送管理。配送管理包括:配送中心选址及优化布局、配送机械的合理配置与调度、配送作业流程的制定与优化。

(7) 物流信息管理。物流信息管理包括:对反映物流活动内容的信息、物流要求的信息、物流作用的信息和物流特点的信息所进行的搜集、加工、处理、存储和传输等。

(8) 客户服务管理。客户服务管理包括：对物流活动相关服务的组织和监督，如调查和分析顾客对物流活动的反映，决定顾客所需要的服务水平、服务项目等。

1.3.3 电子商务物流管理的职能

电子商务物流管理和任何管理活动一样，其职能包括组织、计划、协调、指挥、控制、激励和决策。

(1) 组织职能。组织职能的主要工作内容有：确定电子商务物流系统的机构设置、劳动分工和定额定员；配合有关部门进行物流空间组织和时间组织的设计；对电子商务物流中的各项职能进行合理分工，使各个环节的职能得以专业化协调。

(2) 计划职能。计划职能主要是编制和执行年度电子商务物流的供给和需求计划、月度供应作业计划、电子商务物流各环节的具体作业计划(如运输、仓储等)、与物流营运相关的经济财务计划等。

(3) 协调职能。这对电子商务物流尤其重要，除电子商务物流业务运作本身的协调功能外，还需要进行物流与商流、资金流、信息流之间的协调，这样才能满足电子商务用户的服务要求。

(4) 指挥职能。物流过程是物资从原材料供应者到最终消费者的一体化过程，指挥是物流供应管理的基本保障，它涉及物流管理部门直接指挥下属机构和直接控制的物流对象，如产成品、在制品、待售和售后产品、待运和在运货物等。

(5) 控制职能。由于电子商务涉及面广，其物流活动参与人员众多、波动大，所以物流管理的标准化、标准的执行与督查以及偏差的发现与矫正等控制职能应具有广泛性和随机性。

(6) 激励职能。激励职能主要是电子商务物流系统内职员的挑选与培训、绩效的考核与评估、工作报酬与福利、激励与约束机制的设计。

(7) 决策职能。电子商务物流管理的决策更多的是与物流技术挂钩，如库存合理定额的决策，以及采购量和采购时间的决策。

1.4 物流的作用

物流是经济社会这个大系统中的一个重要子系统，它与经济社会发展的关系极为密切。物流成为一个独立的经济过程，是经济社会发展的必然结果；反过来，物流自身的不断发展也取决于经济社会发展的程度。在社会主义市场经济条件下，经济社会的发展离不开物流，市场经济越发达，物流的作用，无论从微观经济的运行上还是从宏观经济的运行上，都显得更为重要。

1.4.1 物流在微观经济运行中的作用

企业是国民经济的细胞。在社会主义市场经济下，企业是市场的主体，企业生产采取资金循环的形式，即由购买(供应)、生产和消费三个阶段构成。在这种经济运行中，物流的作用主要表现在以下几个方面。

(1) 物流是企业生产连续进行的前提条件。现代化生产的重要特征之一是连续性。一个企业的生产要连续、不间断地进行，一方面必须根据生产需要，按质、按量、按时，均衡不断地供给原材料、燃料、工具、设备等；另一方面，又必须及时将产成品销售出去。同时，在生产过程中，各种物质资料也要在各个生产场所和工序之间互相传递，使它们经过一步步的连续加工，成为价值更高、使用价值更大的产品。在现代企业生产经营中，物流贯穿于从生产计划到把产成品送达顾客手中的整个循环过程之中，并紧紧围绕着物品使用价值的形态功能更替和价值的实现转移。企业生产经营的全部职能都要通过物流得以实现，企业生产经营管理活动无一不伴随着物流的开发与运行。不论是供应物流、生产物流，还是销售物流，如果出现阻塞，企业整个生产经营系统的运行就必然受影响。因此，可以说物流是企业生产连续进行的必要前提条件。

(2) 物流是保证商流顺畅进行，实现商品价值和使用价值的物质基础。在商品流通过程中，一方面要发生商品所有权的转移，即实现商品的价值，这个过程即"商流"；另一方面，还要完成商品从生产地到消费地的空间转移，即发生商品的实体流动——"物流"，以便实现商品的使用价值。商流引起物流，物流为商流服务。没有物流过程，商流就不能最后完成，包括在商品中的价值和使用价值就不能真正实现。物流能力的大小，直接决定着整个流通的规模和速度。如果物流效能过小，整个市场流通就不会顺畅，就不能适应整个市场经济发展对物品快进快出、大进大出的客观要求。

(3) 物流信息是企业经营决策的重要依据。随着生产力水平的迅速提高，生产规模的急剧扩大，商品需求量和供给量也越来越大，生产结构和消费结构越来越复杂，导致商品市场竞争异常激烈。在这种情况下，企业必须及时、准确、迅速地掌握市场信息和物流信息。从某种意义上讲，信息就是金钱。商品经济越发达，信息的作用就越大、越重要。近年来，物流信息在整个经济信息系统中占有越来越重要的地位。许多生产企业和流通企业都建立了设备先进的物流信息中心，以便及时掌握企业内部和外部的物流信息，作为企业生产经营决策的重要依据。

1.4.2 物流在宏观经济运行中的作用

社会再生产是千千万万个企业再生产的总体运动过程。这个总体运动就是宏观经济的运行。如果把整个经济社会看作一个大系统，那么物流仅是这个大系统中的一个子系统，但这个系统对整个宏观经济的运行发挥着重要作用。

(1) 物流是社会经济大系统的动脉系统，是联结社会生产各个部门成为一个有机整体的纽带。任何一个社会(或国家)的经济都是由众多的产业、部门、企业组成的。这些企业又分布在不同的地区，它们之间互相供应产品，用于对方的生产性消费和个人生活消费。它们既互相依赖又互相竞争，形成错综复杂的关系。物流就是维系这些关系的纽带。尤其是在现代科学技术的发展，已经引起和正在引起经济结构、产业结构、消费结构的一系列变化的情况下，物流像链条一样把众多不同类型的企业、复杂多变的产业部门，以及成千上万种产品联结起来，成为一个有序运行的国民经济整体。

(2) 物流的发展对商品生产的规模、产业结构的变化以及经济发展速度具有制约作用。一方面，流通规模必须与生产发展的规模相适应，这是市场经济运行的客观要求。而流通规模的大小在很大程度上取决于物流效能的大小,包括运输、包装、装卸、储存等。例如,只有在铁路运输、水运和汽车运输有了一定发展的情况下,煤炭、水泥等量大、体重的产品才有可能成为大量生产、大量消费的产品,这些商品的生产规模才有可能扩大。另一方面,物流技术的发展,能够改变产品的生产和消费条件,从而为经济的发展创造重要的前提。例如,肉、奶、蔬菜、水果等农产品,在没有储存、保管、运输、包装等物流技术作保证时,往往只能保存几天到十几天的时间,超过这个期限就会丧失价值和使用价值。但是,当运输技术有了充分发展时,这类商品就能在较短的时间内进入更为广阔的市场和消费领域。同时,由于储存技术的发展,使得这些产品可以在较长时间内保存其使用价值,并在较长时间里消费。此外,随着物流技术的迅速发展,物资流转速度将会大大加快,从而能够加速经济的发展。

(3) 物流的改进是提高经济效益的重要源泉。如前所述,物流组织的好坏,直接影响着生产过程的顺利进行,决定着物品的价值和使用价值能否实现。物流成本已成为生产成本和流通成本的重要组成部分。据有关资料显示,美国的生产成本占到工厂成本的 10%左右,其他就是流通费用和物流成本;全部生产过程只有 5%的时间用于制造加工,其余 95%多为搬运、储存等物流时间。据估计,美国工业每年支出的流通费用超过 4 000 亿美元。由于科技进步和生产管理水平的提高,通过降低物资消耗和提高劳动生产率来降低产品成本已经取得很大成效,在这方面的潜力已经越来越小;而物流领域却是一块"未被开垦的处女地",在管理和技术上加以改进,将是"大幅度降低成本的宝库",通过采取合理组织运输、减少装卸次数、提高装卸效率、改进商品包装和装卸工具来减少物品损耗等措施,降低物流费用,将成为企业"第三利润"的源泉。现代一些经济发达的国家已开始把重点放到"第三利润"的挖掘上,在节约物流费用上大做文章,并取得了较好的效果。在我国,节约物资消耗和提高劳动生产率的潜力固然仍旧很大,但节约流通费用的潜力更大。例如,在我国生产建设中,煤炭的物流费用占价格的 50%左右,水泥占 30%左右,钢材占 10%~20%。据不完全统计,由于全国物流方面造成的损失每年不下百亿元。水泥每年在物流过程中的破包率为 15%~20%,损失的水泥相当于年产量的 5%,直接损失达 4.5 亿元;玻璃的物流损失平均为 20%,年损失达 4 亿~5 亿元;陶瓷破损率占产量的 20%,达 2 亿多元;化肥破袋率占产量的 80%,达 4 亿多元;粮食由于仓储条件差和保管不善,每年损失约 150 亿千克;鲜活商品因运输困难、大量腐烂而造成的损失更是不计其数。同时,重复运输、相向运输十分严重,既浪费人力又增加了流通费用。这些都充分说明,我国物流领域的发展潜力是巨大的。开发物流、改进物流、提高物流管理水平,无论对于企业经济效益还是社会宏观经济效益,都具有十分重要的作用。

1.5 物流的主要环节

1.5.1 运输

1. 运输概述

1) 运输的概念

运输是指借助运载工具使物品在空间上发生位置移动的物流活动。我国国家标准《物流术语》(GB/T 18354—2021)将运输定义为:"利用载运工具、设施设备及人力等运力资源,使货物在较大空间上产生位置移动的活动。"

2) 运输的功能

(1) 产品移动。实现物品在空间上的位移,创造物品的"空间效用"(或"场所效用")。物品在不同的位置,其使用价值实现的程度是不同的,即效用价值是不同的。通过运输活动,将物品从效用价值低的地方转移到效用价值高的地方,物品的使用价值得到更好的实现,也就是创造物品的最佳效用价值。

(2) 产品短期储存。对物品进行临时储存,一方面,当运输中的物品需要储存且在短时间内又将再次运输,卸货和装货的费用可能会超过储存在运输工具(如汽车)中的费用时,就可以考虑将运输工具作为物品暂时的储存地点。另一方面,当仓库空间有限时,也可以考虑选择利用运输工具作为物品暂时的储存地点。

3) 运输的基本原理

指导运输管理和营运的两条基本原理是规模经济和距离经济。

(1) 规模经济。运输规模经济是指随着装运规模的扩大,使每单位重量的运输成本降低。

(2) 距离经济。运输距离经济是指每单位距离的运输成本随距离的增加而减少。

2. 运输方式

运输方式主要有五种,即铁路运输、公路运输、水路运输、航空运输和管道运输。

1) 铁路运输

铁路运输是指使用铁路列车运送货物的一种运输方式。铁路运输主要承担长距离、大数量的货运,在没有水运条件的地区,几乎所有大批量货物的运输都是依靠铁路,这是在干线运输中起主力运输作用的运输形式。

铁路运输的主要优点有:①运输能力强;②运输成本较低;③适应性强,受气候和自然条件影响小,安全可靠性高;④运行速度较快;⑤环境污染小,环保成本低。

铁路运输的主要缺点有:①固定成本高;②始发与终点作业时间长,不利于运距较短的运输业务;③灵活性较差,运输过程中受固定的轨道限制;④不能实现门到门运输;⑤大量资金、物资用于建筑工程,如路基、站场等,一旦停止营运,不易转让或回收,损失较大。

2) 公路运输

公路运输主要是使用汽车,也使用其他车辆(如人、畜力车)在公路上进行货物运输的一种方式。公路运输主要承担近距离、小批量的货运,水运、铁路运输难以到达地区的长途、大批量货运,以及铁路、水运优势难以发挥的短途运输。

公路运输的主要优点有:①机动灵活、适应性强,可以实现"门到门"的直达运输;②适合于近距离运输;③原始投资少,资金周转快,投资回收期短。

公路运输的主要缺点有:①装载量小,不适合大批量运输;②运输成本高;③运输能耗很高;④环境污染严重;⑤安全性较低。

3) 水路运输

水路运输是指使用船舶运送货物的一种运输方式。水运主要承担大数量、长距离的运输,是在干线运输中起主力作用的运输形式。在内河及沿海,水运也常作为小型运输工具使用，担任补充及衔接大批量干线运输的任务。

水路运输的主要优点有：①单位运输工具的装载量大，运输能力强；②水路运输成本低，基础设施投资节省，单位运价低廉；③运输距离长；④能源消耗少。

水路运输的主要缺点有：①运输速度慢；②受港口、水位、季节、气候影响较大，因而一年中中断运输的时间较长。

4) 航空运输

航空运输是指使用飞机或其他航空器进行运输的一种方式。航空运输主要适合运载的货物有两类：一类是价值高、运费承担能力很强的货物；另一类是紧急需要的物资。

航空运输的主要优点有：①速度快；②机动性能好；③航空运输服务质量高，安全可靠。

航空运输的主要缺点有：①运输成本高；②运输能力小；③有些货物禁用空运；④受天气影响较大。

5) 管道运输

管道运输是指利用管道输送气体、液体和粉状固体的一种运输方式。

管道运输的主要优点有：①运输量大；②运输工程量小，占地少；③能耗小，安全可靠，无污染，成本低；④可实现封闭运输，损耗少，不受天气影响，可以全天候运输；⑤管道可以走捷径，运输距离短。

管道运输的主要缺点有：①专用性强；②管道起运量与最高运输量间的幅度小；③管道运输路线一般是固定的，管道建设的初期投资建设成本大。

3. 运输合理化

1) 不合理运输

不合理运输是指在运输过程中，违反运输规律调运，忽视运输工具的充分利用和合理分工，从而造成运力浪费、运输时间增加、运费超支等现象。不合理运输主要有以下几种类型。

(1) 返程或起程空驶，即空车无货载行驶，这是不合理运输的最严重形式。因车辆调运不当、货源计划不周，不采用运输社会化而形成的空驶，是不合理运输的表现。

(2) 对流运输，亦称"相向运输""交错运输"，指同一种货物，或彼此间可以互相代用而又不影响管理、技术及效益的货物，在同一线路上或平行线路上做相对方向的运送，而与对方运程的全部或一部分发生重叠交错的运输称为对流运输。已经制定了合理流向图的产品，一般必须按合理流向的方向运输，如果与合理流向图指定的方向相反，也属于对流运输。

在判断对流运输时需要注意的是，有的对流运输是不很明显的隐蔽对流。例如不同时间的相向运输，从发生运输的那个时间看，并未出现对流，可能会做出错误的判断。

(3) 倒流运输是指货物从销地或中转地向产地或起运地回流的一种运输现象，其不合理程度要甚于对流运输，原因在于，往返两程的运输都是不必要的，形成了双程的浪费。倒流运输也可以看成是隐蔽对流的一种特殊形式。

(4) 重复运输是指本来可以直接将货物运到目的地，但是在未达目的地，或在目的地之外的其他场所将货卸下，再重复装运送达目的地，一方面同品种货物在同一地点运进，同时又向外运出。重复运输的最大问题是增加了非必要的中间环节，延缓了流通速度，增加了费用，增大了货损。

(5) 迂回运输是舍近求远的一种运输方式，即在可以选取短距离进行运输时，却选择路程较长的路线进行运输的一种不合理形式。迂回运输有一定复杂性，不能简单处理，只有由于计划不周、地理不熟、组织不当而发生的迂回，才属于不合理运输；而由于最短距离有交通阻塞、道路情况不好，或对噪声、排气等有特殊限制而发生的迂回，就不能称为不合理运输。

(6) 过远运输是指调运物资舍近求远，近处有资源不调而从远处调，这就造成可采取近程运输而未采取，拉长了货物运距的浪费现象。过远运输占用运力时间长，运输工具周转慢，物资占压资金时间长，远距离自然条件相差大，又易出现货损，增加了费用支出。

(7) 托运方式选择不当。即对于货主而言，可以选择最佳的托运方式而未选择，造成运力浪费及费用支出加大的一种不合理运输。例如，应选择整车运输而未选择，反而采取零担托运，应当直达而选择了中转运输，应当中转运输而选择了直达运输等都属于这一类型的不合理运输。

(8) 运力选择不当是指因为不正确地选择运输工具和运输方式造成的不合理现象。常见形式有弃水走陆，运输工具承载能力选择不当，铁路、大型船舶的过近运输等。

2) 影响运输合理化的因素

(1) 运输距离。运输过程中，运输时间、运输费用等若干技术经济指标都与运输距离有一定的关系。运距长短是运输是否合理的一个最基本的因素。

(2) 运输环节。每增加一个运输环节，势必要增加运输的附属活动，如装卸、包装等，各项经济技术指标也会因此发生变化，所以减少运输环节有一定的促进作用。

(3) 运输工具。各种运输工具都有其优势领域，对运输工具进行优化选择，最大限度地发挥运输工具的作用，是运输合理化的重要一环。

(4) 运输时间。在全部物流时间中运输时间占绝大部分，尤其是远程运输，因此，运输时间的缩短对整个流通时间的缩短起着决定性的作用。此外，运输时间缩短，还有利于加速运输工具的周转，充分发挥运力效能，提高运输线路通过能力。

(5) 运输费用。运费在全部物流费用中占很大的比例，运费的高低在很大程度上决定了整个物流系统的竞争能力。实际上，运费高低，无论对货主还是对物流企业而言，都是衡量运输是否合理的一个重要标志。运费的高低也是各种合理化措施是否行之有效的最终判断依据之一。

3) 运输合理化的实现途径

(1) 提高运输工具实载率。提高运输工具实载率的途径有：一是单车实际载重与运距的乘积和标定载重与行驶里程的乘积的比率，这在安排单车、单船运输时，是作为判断装载合理与否的重要指标；二是车船的统计指标，即一定时期内车船实际完成的货物周转量(以吨/公里计)占车船载重(吨位)与行驶里程(公里)乘积的百分比。在计算车船行驶的公里数时，不但包括载货行驶，也包括空驶。提高实载率的意义在于充分利用运输工具的额定能力，减少车船空驶和不满载行驶的时间，减少浪费，从而达到运输合理化的目的。

(2) 减少动力投入，增加运输能力。少投入、多产出，走高效益之路。运输的投入主要是能耗和基础设施的建设，在设施建设已定型和完成的情况下，应尽量减少能源投入，这样就能大大节约运费，降低单位货物的运输成本，达到运输合理化的目的。

(3) 发展社会化的运输体系。运输社会化是发挥运输的大生产优势，实行专业分工，打破一家一户自成运输体系的状况。实行运输社会化，可以统一安排运输工具，避免对流、倒流、空驶、运力不当等多种不合理形式，不但可以追求组织效益，而且可以追求规模效益，所以发展社会化的运输体系是运输合理化的重要措施。

(4) 开展中短距离铁路公路分流("以公代铁")的运输。在公路运输经济里程范围内，或者经过论证，超出通常平均经济里程范围，也应尽量利用公路。这种运输合理化的表现主要有两点：一是对于比较紧张的铁路运输，用公路分流后，可以得到一定程度的缓解，从而加大这一区段的运输通过能力；二是充分利用公路从门到门和在中途运输中速度快且灵活机动的优势，达到铁路运输服务难以达到的水平。

(5) 发展直达运输。直达运输是在组织货物运输的过程中，越过商业、物资仓库环节或铁路、交通中转环节，把货物从产地或起运地直接运到销地或用户，以减少中间环节。对生产资料来说，由于某些物资体积大或比较笨重，一般采取由生产工厂直接供应消费单位(生产消费)，实行直达运输，如煤炭、钢材、建材等。在商业部门，则根据不同的商品，采取不同的运输方法。有些商品规格简单，可以由生产工厂直接供应到三级批发站、大型商店或用户，越过二级批发站环节，如纸张、肥皂等；也有些商品规格、花色比较复杂，可由生产工厂供应到批发站，再由批发站配送到零售商店或用户。至于外贸部门，多采取直达运输，对出口商品实行由产地直达口岸的办法。自在流通领域提出"多渠道、少环节"以来，各基层、商店直接进货，自由采购的范围越来越大，直达运输的比重也逐步增加，这为减少物流中间环节创造了条件。

(6) "四就"直拨运输。"四就"直拨运输是指各商业、物资批发企业，在组织货物调运过程中，对当地生产或由外地到达的货物，不运进批发站仓库，采取直拨的办法，把货物直接分拨给市内基层批发、零售商店或用户，减少一道中间环节。其具体做法有：就厂直拨、就车站(码头)直拨、就库直拨、就车(船)过载等。

直达运输和"四就"直拨是两种不同的合理运输形式，它们既有区别又有联系。直达运输一般是指运输里程较远、批量较大、往省(区)外发运的货物；"四就"直拨运输一般是指运输里程较近、批量较小，在大中型城市批发站所在地办理的直拨运输业务。二者是相辅相成的，往往又交错在一起。例如，在实行直达运输的同时，再组织"就厂""就站"直拨，可以收到双重的经济效益。

(7) 发展特殊运输技术和运输工具。依靠科技进步是使运输合理化的重要途径。例如，专用散装及罐车，解决了粉状、液状物运输损耗大、安全性差等问题；袋鼠式车皮、大型半挂车解决了大型设备整体运输问题；滚装船解决了车载货的运输问题；集装箱船比一般货船能容纳更多的箱体，集装箱高速直达车船加快了运输速度……都是通过采用先进的科学技术实现合理化。

(8) 通过流通加工，使运输合理化。有不少产品，由于产品本身形态及特性问题，很难实现运输的合理化，如果进行适当加工，就能够有效合理解决运输问题。例如，将造纸材料在产地预先加工成干纸浆，然后压缩体积运输，就能解决造纸材料运输不满载的问题；轻泡产品预先捆紧包装成规定尺寸，装车就容易提高装载量；水产品及肉类预先冷冻，就可提高车辆装载率并降低运输损耗。

运输功能是物流服务的基本服务内容之一。物流的主要目的就是要满足客户在时间和地点两个条件下对一定货物的要求，时间的变换和地点的转移是实现物流价值的基本因素。

企业既可以通过拥有自己的车辆的方式自己设计运输系统，也可将这项物流业务外包给第三方专业的物流公司。专业的物流公司一般自己都拥有或掌握一定规模的运输工具；具有竞争优势的第三方物流(third party logistics，3PL)经营者的物流设施不仅仅是在一个点上，而是在一个覆盖全国或一个大的区域的网络上。因此，3PL 服务公司首先可能要为客户设计最合适的物流系统，选择满足客户需要的运输方式，然后具体组织网络内部的运输作业，在规定的时间内将客户的商品运抵目的地，除了在指定交货点的交货需要客户配合外，整个运输过程，包括最后的市内配送，都可由 3PL 经营者完成。

1.5.2 仓储

1. 仓储的概念

"仓"也称为仓库，是指存放物品的建筑物和场地，如房屋建筑、大型容器、洞穴或特定的场地等，具有存放和保护物品的功能。"储"表示收存以备使用，具有收存、保管、交付使用的意思。仓储则是指利用仓库及相关设施设备进行物品的入库、储存、出库的活动。

2. 仓储的功能

从整个物流过程来看，仓储是保证这个过程正常运转的基础环节之一。仓储的价值主要体现在其具有的基本功能、增值功能以及社会功能三个方面。

(1) 基本功能。基本功能是指为了满足市场的基本储存需求，仓库所具有的基本操作或行为，包括储存、保管、拼装、分类等基础作业。其中，储存和保管是仓储最基础的功能。通过基础作业，货物得到了有效的、符合市场和客户需求的仓储处理。例如，拼装可以为进入物流过程中的下一个物流环节做好准备。

(2) 增值功能。通过基本功能的实现而获得的利益体现了仓储的基本价值。增值功能则是指通过仓储高质量的作业和服务，使经营方或供需方获取除这一部分以外的利益，这个过程称为附加增值。这是物流中心与传统仓库的重要区别之一。增值功能的典型表现方式包括：一是提高客户的满意度。当客户下达订单时，物流中心能够迅速组织货物，并按要求及时送达，提高了客户对服务的满意度，从而增加了潜在的销售量。二是信息的传递。在仓库管理的各项事务中，经营方和供需方都需要及时而准确的仓库信息。例如，仓库的利用水平、进出货频率、仓库的地理位置、仓库的运输情况、客户的需求状况、仓库人员的配置等信息为用户或经营方进行正确的商业决策提供了可靠的依据，提高了用户对市场的响应速度以及经营效率，降低了经营成本，从而带来了额外的经济利益。

(3) 社会功能。仓储的基础作业和增值作业会给整个社会物流过程的运转带来不同的影响，良好的仓储作业与管理会带来较好的影响。例如，保证生产、生活的连续性，反之会带来负面的效应。这些功能称为社会功能，可以从三个方面理解：第一，时间调整功能。一般情况下，生产与消费之间会产生时间差，通过储存可以克服货物产销在时间上的隔离(如季节生产，但需全年消费的大米)。第二，价格调整功能。生产和消费之间也会产生价格差，供过于求、供不应求都会对价格产生影响，因此通过仓储可以克服货物在产销量上的不平衡，达到调控价格的效果。第三，衔接商品流通的功能。商品仓储是商品流通的必要条件，为保证商品流通过程连续进行，就必须有仓储活动。通过仓储，可以防范突发事件，保证商品顺利流通。例如，运输被延误，卖主缺货。对供货仓库而言，这项功能是非常重要的，因为原材料供应的延迟将导致产品生产流程的延迟。

3. 仓储合理化

仓储合理化是指用最经济的办法实现仓储的功能。合理仓储的实质是在保证仓储功能实现的前提下，使系统的投入最少。

1) 仓储存在的问题

(1) 传统物流仓储设施占地广，仓库建设投资资金需求大，花费时间长。仓储难是整个物流业存在的普遍现象，严格的土地管理政策使仓储企业取得土地的难度加大，土地取得成本和使用成本较高。由于缺乏统一的国家标准和专业性的规划设计，各地已经建成的新仓库区存在许多的问题。

(2) 管理人员缺失。发展仓储行业，既需要掌握一定专业技术的人才，也需要操作型人才，更需要仓储管理型人才，而我国近年这几方面的人才都很匮乏。

(3) 专业仓储管理软件不完善。凡是正规的仓储都拥有自己的智能仓储管理系统(WMS)，能够随时更改订单信息，这必然导致要花费若干年时间的摸索才能找到完全符合自身仓储需求的系统。专业仓储管理软件的缺失，导致传统物流仓储无法满足现有物流仓储时效性高、库存单位多、客户需求复杂等的要求。

2) 仓储合理化的标志

(1) 质量标志。保证被仓储物的质量，是完成仓储功能的根本要求。只有这样，商品的使用价值才能通过物流得以最终实现。在仓储中增加了多少时间价值或是得到了多少利润，都是以保证质量为前提的。因此，仓储合理化的主要标志中，为首的应是反映使用价值的质量。现代物流系统已经拥有很有效的维护货物质量、保证货物价值的技术手段和管理手段，也正在探索物流系统的全面质量管理问题，即通过物流过程的控制及工作质量来保证仓储物的质量。

(2) 数量标志。在保证功能实现的前提下有一个合理的数量范围。

(3) 时间标志。在保证功能实现的前提下，寻求一个合理的仓储时间，这是和数量有关的问题，仓储量越大，消耗速率越慢。

(4) 结构标志。结构标志是从被储物不同品种、不同规格、不同花色的仓储数量的比例关系对仓储合理性的判断，尤其是相关性很强的各种货物之间的比例关系更能反映仓储合理与否。

(5) 分布标志。分布标志是指不同地区仓储的数量比例关系，以此判断当地需求比，以及对需求的保障程度，也可以此判断对整个物流的影响。

(6) 费用标志。费用标志主要是指仓租费、维护费、保管费、损失费、资金占用利息支出等，要将这些费用考虑进去才能从实际费用上判断仓储是否合理。

3) 实现仓储合理化的措施

(1) 在自建仓库和租用公共仓库之间做出合理的选择，找到最优解决方案。自建仓库对于企业来说，可以使企业最大限度地控制库存，并且拥有更大的灵活性，企业可以根据自己的需要对仓储做出合理的调整。当进行长期的存储时，一般来说，仓储的费用比较低。因为租用公共仓库使得企业无须为建造仓库投入大量资金，所以可以节省企业宝贵的资金；租用公共仓库可以减少企业的经营风险，因为当商品在储存期间出现问题时，仓库会予以解决。在短期看来，公共仓库因为其规模性租金比较低廉，而且企业在租用公共仓库的时候，可以根据待储存商品的数量决定储存的规模，这样也防止了资金的浪费。因此，企业应根据自身的特点，在自建仓库和租用公共仓库之间做出合理的选择。一般来说，当企业的存货量较大，对商品的需求比较稳定且市场密度比较大时，可以考虑自建仓库；反之，则应选择租用公共仓库。

(2) 注重应用合同仓储，即应用第三方仓储。合同仓储就是企业将仓储活动转包给外部公司，由外部公司为企业提供一体化、全方位的仓储服务。合同仓储具有高专业性、高质量、低成本等优点，因此可以为企业提供优质的服务。合同仓储可以有效地利用仓储资源，扩大市场的地理范围，降低运输的成本。

(3) 进行储存物的 ABC 分类法，并在 ABC 分类的基础上实施重点管理。ABC 分类管理方法就是将库存物资按重要程度分为特别重要的库存(A 类)、一般重要的库存(B 类)和不重要的库存(C 类)三个等级，然后针对不同等级分别进行管理和控制。ABC 分类管理法是实施储存合理化的基础，在此基础上可以进一步解决各类库存的结构关系、储存量、重点管理和技术措施等合理化问题。而且通过在 ABC 分类的基础上实施重点管理，可以决定各种物品的合理库存储备数量，乃至实施零库存。

(4) 加速总周转，提高单位产出。存货周转速度加快，能使企业的资金循环周转快、资本增值快、货损货差小、仓库吞吐能力增强、成本下降。充分发挥库场使用效能是降低仓储成本的前提。仓储保管的货物成本，与库场面积利用率、货物储存量密切相关，可以采取高垛的方法，增加储存的高度；缩小库内通道宽度，以增加储存有效面积；采用侧叉车、推拉式叉车，以减少叉车转弯所需的宽度；减少库内通道数量，以增加储存有效面积。

(5) 采用有效的"先进先出"方式。"先进先出"是储存管理的准则之一，能够保证每个被储物的储存期不会过长。有效的"先进先出"方式主要有以下几种。

① 贯通式货架系统。利用货架的每层形成贯通的通道，从一端存入物品，从另一端取出物品，物品在通道中自行按先后顺序排队，不会出现越位等现象。贯通式货架系统能非常有效地保证先进先出。

② "双仓法"储存。给每种被储物都准备两个仓位或货位，轮换进行存取，再配以必须在一个货位中取光才可补充的规定，则可以保证实现"先进先出"。

③ 计算机存取系统。采用计算机管理，在存储时向计算机输入时间记录，编入一个简单的按时间顺序输出的程序，取货时计算机就能按时间给予指示，以保证"先进先出"。这种计算机存取系统还能将"先进先出"和"快进快出"结合起来，即在保证先进先出的前提下，将周转快的物资随机存放在便于存储之处，以加快周转，减少劳动消耗。

(6) 提高储存密度和仓容利用率。提高储存密度和仓容利用率的主要目的是减少储存设施的投资，提高单位存储面积的利用率，以降低成本、减少土地占用。提高储存密度和仓库利用率的方法有三种。

① 采取高垛的方法，增加储存的高度。采用高层货架仓库、集装箱等都可比一般堆

存方法大大增加储存高度。

② 缩小库内通道宽度以增加有效储存面积。采用窄巷道式通道，配以轨道式装卸车辆，以减少车辆运行宽度，采用侧叉车、推拉式叉车，以减少叉车转弯所需的宽度。

③ 减少库内通道数量以增加储存有效面积。可采用密集型货架、可进车的可卸式货架、各种贯通式货架、不依靠通道的桥式吊车装卸技术等实现。

(7) 采用有效的储存定位系统。储存定位即被储物位置的确定。如果定位系统有效，能大大节约寻找、存放、取出的时间，节约不少物化劳动及活劳动，而且能防止差错，便于清点。储存定位系统可采取先进的计算机管理方式，也可采取一般人工管理方式，行之有效的方式主要有以下两种。

① "四号定位"方式。这是用一组四位数字来确定存取位置的固定货位方法，是我国手工管理中采用的科学方法。这四个号码是：序号、架号、层号、位号。这就使每一个货位都有一个组号，在物资入库时，按规划要求，对物资编号，记录在账卡上，提货时按四位数字的指示，很容易将货物拣选出来。这种定位方式可对仓库存货区事先做出规划，并能很快地存取货物，有利于提高存取速度，减少差错。

② 电子计算机定位系统。这是利用电子计算机储存容量大、检索迅速的优势，在入库时，将存放货位输入计算机，出库时向计算机发出指令，并按计算机的指示人工或自动寻址，找到存放货，拣选取货的方式。一般采取自由货位方式，计算机指示入库货物存放在就近易于存取之处，或根据入库货物的存放时间和特点，指示合适的货位，取货时也可就近提取。这种方式可以充分利用每一个货位，而无须专位待货，有利于提高仓库的储存能力，当吞吐量相同时，可比一般仓库减少建筑面积。

(8) 采用有效的监测清点方式。对储存物资的数量和质量进行监测，不但是掌握基本情况的必要手段，也是科学控制库存的有效途径。在实际工作中稍有差错，就会使账物不符，因此，必须及时、准确地掌握实际储存情况，经常与账卡核对，这是仓储管理必不可少的环节。此外，经常的监测也是掌握被存物质量状况的重要工作。监测清点库存的有效方式主要有以下几种。

① "五五化"堆码。这是我国手工管理中采用的一种科学方法。储存物堆垛时，以"五"为基本计数单位，堆成总量为"五"的倍数的垛形，如梅花五、重叠五等。堆码后，有经验者可过目成数，大大加快了人工点数的速度，且差错少。

② 光电识别系统。即在货位上设置光电识别装置，用该装置对被存物进行扫描，并将准确数目自动显示出来。这种方式无须人工清点就能准确掌握库存的实有数量。

③ 电子计算机监控系统。用电子计算机指示存取，可以防止人工存取所易于出现的差错，如果在被存物上采用条码识别技术，使识别计数和计算机联结，每存/取一件物品时，识别装置自动将条码识别并将其输入计算机中，计算机会自动做出存取记录。这样只需向计算机查询，就可以了解所存物品的准确情况，而无须再建立一套对仓储物有数据的监测系统。

(9) 采用现代储存保养技术。利用现代技术进行储存保养是储存合理化的重要方面。现代储存保养技术的方式主要有以下两种。

① 气幕隔潮。在潮湿地区或雨季，室外湿度高且持续时间长，若想在仓库内保持较低的湿度，就必须防止室内外空气的频繁交换。一般仓库打开库门作业时，便自然形成了

空气交换的通道，由于频繁作业，室外的潮湿空气会很快进入库内，一般库门、门帘等设施隔绝潮湿空气效果不理想。在库门上方安装鼓风设施，使之在门口处形成一道气流，由于这道气流压力较大，流速快，在门口便形成了一道气墙，可有效阻止库内外空气交换，防止湿气浸入，但不影响人和设备出入。气墙还可起到保持室内温度的隔热作用。

② 气调储存。通过调节和改变环境空气成分，抑制被储物的化学变化和生物变化，抑制害虫生存及微生物活动，从而达到保持被储物质量的目的。

(10) 采用集装箱、集装袋、托盘等储运装备一体化的方式。集装箱等集装设施的出现给仓储带来了新理念。采用集装箱后，集装箱本身便是一个仓库，不再需要传统意义的库房，在物流过程中，也就省去了入库、验收、清点、堆垛、保管、出库等一系列仓储作业，因而对改变传统仓储作业有重要意义，是仓储合理化的一种有效方式。

1.5.3 配送

1. 配送的概念

我国国家标准《物流术语》(GB/T 18354—2021)对配送的定义是："根据客户要求，对物品进行分类、拣选、集货、包装、组配等作业，并按时送达指定地点的物流活动。"

2. 配送的界定

1) 配送与运输

配送不是单纯地运输或输送，而是运输与其他活动共同构成的有机体。配送的起止点是物流节点至用户，处于"二次输送""末端输送"的位置。

2) 配送与送货

配送不是一般概念的送货，也不是生产企业推销产品时直接从事的销售性送货，而是从物流节点至用户的一种特殊送货形式。配送包含"配"和"送"两种活动："配"包括货物的分拣和配货等活动，"送"泛指各种送货方式和送货行为。

3. 配送的作用

1) 有利于合理配置资源

合理配置资源包含以下几层意思。

(1) 资源(包括物资、资金、技术等)在各地区、各部门、各产业之间的分配要符合生产力合理布局和产业协调发展的要求。

(2) 资源在某个行业、某个部门的分配和再分配要能够充分发挥行业或部门的优势。

(3) 资源经分配以后要能够最大限度地发挥其作用。

实施配送，可以做到以配送企业的集中库存取代社会上千家万户的分散库存，可以按照统一计划，合理分配和使用资源，做到物尽其用。

2) 可以降低物流成本，促进生产快速发展

配送企业统一安排运输活动，实现"运输专营"，从供求关系来看，就是要以社会供应系统取代企业内部供应系统，从而优化库存和运输结构，提高设备、设施的利用率，大大降低物流成本和生产成本。据统计，我国施行配送制的生产企业，其物资库存量比过去降低了25%~70%。

3) 能有效促进流通的高效运行

配送不仅能够把流通推上专业化、社会化的道路，更能以其特有的运动形态和优势调整流通结构，使物流运动演化为规模经济运动。从形态上看，以集中的、完善的送货取代分散性、单一性的取货；在资源配置方面，以专业组织的库存(集中库存)代替社会上的分散库存。

4) 促进了整个物流系统的完善

采用配送方式，可将支线运输及小散运输统一起来，从而使整个物流过程得以优化和完善。

5) 有利于开发和应用新技术

目前，很多国家的配送组织正是在更新、改造设备的基础上，先后采用了一系列先进的操作技术和管理技术，如集装箱、托盘运输技术、条码标识技术、计算机控制的自动拣选技术等。

6) 能够有效地解决交通问题

推行配送能够减少社会范围内的迂回运输、交叉运输、重复运输等不合理现象，有助于缓解城市道路交通矛盾，解决交通拥挤问题，不仅起到减少污染、保护环境的作用，还能减少运输费用。

4. 配送的类型

1) 按配送组织者分类

(1) 商店配送。商店配送形式的组织者是商业或物资的门市网点，这些网点主要承担商品的零售，一般来讲规模不大，但经营品种比较齐全。除日常经营的零售业务外，这种配送方式还可根据用户的要求，将商店经营的品种配齐，或代用户外订、外购一部分本商店平时不经营的商品，与商店经营的品种一起配齐并运送给用户。

(2) 配送中心配送。配送中心配送的组织者是专职配送中心，规模比较大。其中，有的配送中心由于需要储存各种商品，储存量也比较大；也有的配送中心专职组织配送，因此储存量较小，主要靠附近的仓库来补充货源。

(3) 仓库配送。仓库配送是以一般仓库为据点来进行配送，有的把仓库完全改造成配送中心；有的在保持仓库原功能的前提下，以仓库原功能为主，再增加一部分配送职能。

(4) 生产企业配送。生产企业配送的主体是生产企业，尤其是进行多品种产品生产的企业。这些企业可以直接从本企业开始进行配送，而不需要将产品发运到配送中心进行配送，具有直接、避免中转的特点，因此在节省成本方面具有一定的优势。但这种配送方式多适用于大批量、单一产品的配送，不适用于多种产品"凑零为整"的配送方式，因此具有一定的局限性。

2) 按配送商品的种类及数量分类

(1) 少品种(或单品种)、大批量配送。对于工业企业需求量较大的商品，由于单独一个品种或几个品种就可达到较大的运输量，可以实行整车运输，这种情况下就可以由专业性很强的配送中心实行配送，往往不需要再与其他商品进行搭配。由于配送量大，可使车辆满载并使用大吨位车辆。这种情况下，由于配送中心的内部设置、组织、计划等工作也较为简单，所以配送成本较低。

(2) 多品种、小批量、多批次配送。多品种、小批量配送是根据用户的要求,将所需的各种物品(每种物品的需求量不大)配备齐全,凑整装车后由配送据点送达用户。

(3) 配套型配送。根据企业的生产需要,尤其是装配型企业的生产需要,把生产每一产品所需要的全部零部件配齐,然后按照生产节奏定时送达生产企业,生产企业随即可将此成套零部件送入生产线以装配产品。

3) 按经营形式不同分类

(1) 销售配送。销售配送是指配送企业是销售型企业,或销售企业作为销售战略的一环所进行的促销型配送形式,其对象和用户一般不固定,取决于市场状况,随机性较强,大部分商店的送货上门服务都属于这一配送类型。

(2) 供应配送。供应配送是指用户为了自己的供应需要所采取的配送形式。在这种配送形式下,一般来讲,由用户或用户集团组建配送据点,集中组织大批量进货(以便取得批量折扣),然后向本企业配送或向本企业集团若干企业配送。在大型企业或企业集团或联合公司中,常常采用这种配送形式组织对本企业的供应。例如,商业中广泛采用的连锁商店,就常常采用这种方式。用配送方式进行供应,是保证供应水平,提高供应能力,降低供应成本的重要方式。

(3) 销售-供应一体化配送。销售-供应一体化配送是指对于基本固定的用户和基本确定的配送产品,销售企业可以在自己销售的同时,承担用户有计划供应者的职能,既是销售者,同时又成为用户的供应代理人,起到用户供应代理人的作用。

(4) 代存代供配送。代存代供配送是指用户将属于自己的货物委托配送企业代存代供,有时还委托代订,然后由配送企业组织配送的形式。这种配送形式的特点是货物所有权不发生变化,商品所有权在配送前后都属于用户所有,发生变化的只是货物的位置转移,配送企业从代存代供业务中获取服务费。这种配送在实施时,配送企业只是用户的委托代理人,配送企业仅从代存代供中获取收益,而不能获得商品销售的经营性收益。

4) 按配送时间及数量分类

(1) 定时配送。定时配送是指按规定时间间隔进行配送,如数天或数小时配送一次等。每次配送的品种及数量可以根据计划执行,也可以在配送之前以商定的联络方式(如电话、计算机终端输入等)通知配送的品种及数量。这种配送方式时间固定,易于安排工作计划和计划使用车辆,因此,对于用户来讲,也易于安排接货的力量(如人员、设备等)。但是,如果配送物品种类变化大,配货、装货难度较大,就会使安排配送运力出现困难。

(2) 定量配送。定量配送是指按照规定的批量,在指定的时间范围内进行配送。这种配送方式数量固定,备货工作较为简单,可以根据托盘、集装箱及车辆的装载能力规定配送的定量,既能够有效利用托盘、集装箱等集装方式,也可做到整车配送,配送效率较高。由于时间不严格限定,所以可以将不同用户所需的物品凑成整车后配送,运力利用率也较好。对于用户来讲,每次接货都处理同等数量的货物,有利于人力、物力的准备工作。

(3) 定时定量配送。定时定量配送是指按照规定的配送时间和配送数量进行配送,兼有定时、定量两种方式的优点,是一种精密的配送服务方式。这种方式要求有较高的服务质量和水平,组织工作难度很大,通常针对固定客户进行这项服务。由于适合采用的对象不多,很难实行共同配送等配送方式,因而成本较高,常在用户有特殊要求时采用,不是一种普遍适用的方式。

(4) 定时定路线配送。定时定路线配送是指在规定的运行路线上，制定配送车辆到达的时间表，按运行时间表进行配送。用户可以按照配送企业规定的路线及规定的时间选择这种配送服务，并到指定时间及指定位置接货。

(5) 即时配送。即依托社会化库存，可满足45分钟内送达要求的配送方式，适应在离线/线上到线下(online to offline，O2O)而产生的物流形态。

5) 按配送专业化程度分类

(1) 综合配送。综合配送是指企业以供应链管理为指导思想，全面系统地优化和整合企业内外部物流资源、物流业务流程和管理流程，对生产、流通过程中的各个环节实现全方位综合配送，充分提高产品在制造、流通中的时空效应，并为此而形成高效运行的物流配送模式。

(2) 专业配送。专业配送是指按照产品的性状不同，适当划分专业领域的配送方式。专业配送并非分得越细越好，实际上，同一形状而类别不同的产品，也是有一定综合性的。

1.5.4 装卸搬运

1. 装卸搬运的概念

根据我国《物流术语》国家标准(GB/T 18354—2021)，装卸是指"在运输工具间或运输工具与存放场地(仓库)间，以人力或机械方式对物品进行载上载入或卸下卸出的作业过程"。搬运是指"在同一场所内，以人力或机械方式对物品进行空间移动的作业过程"。两者全称装卸搬运，有时(或在特定场合)是单称"装卸"或单称"搬运"，也包含"装卸搬运"的完整含义。

2. 装卸搬运的功能

装卸搬运的基本功能是改变物品的存放状态和空间位置。无论是在生产领域还是在流通领域，装卸搬运都是影响物流速度和物流费用的重要因素。因此，不断提高装卸搬运的合理化程度，无疑对提高物流系统的整体功能有极为重要的意义。装卸搬运在物流系统中的功能表现在以下几个方面。

(1) 装卸搬运既是伴随生产过程和流通过程各环节所发生的活动，又是衔接生产各阶段和流通各环节之间相互转换的桥梁。因此，装卸搬运的合理化，对缩短生产周期，降低生产过程中的物流费用，加快物流速度，降低物流费用等，都起着重要的作用。

(2) 装卸搬运是保障生产和流通等其他各环节得以顺利进行的重要条件。装卸搬运活动本身虽不消耗原材料，不产生废弃物，不大量占用流动资金，不产生有形产品，但它的工作质量却能对生产和流通其他各环节产生很大的影响，或使生产过程不能正常进行，或使流通过程不畅。因此，装卸搬运对物流过程其他各环节所提供的服务具有劳务性质，可以提供"保障"和"服务"的功能。

(3) 装卸搬运是物流过程中的一个重要环节，它制约着物流过程中其他的各项活动，是提高物流速度的关键。无论是在生产领域还是在流通领域，装卸搬运功能发挥的程度，都直接影响着生产和流通的正常进行，其工作质量的好坏，关系到物品本身的价值和使用价值。由于装卸搬运是伴随着物流过程其他各环节的一项活动，因而往往不能引起人们的重视。可是，一旦忽视了装卸搬运工作，生产和流通领域轻则发生混乱，重则造成停顿。

由此可见，改善装卸搬运作业，提高装卸搬运作业合理化程度，对加速车船周转，发挥港、站、库功能，加快物流速度，减少流动资金占用，降低物流费用，提高物流服务质量，发挥物流系统整体功能等，都起着十分明显的作用。

3. 装卸搬运的种类

1) 按装卸搬运的物流设施、设备分类

(1) 仓库装卸。仓库装卸配合出库、入库、维护保养等活动进行，并以堆垛、上架、取货等操作为主。

(2) 铁路装卸。铁路装卸是对火车车皮的装进及卸出，其特点是一次作业就实现一车皮的装进或卸出，很少有像仓库装卸时出现的整装零卸或零装整卸的情况。

(3) 港口装卸。港口装卸既包括码头前沿的装船，也包括后方的支持性装卸搬运，有的港口装卸还采用小船在码头与大船之间"过驳"的办法，因而其装卸的流程较为复杂，往往要经过几次的装卸及搬运作业才能最终达到船与陆地之间货物过渡的目的。

(4) 汽车装卸。汽车装卸一般一次装卸批量不大，由于汽车灵活性强，可以减少或彻底减去搬运活动，而直接、单纯利用装卸作业达到车与物流设施之间货物过渡的目的。

(5) 飞机装卸。飞机装卸一般通过传送带搬运，自动化程度较高。

2) 按装卸搬运的机械及机械作业方式分类

(1) 吊上吊下方式。这种方式采用各种起重机械从货物上部起吊，依靠起吊装置的垂直移动实现装卸，并在吊车运行或回转的范围内实现搬运，或依靠搬运车辆实现小范围的搬运。由于吊起及放下属于垂直运动，所以这种装卸方式属于垂直装卸。

(2) 叉上叉下方式。这种方式采用叉车从货物底部托起货物，并依靠叉车的运动进行货物的位移，搬运完全靠叉车本身，货物可不经中途落地直接放置到目的地。这种方式垂直运动不多，主要是水平运动，属于水平装卸方式。

(3) 滚上滚下方式。这主要指港口装卸的一种水平装卸方式，即利用叉车或半挂车、汽车承载货物，连同车辆一起开上船，到达目的地后再从船上开下。利用叉车的滚上滚下方式，在船上卸货后，叉车必须离船。利用半挂车、平车或汽车，拖车将半挂车、平车拖拉至船上后，拖车开下离船，而载货车辆连同货物一起运到目的地，到达目的地后，由异地的拖车上船拖拉半挂车、平车开下。滚上滚下方式需要有专门的船舶，这种专门的船舶称"滚装船"，对码头也有不同的要求。

(4) 移上移下方式。这种方式是在两车(如火车及汽车)之间进行靠接，然后利用各种方式不使货物垂直运动，而靠水平移动从一辆车上推移到另一辆车上的方式。移上移下方式需要使两辆车水平靠接，因此，需要对站台或车辆货台进行改变，并配合移动工具完成这种装卸。

(5) 散装散卸方式。这种方式主要用于对散装物进行装卸，一般从装点直到卸点，中间不再落地，这是集装卸与搬运于一体的装卸方式。

此外，按被装物的主要运动形式，可将装卸搬运分为垂直装卸和水平装卸；按装卸搬运对象，可将装卸搬运分为散装货物装卸、单件货物装卸和集装货物装卸。

4. 装卸搬运合理化

装卸搬运只能改变劳动对象的空间位置，而不能改变劳动对象的性质和形态，既不能提高也不能增加劳动对象的使用价值，但装卸搬运必然要有劳动消耗，包括活劳动消耗和物化劳动消耗。这种劳动消耗量要以价值形态追加到装卸搬运对象的价值中去，从而增加了产品的物流成本。因此，应科学、合理地组织装卸搬运作业，尽量减少用于装卸搬运的劳动消耗。

(1) 防止无效的装卸作业。无效装卸作业是指在装卸作业活动中超出必要的装卸、搬运量的作业。显然，防止和消除无效作业对装卸作业的经济效益有重要作用。为了有效地防止和消除无效作业，可：①尽量减少装卸次数。要使装卸次数降到最少，就要避免没有物流效果的装卸作业。②提高被装卸物料的纯度。纯度越高，装卸作业的有效程度越高；反之，无效作业就会增多。③使用适宜的包装。轻型化、简单化、实用化的包装会不同程度地减少作用于包装上的无效劳动。④缩短搬运作业的距离。选择最短的路线完成这一活动，就可避免超越这一最短路线以上的无效劳动。

(2) 提高物料装卸搬运的灵活性。所谓装卸搬运的灵活性，是指在装卸作业中对物料进行装卸作业的难易程度。在堆放货物时，事先要考虑物料装卸作业的方便性。

(3) 充分利用重力。在装卸作业中应尽可能地消除重力的不利影响。在有条件的情况下利用重力进行装卸，可减轻劳动强度并减少能量消耗。例如，将设有动力的小型输送带(板)斜放在货车、卡车或站台上进行装卸，使物料在倾斜的输送带(板)上移动，这种装卸就是靠重力的水平分力完成的。又如，在搬运作业中，不用手搬，而是把物料放在一辆车上，由器具承担物体的重量，人们只需克服滚动阻力，使物料水平移动即可，这无疑是十分省力的。

利用重力式移动货架也是一种利用重力进行省力化的装卸方式之一。重力式移动货架的每个格层均有一定的倾斜度，利用货箱或托盘可以沿着倾斜的货架层板自己滑到输送机械上。为了使物料滑动的阻力最小化，通常货架表面会处理得十分光滑，或者在货架层上装有滚轮，也有的会在承重物料的货箱或托盘下装上滚轮，这样将滑动摩擦变为滚动摩擦，物料移动时所受到的阻力就会减小。

(4) 充分利用机械，实现规模装卸。随着生产力的发展，装卸搬运的机械化程度将不断提高。此外，由于装卸搬运的机械化能把工人从繁重的体力劳动中解放出来，尤其是对于危险品的装卸作业，机械化能保证人和货物的安全，这也是装卸搬运机械化程度不断得以提高的动力。

1.5.5 包装

1. 包装的概念

根据我国国家标准《物流术语》(GB/T 18354—2021)，包装是指"为在流通过程中保护产品、方便储运、促进销售，按一定技术方法而采用的容器、材料及辅助物等的总体名称。也指为了达到上述目的而采用容器、材料和辅助物的过程中施加一定技术方法等的操作活动"。简而言之，包装就是包装物和包装操作的总称。

2. 包装的功能

包装具有以下几个方面的功能。

(1) 保护功能。产品包装最基本的功能便是保护商品，使之便于储运。有效的产品包装可以起到防潮、防热、防冷、防挥发、防污染、保鲜、防易碎、防变形等一系列保护产品的作用。

(2) 定量功能。包装可以将产品整理成为适合搬动、运输的单元，即将产品整理成适合使用托盘、集装箱、货架或载重汽车、货运列车等运载的单元。

(3) 便利功能。包装使产品的形状便于运输、搬动或保管；便于实施运输、搬动或保管等物流作业；便于生产；便于废弃物的处理；等等。

(4) 效率功能。包装的创新既能够给消费者带来巨大的好处，也能给生产者带来利润。包装会影响每一个物流活动的成本，有利于提高生产、搬运、销售、配送、保管等的效率。精心设计包装，便于采用科学合理且成本低廉的方式实现物品的各项物流作业，有利于采用科学的物流作业设备、物流作业方式，有利于选择合理的物流链管理方法，有利于降低物流作业损耗，节约储存与运输费用。

(5) 促销功能。包装能吸引人们的注意力，标识产品的特色，给消费者以信心，形成一个有利的总体印象。一方面，日益增长的物质文化生活水平使消费者愿意为良好包装带来的方便、美观、可靠性和声望买单；另一方面，企业也已意识到包装的巨大作用，它有助于消费者迅速辨认出产品的品牌或生产者。

3. 包装的种类

1) 按照包装在流通中的作用分类

(1) 商业包装，或称消费者包装、内包装、销售包装，主要目的就是吸引消费者，促进销售。这种包装的特点是造型美观大方，拥有必要的修饰，包装上有商品的详细说明，包装的单位适合顾客购买以及商家柜台摆设的要求。

(2) 工业包装，或称运输包装、外包装，是指为了在商品的运输、存储和装卸的过程中保护商品所进行的包装。它更强调包装的实用性和费用的低廉性。

2) 按照包装材料的不同分类

(1) 纸质品包装。纸在包装材料中占据着第一用材的位置，这与纸所具有的独特优点是分不开的。纸不仅具有容易形成大批量生产、价格低廉的优点，还可以回收利用，不对环境造成污染。纸具有一定的弹性且折叠性能也很优异，还具有良好的印刷性能，字迹、图案清晰牢固。因此，纸质包装材料越来越受到人们的青睐。

(2) 塑料制品包装。塑料包装是指各种以塑料为原料制成的包装总称。塑料包装材料具有透明度好、重量轻、易成型、防水防潮性能好、可以保证包装物的卫生等优点，但是，塑料包装材料容易带静电，透气性能差，回收成本高，废弃物处理困难，对环境容易造成污染。

(3) 木制容器包装。木制材料应用范围很广泛，这是因为木材具有分布广、材质轻、强度高、有一定的弹性、能承受冲击和震动、容易加工等优点，但是，木制包装材料的组织结构不匀，易受环境的影响而变形，并且具有易腐朽、易燃、易蛀等缺点。

(4) 金属容器包装。金属容器包装是指以黑铁皮、白铁皮等钢材与钢板，以及铝箔、铝合金等制成的各种容器包装，如金属桶、金属盒、罐头听等。

(5) 玻璃容器包装。玻璃包装材料具有良好的化学稳定性，可以保证食物纯度和卫生，不透气，易于密封，造型灵活，有多彩晶莹的装饰效果等优点，因此得到了广泛的应用。

(6) 纤维容器包装。如麻袋和维尼纶袋包装。

(7) 复合材料包装。复合材料是两种或两种以上的材料，经过一次或多次复合工艺组合在一起，从而构成一定复合功能的材料。复合材料包装一般可分为基层、功能层和热封层。基层主要起美观、阻湿等作用，功能层主要起阻隔、避光等作用，热封层与包装物品直接接触，起适应环境、耐渗透的作用。

(8) 其他材料包装。如由竹、藤、苇等制成的包装，主要有各种筐、篓和草包等。

3) 按照包装保护技术的不同分类

(1) 防潮包装。防潮包装是指具有一定隔绝水蒸气功能的防潮包装材料对产品进行包封，隔绝外界湿度对产品的影响，同时使包装内的相对湿度满足产品需求。

(2) 防锈包装。防锈包装是为防止金属制品锈蚀而采用一定防护措施的包装。防锈包装可以在金属表面进行处理，如镀金属(包括镀锌、镀锡、镀铬等)，镀层能阻隔钢铁制品表面与大气接触，当有化学作用时镀层先受到腐蚀，从而保护了钢铁制品的表面。

(3) 防虫包装。防虫包装技术常用的是驱虫剂，即在包装中放入有一定毒性和嗅味的药物，利用药物在包装中挥发气体杀灭和驱除各种害虫。常用驱虫剂有萘、对二氯苯、樟脑精等。也可采用真空包装、充气包装、脱氧包装等技术，使害虫无生存环境，从而防止虫害。

(4) 防霉包装。在运输包装内装运食品和其他有机碳水化合物货物时，货物表面可能生长霉菌，在流通过程中如遇潮湿，霉菌生长繁殖极快，甚至会延伸至货物内部，使其腐烂、发霉、变质，因此要采取特别防护措施。包装防霉烂变质的措施，通常是采用冷冻包装、高温灭菌法或真空包装。冷冻包装的原理是减慢细菌活动和化学变化的过程，以延长储存期，但不能完全避免食品变质；高温灭菌法在包装过程中将食品用高温进行处理防霉，可消灭引起食品腐烂的微生物。有些经干燥处理的食品包装，应防止水汽浸入以防霉腐，可选择防水汽和气密性好的包装材料，采取真空和充气包装。

(5) 防震包装。防震包装又称缓冲包装，在各种包装技术中占有重要的地位。产品从生产出来到开始使用要经过一系列的运输、保管、堆码和装卸过程，置于一定的环境之中。在任何环境中都会有力作用在产品上，并使产品发生机械性损坏。为了防止产品受损，就要设法减小外力的影响。所谓防震包装，是指为减缓内装物受到冲击和震动，保护其免受损坏所采取的一定防护措施的包装。

(6) 危险品包装。危险品有上千种，按其危险性质，以及交通运输及公安消防部门的规定分为十大类，即爆炸性物品、氧化剂、压缩气体和液化气体、自燃物品、遇水燃烧物品、易燃液体、易燃固体、毒害品、腐蚀性物品、放射性物品等，有些物品同时具有两种以上危险性能。

4) 按照包装形态层次分类

(1) 小包装。这是直接接触商品，与商品同时装配出厂，构成商品组成部分的包装。商品的小包装上多有图案或文字标识，具有保护商品、方便销售、指导消费的作用。

(2) 内包装。这是商品的内层包装，通常称为商品销售包装，多为具有一定形状的容器。它具有防止商品受外力挤压、撞击而发生损坏，或受外界环境影响而发生受潮、发霉、腐蚀等变质的作用。

(3) 外包装。这是商品最外部的包装，又称运输包装，多是若干商品集中的包装。商品的外包装上通常都有明显的标记，能够保障商品在流通中的安全。

4. 包装合理化

1) 包装合理化的概念

包装合理化是指在包装过程中使用适当的包装材料和适当的包装技术，制成与商品相适应的包装器，节约包装费用，降低包装成本，既能满足包装保护商品、方便储运、促进销售的要求，又能提高包装的经济效益的综合管理活动。

2) 包装合理化的措施

(1) 包装的轻薄化。由于包装只是起保护作用，对产品的使用价值没有太多的意义，因此在强度、寿命、成本相同的条件下，更轻、更薄、更短、更小的包装，可以提高装卸搬运的效率，而且轻薄短小的包装一般价格也比较便宜。

(2) 包装的单纯化。为了提高包装作业的效率，包装材料及规格应力求单纯化，包装规格还应标准化，包装形状和种类也应单纯化。

(3) 包装的标准化。包装的规格与托盘、集装箱关系密切，也应考虑是否与运输车辆、搬运机械匹配，从系统的观点制定包装的尺寸标准。

(4) 包装的机械化与自动化。为了提高作业效率和包装现代化水平，各种包装机械的开发和应用是很重要的。

(5) 包装的绿色化。绿色包装是指满足包装功能要求的对人体健康和生态环境危害小、资源能源消耗少的包装。绿色包装要求包装应简化、节约包装材料，包装材料应可回收或可循环使用，包装材料要可分解，可降解，对环境不造成污染，对人体健康无害等。绿色包装是包装合理化发展的主流。

1.5.6　流通加工

1. 流通加工的概念

我国国家标准《物流术语》(GB/T 18354—2021)对流通加工的定义是："根据顾客的需要，在流通过程中对产品实施的简单加工作业活动的总称。"简单加工作业活动包括包装、分割、计量、分拣、刷标志、拴标签、组装、组配等。

2. 流通加工与一般的生产型加工的区别

(1) 从对象看，流通加工的对象是进入流通领域的商品，具有商品的属性；生产加工的对象不是最终产品，而是原材料、零配件、半成品等，不具备商品的属性。

(2) 从加工形式看，流通加工是生产加工的一种辅助和补充，大多数是简单加工；而生产加工一般是复杂加工，对技术装备和技术水平要求比较高。

(3) 从价值观点看，生产加工的目的在于创造价值及使用价值，以满足消费者的需求；而流通加工的目的则在于完善产品的使用价值，并在不做较大改变的情况下提高价值。

(4) 从组织者看，流通加工由物流企业完成；生产加工则由工业部门或其他生产企业完成。

(5) 从加工目的看，流通加工有时也是以自身流通为目的，纯粹是为流通创造条件，这种为流通所进行的加工与直接为消费进行的加工从目的上来讲是有区别的，这又是流通加工不同于一般生产加工的特殊之处。

3. 流通加工的功能

流通加工具有以下几个方面的功能。

(1) 克服生产和消费之间的分离，更有效地满足消费需求。这是流通加工功能最基本的内容。在现代经济中，生产和消费在质量上的分离日益扩大和复杂。流通企业利用靠近消费者、信息灵活的优势，从事加工活动，能够更好地满足消费需求，使少规格、大批量生产与小批量、多样性需求结合起来。

(2) 提高加工效率和原材料的利用率。集中进行流通加工，可以采用技术先进、加工量大、效率高的设备，不但提高了加工质量，而且提高了使用率和加工效率。集中进行加工还可以将生产企业生产的简单规格产品，按照客户的不同要求进行集中下料，做到量材使用，合理套裁，减少剩余料。同时，可以对剩余料进行综合利用，提高原材料的利用率，使资源得到充分合理的利用。

(3) 提高物流效率。有些产品的形态、尺寸、重量等比较特殊，如过大、过重的产品不进行适当分解就无法装卸运输；生鲜食品不经过冷冻、保鲜处理，在运输过程中就容易变质腐烂等。对这些产品进行适当加工，可以方便装卸搬运、储存、运输和配送，从而提高物流效率。

(4) 促进销售。流通加工对于促进销售也有积极的作用，特别是在市场竞争日益激烈的条件下，流通加工成为重要的促销手段。例如，将运输包装改换成销售包装，进行包装装潢加工，改变商品形象以吸引消费者；将蔬菜、肉类洗净切块分包以满足消费者的要求；对初级产品和原材料进行加工以满足客户的需要，赢得客户的信赖，增强营销竞争力。

4. 流通加工的类型

流通加工的类型具体如下。

(1) 为弥补生产领域加工不足的深加工。由于受各种因素的限制，许多产品在生产领域的加工只能达到一定程度，而不能完全实现终极的加工。例如，木材如果在产地完成成材加工或制成木制品，就会给运输带来极大的困难，因此，在生产领域只能加工到圆木、板、方材这个程度，进一步的下料、切裁等处理工作则由流通加工完成；钢铁厂大规模的生产只能按规格生产，以使产品有较强的通用性，从而使生产能有较高的效率，取得较好的经济效益。

(2) 为满足需求多样化进行的服务性加工。生产部门为了实现高效率、大批量的生产，其产品往往不能完全满足用户的要求。因此，为了满足用户对产品多样化的需要，同时又要保证高效率的大生产，可将生产出来的单一化、标准化的产品进行多样化的改制加工。例如，对钢材卷板的舒展、剪切加工；平板玻璃按需要规格的开片加工；木材改制成枕木、板材、方材等加工。

(3) 为保护产品所进行的加工。在物流运输过程中，为了保护商品的使用价值，延长商品在生产和使用期间的寿命，防止商品在运输、储存、装卸搬运、包装等过程中损坏，可以采取稳固、改装、保鲜、冷冻、涂油等方式。例如，水产品、肉类、蛋类的保鲜、保质的冷冻加工、防腐加工等；丝、麻、棉织品的防虫、防霉加工等。另外，还有为防止金属材料的锈蚀而进行的喷漆、涂防锈油等措施，运用手工、机械或化学方法除锈；木材的防腐朽、防干裂加工；煤炭的防高温自燃加工；水泥的防潮、防湿加工；等等。

(4) 为提高物流效率、方便物流的加工。有些商品本身的形态使之难以进行物流操作，而且商品在运输、装卸搬运过程中极易受损，因此需要进行适当的流通加工来弥补，从而使物流各环节易于操作，提高物流效率，降低物流损失。例如，造纸用的木材磨成木屑的流通加工，可以极大地提高运输工具的装载效率；自行车在消费地区的装配加工可以提高运输效率，降低损失；石油气的液化加工，使很难输送的气态物转变为容易输送的液态物，也可以提高物流效率。

(5) 为促进销售的流通加工。流通加工也可以起到促进销售的作用。例如，将过大包装或散装物分装成适合依次销售的小包装的分装加工；将以保护商品为主的运输包装改换成以促进销售为主的销售包装，以起到吸引消费者、促进销售的作用；将蔬菜、肉类洗净切块以满足消费者需求；等等。

(6) 为提高加工效率的流通加工。许多生产企业的初级加工由于数量有限，加工效率不高，也难以投入先进科学技术。流通加工以集中加工形式，革除了单个企业加工效率不高的弊端，以一家流通加工企业代替若干生产企业的初级加工工序，促使生产水平获得了突飞猛进的发展。

(7) 为提高原材料利用率的流通加工。流通加工利用其综合性强、用户多的特点，可以实行合理规划、合理套裁、集中下料的办法，有效提高原材料的利用率，减少损失浪费。

(8) 衔接不同运输方式，使物流合理化的流通加工。在干线运输和支线运输的节点设置流通加工环节，可以有效解决大批量、低成本、长距离的干线运输与多品种、少批量、多批次的末端运输和集货运输之间的衔接问题。在流通加工点与大生产企业间形成大批量、定点运输的渠道，以流通加工中心为核心，组织对多个用户的配送，也可以在流通加工点将运输包装转换为销售包装，从而有效衔接不同目的的运输方式。例如，散装水泥中转仓库把散装水泥装袋，将大规模散装水泥转化为小规模散装水泥的流通加工，就衔接了水泥厂大批量运输和工地小批量装运的需要。

(9) 以提高经济效益，追求企业利润为目的的流通加工。流通加工的一系列优点，可以形成一种以利润为中心的经营形态，这种类型的流通加工是经营的重要一环，在满足生产和消费需求的基础上取得利润，同时在市场和利润引导下使流通加工在各个领域都能有效地发展。

(10) 生产-流通一体化的流通加工。依靠生产企业和流通企业的联合，或者生产企业涉足流通，或者流通企业涉足生产，形成对生产与流通加工进行合理分工、合理规划、合理组织，统筹进行生产与流通加工的安排，这就是生产-流通一体化的流通加工。这种形式可以促进产品结构及产业结构的调整，充分发挥企业集团的经济技术优势，是目前流通加工领域的新形式。

5. 流通加工的合理化

1) 流通加工合理化的含义

流通加工合理化是指为实现流通加工的最优配置，不仅做到避免各种不合理流通加工，使流通加工有存在的价值，而且综合考虑流通加工与配送、运输、商流等的有机结合，做到最优的选择，以达到最佳的流通加工效益。

2) 不合理流通加工的形式

(1) 流通加工地点设置得不合理。流通加工地点的设置(即布局状况)是决定整个流通加工是否有效的重要因素。一般来说，为衔接单品种大批量生产与多样化需求的流通加工，加工地点设置在需求地区，才能实现大批量的干线运输与多品种末端配送的物流优势。如果将流通加工地点设置在生产地区，一方面，为了满足用户多样化的需求，会出现多品种、小批量的产品由产地向需求地的长距离的运输；另一方面，在生产地增加一个加工环节，同时也会增加近距离运输、保管、装卸等一系列物流活动。因此，在这种情况下，不如由需求地区完成这种加工，而无须设置专门的流通加工环节。

另外，为方便物流的流通，加工环节应该设置在产出地，设置在进入社会物流之前。如果将其设置在物流之后，即设置在消费地，则不但不能解决物流问题，又在流通中增加了中转环节，因而也是不合理的。

即使是产地或需求地设置流通加工的选择是正确的，也还有流通加工在小地域范围内的正确选址问题，如果处理不善，仍然会出现不合理问题。如交通不便，流通加工与生产企业或用户之间距离较远，加工点周围的社会环境、条件不好等。

(2) 流通加工方式选择不当。流通加工方式包括流通加工对象、流通加工工艺、流通加工技术、流通加工程度等。流通加工方式的确定实际上是生产加工的合理分工。分工不合理把本来应由生产加工完成的作业错误地交给流通加工来完成，或者把本来应由流通加工完成的作业错误地交给生产加工去完成，都会造成不合理分工。

流通加工不是对生产加工的代替，而是一种补充和完善。因此，一般来说，如果工艺复杂，技术装备要求较高，或加工可以由生产过程延续或轻易解决的，都不宜再设置流通加工。如果流通加工方式选择不当，就可能会出现生产争利的恶果。

(3) 流通加工作用不大，形成多余环节。有的流通加工过于简单，或者对生产和消费的作用都不大，甚至有时由于流通加工的盲目性，同样未能解决品种、规格、包装等问题，相反，却增加了作业环节，这也是流通加工不合理的重要表现形式。

(4) 流通加工成本过高，效益不好。流通加工的一个重要优势就是它有较大的投入产出比，因而能有效地起到补充、完善的作用。如果流通加工成本过高，则不能实现以较低投入实现更高使用价值的目的，势必会影响它的经济效益。

3) 如何实现流通加工合理化

(1) 加工和配送结合。将流通加工设置在配送点中。一方面，按配送的需要进行加工；另一方面，加工又是配送作业流程中分货、拣货、配货的重要一环，加工后的产品直接投入到配货作业，这就无须单独设置一个加工的中间环节，而使流通加工与中转流通巧妙地结合在一起。同时，由于配送之前有必要的加工，可以使配送服务水平大大提高，这是当前对流通加工做合理选择的重要形式，在煤炭、水泥等产品的流通中已经表现出较大的优势。

(2) 加工和配套结合。配套是指对使用上有联系的用品集合成套地供应给用户使用。例如，方便食品的配套。配套的主体来自各个生产企业，如方便食品中的方便面，就是由其生产企业配套生产的。但是，有的配套不能由某个生产企业全部完成，如方便食品中的盘菜、汤料等。这样，在物流企业进行适当的流通加工，可以有效地促成配套，大大提高流通作为供需桥梁与纽带的能力。

(3) 加工和合理运输结合。流通加工能有效衔接干线运输和支线运输，促进两种运输形式的合理化。利用流通加工，在支线运输转干线运输或干线运输转支线运输等这些必须停顿的环节，不进行一般的支转干或干转支，而是按干线或支线运输合理的要求进行适当加工，从而大大提高运输及运输转载水平。

(4) 加工和合理商流结合。流通加工也能起到促进销售的作用，从而使商流合理化，这也是流通加工合理化的方向之一。加工和配送相结合，通过流通加工，提高了配送水平，促进了销售，使加工与商流合理结合。此外，通过简单地改变包装加工形成方便的购买量，通过组装加工解除用户使用前进行组装、调试的难处，都是有效促进商流的很好例证。

(5) 加工和节约结合。节约能源、节约设备、节约人力、减少耗费是流通加工合理化重要的考虑因素，也是目前我国企业设置流通加工并考虑其合理化的较普遍因素。

1.5.7 物流信息

1. 物流信息的概念

根据我国国家标准《物流术语》(GB/T 18354—2021)，物流信息是指"反映物流各种活动内容的知识、资料、图像、数据的总称"。物流信息伴随企业物流活动的发生而产生并贯穿于物流活动的整个过程，与运输、仓储等各个环节都有密切的联系，在物流活动中起着神经系统的作用。因此，只有及时掌握准确的物流信息，加强物流信息的管理和控制，才能使物流成为一个有机系统，而不是形成孤岛。

2. 物流信息的内容

物流信息的内容可以从狭义和广义两方面进行考察。

(1) 狭义的物流信息。从狭义的范围来看，物流信息是指与物流活动(如运输、保管、包装、装卸、流通加工等)有关的信息。

(2) 广义的物流信息。从广义的范围来看，物流信息不仅指与物流活动相关的信息，而且包含与其他流通活动有关的信息，如商品交易信息、市场信息、政策信息、财务等部门与物流有关的信息。

3. 物流信息的特征

物流信息具有以下几个方面的特征。

(1) 物流信息涉及面广，信息量大。如果这个大范围中未能实现统一管理或标准化，则信息便缺乏通用性。

(2) 物流信息动态性强，信息的价值衰减速度很快，信息工作的及时性要求较高。在大系统中，强调及时性，信息的收集、加工、处理应快速完成。

(3) 物流信息种类繁多。不仅本系统内部各个环节有不同种类的信息，而且物流系统与其他系统(如生产系统、销售系统、消费系统等)密切相关，因而必须收集这些类别的信息。这就使物流信息的分类、研究、筛选等难度增加。

4. 物流信息的分类

物流信息有如下几种分类。

(1) 按信息产生和作用所涉及的不同功能领域分类，物流信息包括仓储信息、运输信息、加工信息、包装信息和装卸信息等。对于某个功能领域还可以进一步细化，例如，将仓储信息分成入库信息、出库信息、库存信息和搬运信息等。

(2) 根据信息作用的层次，物流信息可分为基础信息、作业信息、协调控制信息和决策支持信息。基础信息是物流活动的基础，是最初的信息源，如物品基本信息、货位基本信息等。作业信息是物流作业过程中发生的信息，信息的波动性大，具有动态性，如库存信息、到货信息等。协调控制信息主要是指物流活动的调度信息和计划信息。决策支持信息是指能对物流计划、决策、战略具有影响的或有关的统计信息、宏观信息，如科技、产品、法律等方面的信息。

(3) 根据信息产生和作用的环节，物流信息可分为输入物流活动的信息和物流活动产生的信息。

(4) 根据加工程度的不同，物流信息可以分为原始信息和加工信息。原始信息是指未加工的信息，是信息分析工作的基础，也是最有权威性的凭证性信息。加工信息是对原始信息进行各种方式和各个层次处理后的信息，这种信息是对原始信息的提炼、简化和综合，利用各种分析工作在海量数据中发现潜在的、有用的信息和知识。

现代物流系统的运作已经离不开计算机，因此可以将物流各个环节及各种物流作业的信息进行实时采集、分析、传递，并向货主提供各种作业明细信息及咨询信息，这是相当重要的。

1.6 物 流 系 统

1.6.1 物流系统的概念

物流系统(logistic system)是指由两个或两个以上的物流功能单元构成，以完成物流服务为目的的有机集合体。物流系统的"输入"即将采购、运输、储存、流通加工、装卸、搬运、包装、销售、物流信息处理等物流环节所需的劳务、设备、材料、资源等要素，由外部环境向系统提供的过程。

1.6.2 物流系统的构成要素

1. 一般要素

(1) 人的要素：指的是劳动者，这是所有系统的核心要素，也是系统的第一要素。
(2) 财的要素：是指物流中不可缺少的资金。资金是所有企业系统的动力。
(3) 物的要素：包括物流系统的劳动对象，即各种实物。

(4) 信息要素：包括物流系统所需要处理的信息，即物流信息。

2. 功能要素

物流系统的功能要素指的是物流系统所具有的基本能力，这些基本能力有效地组合、连接在一起，形成了物流系统的总功能，能合理、有效地实现物流系统的总目的。物流系统主要包括运输、储存保管、包装、装卸搬运、流通加工、配送、物流信息等要素。

1.6.3 国际物流系统

物流系统中的国际物流系统由商品的包装、储存、运输、检验、流通加工，以及其前后的整理、再包装和国际配送等子系统组成。

1. 运输子系统

运输的作用是将商品的使用价值进行空间移动，物流系统依靠运输作业解决了商品生产地和需要地的空间距离的问题，创造商品的空间效益。国际货物运输是国际物流系统的核心。

2. 仓储子系统

商品储存、保管使商品在其流通过程中处于一种或长或短的相对停滞状态，这种停滞是完全必要的，因为商品流通是一个由分散到集中，再由集中到分散的源源不断的流通过程。国际贸易和跨国经营中的商品从生产厂或供应部门被集中运送到装运港口，有时须临时存放一段时间，再装运出口，是一个集和散的过程。它主要在各国的保税区和保税仓库进行，与各国保税制度和保税仓库建设等方面息息相关。保税制度是对特定的进口货物在进境后尚未确定内销或复出口的最终去向前，暂缓缴纳进口税，并由海关监管的一种制度。这是各国政府为了促进对外加工贸易和转口贸易而采取的一项关税措施。保税仓库是经海关批准专门用于存放保税货物的仓库。

3. 商品检验子系统

由于国际贸易和跨国经营具有投资大、风险高、周期长等特点，使得商品检验成为国际物流系统中重要的子系统。通过商品检验，确定交货品质、数量和包装条件是否符合合同规定。

4. 商品包装子系统

杜邦定律(美国杜邦化学公司提出)认为：63%的消费者是根据商品的包装装潢进行购买的。国际市场和消费者是通过商品来认识企业的，而商品的商标和包装就是企业的面孔，它反映了一个国家的综合科技文化水平。

5. 国际物流信息子系统

该子系统的主要功能是采集、处理和传递国际物流和商流的信息情报。没有功能完善的信息系统，国际贸易和跨国经营将寸步难行。

国际物流信息的主要内容包括进出口单证的作业过程、支付方式信息、客户资料信息、市场行情信息和供求信息等。国际物流信息系统的特点是信息量大，交换频繁；传递量大，时间性强；环节多、点多、线长。因此，要建立技术先进的国际物流信息系统。

国际物流系统网络是指由多个收/发货的"节点"和它们之间的"连线"所构成的物流抽象网络，以及与之相伴随的信息流网络的有机整体。收/发货节点是指进、出口国内外的各层仓库，如制造厂仓库、中间商仓库、口岸仓库、国内外中转点仓库以及流通加工配送中心和保税区仓库。

国际贸易商品就是通过这些仓库的收入和发出，并在中间存放保管，实现国际物流系统的时间效益，克服生产时间和消费时间分离的困难，促进国际贸易系统的顺利运行。连线是指连接上述国内外众多收/发货节点间的运输，如各种海运航线、铁路线、飞机航线，以及海、陆、空联合运航线。这些网络连线是库存货物移动(运输)轨迹的物化形式；每一对节点有许多连线以表示不同的运输路线、不同产品的各种运输服务；各节点表示存货流动暂时停滞，其目的是更有效地移动(收或发)；信息流动网的连线通常包括国内外的邮件或某些电子媒介(如电话、电传、电报以及电子数据交换等)，其信息网络的节点则是各种物流信息汇集及处理之点，如员工处理国际订货单据，编制大量出口单证、准备提单或电脑对最新库存量的记录；物流网与信息网并非独立，它们之间的关系是密切相连的。

1.7 物流成本

1.7.1 物流成本的含义

长期以来，我国企业对物流成本核算和管理的重视不够，企业很少进行物流成本的专门统计与核算，造成了物流成本浪费。电子商务的发展把物流提高到了一个非常重要的地位，也使人们充分认识到了降低物流费用的重要性。因此，在电子商务物流过程中，加强电子商务物流成本的管理，建立电子商务物流管理会计制度及降低电子商务成本，不仅是我国物流经济管理需要解决的重要问题，而且是企业进行电子商务活动、开展物流配送和提高物流管理水平所必须解决的一个重要问题。

根据我国国家标准《物流术语》(GB/T 18354—2021)，物流成本(logistics cost)是指物流活动中所消耗的物化劳动和活劳动的货币表现。那么，电子商务物流成本是指在进行电子商务物流活动过程中所发生的人力、财力和物力耗费的货币表现，是衡量电子商务物流经济效益高低的一个重要指标。

1.7.2 物流成本的构成

具体而言，物流成本主要包括以下几部分。
(1) 从事物流工作人员的基本工资、资金以及各种形式的补贴等。
(2) 物流过程中的物质消耗，如包装材料、燃料、电力等消耗，企业固定资产的磨损等。
(3) 物流运作过程中，物资的合理损耗。
(4) 物流运作过程中承担的再分配项目支出，如银行贷款的利息支出等。
(5) 物流运作过程中发生的其他费用，如因物流而发生的差旅费、办公费等。

上面所列示的是物流成本的主要构成部分，它还包括其他一切由产品空间运动引起的费用支出等。

1.7.3 物流成本的特征

目前，虽然很多企业意识到物流领域存在着巨大的发展潜力，但很多企业并没有对物流成本进行有效的控制和节约，这与缺乏对物流成本特殊性的认识有重大关系。物流成本具有以下特征。

(1) 隐含性。现有的企业财务会计制度中并没有单独的物流成本项目，这给物流成本的管理带来了困难。物流成本常常包含在销售费用、管理费用以及产品的制造费用等项目中，难以获得准确的数据。相对来说，企业比较容易核算外购物流服务支付的费用，因此企业多数重视外购物流成本的管理，而忽视了占据很大比重的内部物流成本。物流成本的隐含性被称为"物流冰山现象"，即向外支付的物流费用，常常被误解为是物流成本的全部，其实这仅是被企业观察到的"冰山一角"。

(2) 复杂性。物流成本的构成比较复杂，它不仅涉及企业运营的各个环节，而且各个环节的成本组成多样化，不仅包括人工费、管理费，还包括固定资产的折旧费、维修费和资本利息的摊销等。物流部门很难掌握全部的物流成本，如仓储费中过量进货、过量生产和因安全库存降低而紧急输送等产生的成本等。此外，对物流信息进行处理所产生的费用也是物流成本的重要组成部分。

(3) 不明确性。企业因提供过量服务及其他因素等导致的成本都具有不明确性。例如，部分企业就将促销费用也计入物流成本，而这一费用应该计入企业的销售成本中。

(4) 可比性差。当前对物流成本的计算缺乏标准，各企业通常根据自己的理解和认识来把握物流成本，企业间物流成本数据的可比性差，导致难以真实衡量物流绩效，对物流成本管理的改进显得举步维艰。

(5) 悖反性。物流成本中各项目之间存在着此消彼长的关系，一个项目成本的降低，另一个或几个项目成本将升高。例如，企业包装费用的下降导致商品损耗的增加，从而使得一些传统的管理方法(如目标管理的目标分解等做法)失去了意义，因而需要从总成本的角度出发，全盘考虑。

(6) 综合性。物流成本以全部物流活动为计算客体，涉及采购、生产和销售等生产经营活动的全过程，应该是企业唯一的、基本的和共同的管理数据，需要企业全部的部门对相关的物流活动进行整体的协调和优化，从而达到物流高效运作和物流成本最小化的目的。

1.7.4 物流成本的分类

根据考虑的角度不同，物流成本有不同的分类方法。对物流成本进行合理的分类，利于各个企业根据不同的情况来划定自身的物流成本范围。物流成本具体有以下几种分类。

1. 按物流活动发生的领域分类

(1) 采购物流费。即从原材料(包括空容器、包装材料)的采购到送达购入者为止的物流活动所发生的费用。

(2) 工厂内物流费。即从产成品包装时点开始到确定向顾客销售为止的物流活动所发生的费用。

(3) 销售物流费。即确定向顾客销售之后，到出库送达顾客为止的物流活动发生的费用。

(4) 返品物流费。即伴随着销售产品返品的物流活动发生的费用。

(5) 废弃物流费。这是指为了处理已经成为废弃物的产品、包装物以及运输用容器、材料等物品所进行的物流活动发生的费用。

2. 按物流费用的支付形态分类

(1) 材料费。即包装材料费、燃料费、消耗工具材料等物品的消耗生成的费用。

(2) 人工费。即为物流从业人员支出的费用，如工资、奖金、福利费等。

(3) 水电费。即水费、电费、燃气费等。

(4) 维持费。即维修费、消耗材料费、房租、保险费等。

(5) 管理费。即组织物流过程花费的各种费用，如差旅费、交际费、教育费、会议费、上网费、杂费等。

(6) 特别经费。如折旧费等。

(7) 委托物流费。如包装费、运费、保管费、入/出库费、手续费等委托企业外部承担物流业务支付的费用。

3. 按物流功能类别分类

(1) 物资流通费。如运输费、保管费、包装费、装卸费、流通加工费等。

(2) 信息流通费。即处理和传送物流相关信息发生的费用，包括库存管理、订单处理、顾客服务等相关费用。库存管理是指与库存的移动、计算、盘点等有关的信息处理、传达等相关的业务。订单处理是指顾客委托仓库出库的相关信息的处理业务，并不包括商流部分订货活动。顾客服务是指接受顾客的咨询和询问，提供有关信息的业务。以上业务的特点是离不开计算机和信息系统的支持，本质上属于信息活动。

(3) 物流管理费。即物流的计划、协调和控制等管理活动方面发生的费用，不仅包括现场物流管理费，还包括本部的物流管理费。现场物流管理费是指配送中心、仓库、物流网点等物流作业部门的人工费、事务费以及维持费等。本部物流管理费是指企业综合物流管理部门发生的上述费用。

4. 按不同的管理科目分类

(1) 部门类别物流费、商品类别物流费、销售地域类别物流费、顾客类别物流费。

(2) 直接物流费、间接物流费。

(3) 固定物流费、变动物流费。

(4) 管理可能物流费、管理不可能物流费。

上述各项物流费用存在相互作用、相互制约的关系。物流成本管理不是降低某一环节的费用支出，而是追求物流总成本最低。因此，需要用系统集成的观点分析和控制物流费用消耗。

1.7.5　物流成本的影响因素

影响物流成本的因素有很多，最主要的有三个：竞争性因素、产品因素和空间因素。

1. 竞争性因素

当今市场环境变幻莫测，充满了激烈的竞争。企业处于这样一个复杂的市场环境中，企业之间的竞争也并非单方面的，它不仅包括产品价格的竞争，还包括顾客服务的竞争。而高效的物流系统是提高顾客服务质量的重要途径。如果企业能够及时、可靠地提供产品和服务，则可以有效地提高顾客服务水平，这都依赖于物流系统的合理化。而顾客的服务水平又直接决定了物流成本的多少，因此，物流成本在很大程度上是由于日趋激烈的竞争而不断发生变化的。企业必须对竞争作出反应，而每一个回击都是以物流成本的提高为代价的。从服务顾客的角度来讲，影响顾客服务水平的因素主要体现在以下几个方面。

(1) 订货周期。企业物流系统的高效必然可以缩短企业的订货周期，降低顾客的库存，从而降低顾客的库存成本，提高企业的顾客服务水平，增加企业的竞争力。

(2) 库存水平。企业的库存成本提高，可以减少缺货成本，即缺货成本与存货成本成反比。库存水平过低，会导致缺货成本增加；库存水平过高，虽然会降低缺货成本，但是存货成本会显著增加。因此，合理的库存应保持在使总成本最小的水平上。

(3) 运输。企业采用更快捷的运输方式，虽然会增加运输成本，却可以保证运输质量，缩短运输时间，提高企业竞争力，但这要建立在对顾客服务水平和自身成本的权衡上。

2. 产品因素

产品的特性不同也会影响物流的成本，主要体现在以下几个方面。

(1) 产品价值。随着产品价值的增加，每个领域的成本都会增加。运费在一定程度上会反映货物移动的风险，一般来说，产品价值越大，对其所需使用的运输工具要求就越高，仓储和库存成本也随产品价值的增加而增加。高价值意味着存货中的高成本，高价值的产品其过时的可能性更大，在储存时所需的物理设施也越复杂和精密。高价值的产品往往对包装也有较高的要求。

(2) 产品密度。产品密度越大，每车装的货物越多，运输成本就越低；同样，仓库中一定空间领域存放的货物也越多，此时降低了库存成本。

(3) 易损性。易损性对物流成本的影响是显而易见的，易损性的产品对运输和库存都提出了更高的要求。

(4) 特殊搬运。这种产品对搬运提出了特殊的要求，如利用特殊尺寸的搬运工具，或在搬运过程中需要加热或制冷等，这些都会增加物流成本。

3. 空间因素

空间因素是指物流系统中工厂或仓库相对于市场或供货点的位置关系。若工厂距离市场太远，则必然要增加运输费用，或在此市场中建立库存，这两方面都将影响物流成本。

1.7.6 物流成本核算

物流成本的核算方法有以下几种。

1. 基于物流管理的基本功能的计算方法

目前,学术界普遍认可的物流总成本计算的概念性公式为:

$$物流总成本=运输成本+存货持有成本+物流行政管理成本$$

企业在物流运作的过程中,物流活动产生的物流成本既分布在企业内部物流等不同职能部门中,又分布在企业外部的不同合作伙伴中,如物流服务商、企业供货商和销售商等。从企业产品的价值实现过程来看,物流成本既与企业的生产和营销管理有关(即实现产品的场所和时间效用),又与客户的物流服务要求直接相关(即作为与客户互动的环节要让客户满意)。因此,通过这一简明的概念性公式,使企业实现对物流成本的把握实际上仍然存在很大的难度。

2. 基于活动的物流成本的计算方法

该方法是为了适应物流服务的过程特点和跨越现行财务会计制度的缺陷而设计和采用的。但是,这种管理会计方法的有效使用首先必须弄清楚物流成本和物流服务行为的活动关系;其次,必须有一套能够控制物流活动全过程的预算体系,并且和物流服务绩效管理指标体系相配套。

3. 基于活动的作业成本计算法

作业成本法(activity-based costing,ABC)被认为是确定和控制物流成本最有前途和最科学的方法。众所周知,进行物流成本管理,首先要解决物流核算的准确性问题。现行的会计项目并无物流费用项目,物流费用混杂在生产费用、销售费用等综合性项目之中,如果采用现行的会计核算方法,核算物流成本的途径是从现有的会计项目中,将有关物流费用提出来并进行汇总。传统的计算方法是"以数量为基础的成本计算",即采用与产量关联的分摊为基础(即直接工时、机器运行实践和材料耗费额等)进行分摊。但是现代生产的特点是生产经营活动复杂,产品生产工艺多变,大多数间接费用与产量关系不大,而与作业工作量密切相关。一个作业的发生成本通常只与特定的因素(称为成本动因)有关,例如,在汽车制造商制造汽车的过程中,生产调度的成本动因是调度的总批数;在装箱活动中,劳动力作业的成本动因是直接劳动力时间,消耗原料的成本动因是箱子数量,机器折旧的成本动因是运行时间。

物流作业成本法是指以特定物流活动成本为核算对象,通过成本动因来确认和计算作业量,进而以作业量为基础分配间接费用的物流成本管理方法。作业成本法的基本原理是:产品消耗作业,作业消耗资源并导致成本的发生。

应用物流作业成本法核算企业物流成本可以分为以下四个步骤进行。

(1) 分析和确定企业物流运作过程中涉及的作业。作业是构成业务流程的最基本因素,是工作的各个单位,作业的类型和数量会随着企业的不同而不同。例如,在一个顾客服务部门,可能包括处理客户订单、解决产品问题和提供客户报告三项作业,能否准确地进行作业成本分析,将决定着物流成本计算的质量。

(2) 确认企业物流运作过程中涉及的资源。资源的消耗是成本的源泉，它可以分为物质资源、人力资源、货币资源、信息技术资源、市场资源(如市场份额和品牌效应等)、组织资源(如企业文化、供应链合作伙伴关系和培训伙伴等)及法律资源(如专利、商业秘密、版权和合同等)。资源的界定是在作业界定的基础之上进行的，每项作业必涉及相关的资源，与作业无关的资源应该从物流成本核算中予以剔除。

(3) 确认各项物流运作作业所包含的资源动因。资源动因即资源的种类和数量，联系着资源和作业，将资源分配到各受益的作业中。例如，对"采购"作业而言，首先，要确认其消耗的资源种类，如人工工资、管理费用、材料费用和设备折旧等；其次，要计算出作业中各项资源的具体数额。

(4) 确定成本动因。作业动因反映了成本对象对作业消耗的逻辑关系，将作业成本分配到产品或服务中。如订单 X 的物流作业包括订单处理、库存和运输三项，则根据订单 X 的三项作业消耗的资源比率，可以计算完成订单 A 的物流作业成本。

毋庸置疑，作业成本法的成功实施有赖于先进的计算机信息管理系统，详细记录各个作业的数据资料，组织和存储从基础成本资料到业务活动、从业务活动到特定产品的详细信息。因此，与传统的成本核算方法相比，作业成本法的分配标准更加符合客观情况，为企业提供了相对较准确的成本管理信息。同时，通过对所有与产品相关联的作业活动的追踪分析，可以为企业确定和消除无效率的作业，完善作业环节，进一步优化物流运作过程，提高企业的物流管理水平。从某种程度上说，虽然由于资料来源的可靠性和真实性受到各种因素的制约，作业成本法存在一定的误差，但是它的计算方法比较科学，随着进一步的改进，会逐步完善，有较大的使用价值。

4. 全面成本管理计算方法

全面成本管理(total cost management，TCM)的思想是进行全面质量管理，强调企业的全体人员均参与成本管理，以成本形成的全过程为管理对象，加强成本事前、事中和事后的损失控制，并做到事前、事中和事后三位一体。进行全面成本管理的关键是设立成本管理体系，它由目标成本确定和分解体系、成本计划执行体系、成本监督和控制体系，以及成本分析持续改善体系组成。

全面成本管理是对物流活动的全过程进行系统、统一的管理，充分协调各部门和各环节的成本费用，以总成本最小化为主要目的，最大限度地降低物流成本，有效地避免了物流成本管理中的背反现象。全面成本管理可以加快物流合理化过程，它认为物流作业的质量、成本和时间经过协调，可以达到长期削减物流成本的目的。企业物流作业质量的提高，可以加快物流速度，而物流速度的加快，是物流成本效率提高的保证，充分协调质量、速度和成本三者之间的关系，可以达到物流运作系统整体优化的目的。

1.7.7 物流成本控制

物流成本控制有狭义和广义两种理解。狭义的物流成本控制，就是在企业的物流活动中对日常的物流成本支出采取各种方法进行严格的控制和管理，使物流成本减少到最低限度，以达到预期的物流成本目标。广义的物流成本控制，则包括事前、事中和事后对物流成本进行预测、计划、计算、分析的全过程，也就是物流成本管理，实质上都是对物流成本的控制。物流成本控制的基本内容如下。

1. 运输费用控制

物资运输费用是承运单位向客户提供运输劳务所耗费的费用。运输费用占物流费用比重较大，据日本通产省对六大类货物物流成本的调查结果表明，运输成本占总物流成本的40%左右，是影响物流费用的重要因素。控制运输费用的方式有加强运输的经济核算防止运输过程中的差错事故，做到安全运输等。

2. 储存费用控制

储存费用是指物资在储存过程中所需要的费用。储存费用控制方式主要是加强仓储各种费用的核算和管理。

3. 装卸搬运费用控制

装卸搬运活动是衔接物流各环节活动正常进行的关键，它渗透到物流的各个领域，伴随物流活动的始终，装卸搬运费是物资在装卸搬运过程中所支出费用的总和。控制装卸搬运费用的方式有对装卸搬运设备合理选择，防止机械设备无效作业，合理规划装卸方式和装卸作业过程，如减少装卸次数、缩短操作距离、提高被装卸物资纯度等。

4. 包装费用控制

包装起着保护产品、方便储运、促进销售的作用。据统计，包装费用约占全部物流费用的10%，有些商品，特别是生活用品，包装费用高达50%。控制包装费用的方式有：选择包装材料时要进行经济分析；运用成本核算方法降低包装费用，如包装的回收和旧包装的再利用；实现包装尺寸的标准化、包装作业的机械化；有条件时组织散装物流；等等。

5. 流通加工费用控制

流通加工费用是物资进入流通领域以后，按照客户的要求进行的加工活动而支付的费用。控制流通加工费用的方式有：合理确定流通加工的方式，合理确定加工的能力，加强流通加工的生产管理，科学制定反映流通加工特征的经济指标。

1.8 物流的发展趋势

在物流发展的趋势上，未来物流的发展方向已初现雏形，呈现出三大趋势。

1.8.1 智慧物流成趋势

随着时代的进步，"互联网+"的发展，人工智能、区块链技术在物流领域的应用也呈爆发式增长，从而推动了以大数据应用为标志的智慧物流产业的兴起。未来一段时期，新一轮科技革命和产业变革将形成势头，随着物流与技术的深度融合，智慧物流将迎来新的发展机遇，呈现出一些新的趋势。首先是智能化。往智能化发展是物流发展的必然趋势。智能是智慧物流的典型特征，随着人工智能技术、自动化技术、信息技术的发展，智能化程度会不断提高。不仅仅限于当前的水平，伴随着时代的发展，智慧物流也将不断被赋予新的内容。其次是柔性化。"以顾客为中心"的理念贯穿各个行业，物流行业也是如此，须按照客户的需要提供高度可靠、个性化以及其他额外服务。"以顾客为中心"的服务内容不断增多，服务的重要性也将越来越凸显，缺乏智慧物流系统柔性化是不可能达到的。再次是一体化。智慧物流系统既包括企业内部的全部物流活动，也包括企业外部的物流活动。一体化则是指智慧物流的整体化和系统化，以智慧物流管理为核心，将物流过程中的运输、存储、包装、装卸等诸环节集合成一体化系统。最后是社会化。随着物流设施的国际化、物流技术的全球化和物流服务的全面化，物流活动并不仅仅局限于一个地区或一个国家，还将实现货物在国家间的流动和交换，以促进区域经济的发展和世界资源的优化配置。而社会化的智慧物流体系的形成，降低了商品流通成本，并成为智能型社会发展的基础。随着社会日新月异的发展，智慧物流使物流行业分工越来越细，管理也会越来越精细化。

1.8.2 绿色物流成必然

绿色物流是现代物流可持续发展的必然。物流业作为现代新兴产业，有赖于社会化大生产的专业分工和经济的高速发展。而物流要发展，一定要与绿色生产、绿色营销、绿色消费等绿色经济活动紧密衔接。人类的经济活动不能因物流而过分地消耗资源，造成重复污染，从而破坏环境。此外，绿色物流还是企业最大限度地降低经营成本的必由之路。一般认为，产品从投产到销出，制造加工时间仅占10%，而几乎90%的时间为仓储、运输、装卸、分装、流通加工、信息处理等物流过程。

1.8.3 共享物流成潮流

共享物流是物流行业发展的新趋势，能有效解决行业现存诸多难题。发展共享物流的前提是，要明确企业的信息协同和标准统一。首先是信息协同。共享经济并非一种新型的经济模式，它之所以能在新时代异军突起，正是基于高效的信息协同。借助互联网、物联网等基础网络，在信息的有效传递中资源与需求才能得到快速匹配。尤其是物联网的发展，让物流平台可以对物流全流程实时掌控。其次是标准统一。标准化一直是物流行业的研究重点。从仓库、车辆到托盘、包装盒等，各类物流资源存在着型号不统一、品种繁多等诸多问题，不仅影响了物流效率的提升，也给共享物流的实施带来了困难。随着物流行业标准化的逐步形成，基于信息的即时传递与协调统一，共享物流将成为可能。

【延伸阅读】

具体内容请扫描右侧二维码。

第2章 仓储管理

【学习目标】

通过本章的学习，了解仓储管理、入库管理、在库管理、出库管理、库存管理的基本概念，理解仓储管理的原则、内容，掌握仓储管理的模式，掌握入库管理、在库管理、出库管理的流程及注意事项，掌握库存的分类及库存管理的方法。能力上能够熟悉货物仓储的全流程，并就每一个流程中需要注意的事项提出自己的见解；能够针对不同的仓储方式，提出其仓储的原则；能够根据不同的库存管理方案计算库存。素养上具备一定的仓储分析与应用能力；具有自学能力、获取信息的能力。思政上培养读者关注行业发展，善于思考行业热点现象或问题，养成仔细、谨慎的习惯。

【案例导入】

"巨无霸"仓库

唯品会华南物流中心是唯品会华南区域最大的物流中心，也是唯品会乃至电商行业的"标杆"智能仓储。该仓库占地 30 万平方米，有 14 个大仓 150 万种品类，2 000 万件商品，一件货物 30 秒内就能快速完成分拣，有 500 名分拣员，日分拣量最高达 75 万件。

1. 流程拣选

全长 14 千米的流水线是流程拣选的生命线，贯穿整个华南库存的流水线，流程拣选效率是分区拣选效率的 2 倍以上。当顾客 A 下单，订单池有 10 000 个订单的时候，如果用分区拣选，40 单一个批次，分拣员要在库区来回走 25 遍；如果采用流程拣选，同样有 10 000 个订单，只需要多个人在库区走一遍就可以把它全部拣选完成，效率足足提高了 25 倍。

2. 化妆品货物分拣的包装创新

化妆品是比较特殊的一种货物品类，如果不采用外包装，在流水线上很容易摔破、滑落，因此，唯品会采用化妆品专用保护盒来保护货物。最初采用拉链式的包装袋，将货物装至包装袋运送到分拣线上，测试完防护性能和摩擦力后，又升级为绷带式包装袋，包装货物时不需要拉链，直接将货物卡扣进去即可。

3. 货到人 AGV(自动导引运输车)分拣机器人

在唯品会华南物流中心，过去人工分拣一天的工作量，AGV 只需要半天就可分拣完成。货到人 AGV 分拣机器人将仓库用工人数减少了三分之二，降低了企业的人工成本，并且将补货、拣货、打包流程规范化，提高了拣货正确率，实现了精细化的仓库管理。仓库管理从粗犷的生产组织过渡到科学的管理方式，分拣员也从繁重的手工作业中解放出来。

4. 蜂巢全自动集货缓存系统

蜂巢全自动集货缓存系统由兰剑智能科技股份有限公司研发，率先在唯品会投入使用。该系统是一套适用于电商仓储物流并能够实现储分一体的分布式自动化物流系统。该系统由智能高速穿梭车、集货缓存系统和仿真物流系统等组成。该系统帮助唯品会华南物流中心实现了由平面集货缓存向立体集货缓存的变更。与阁楼式仓库相比，蜂巢式仓库的容积率提升了 1.5 倍。

(资料来源：易智家)

思考：唯品会是如何完成其巨大的仓储任务的？

2.1 仓储管理概述

2.1.1 仓储管理的概念

仓储管理是指将物品存入仓库并对存放于仓库里的物品进行保管、控制等管理活动，也就是对物品的入库、保管和出库等业务活动所进行的计划、组织、协调与控制。

仓储管理已从单纯意义上的对货物仓储的管理，转变成物流过程中的中心环节，它的功能已不再是单纯的货物存储，而是兼有包装、分拣、整理、简单装配等多种辅助性功能。

2.1.2 仓储管理的原则

为了使仓储管理顺利进行，应该遵循以下几个基本原则。

1. 质量原则

仓储管理最基本的原则是保证质量。仓储管理中的一切活动，都必须以保证在库物品的质量为中心。没有质量的数量是无效的，甚至是有害的，因为这些物品依然占用资金，产生管理费用，占用仓库空间。因此，为了完成仓储管理的基本任务，仓储活动中的各项作业必须有质量标准，并严格按标准进行作业。

2. 效率原则

仓储管理的核心是效率管理，即实现最少劳动量的投入，获得最大的产品进出。劳动量的投入包括生产工具、劳动力的数量以及它们的作业时间和使用时间。效率是仓储其他管理的基础，没有生产的效率，就不会有经营的效益，就无法开展优质的服务。仓储的效率表现在仓容利用率、货物周转率、进/出库时间、装/卸车时间等指标上，表现为"快进、快出、多存储、保管好"的高效率仓储。

要实现高效率仓储，必须通过准确的核算、科学的组织、妥善地安排场所和空间、机械设备与人员合理配合，部门与部门、人员与人员、设备与设备、人员与设备之间默契配合，使生产作业过程有条不紊地进行；还需要有效管理过程的保障，包括现场的组织、督促、标准化、制度化的操作管理，严格的质量责任制的约束。现场作业混乱，操作随意，作业质量差甚至出现作业事故，显然不可能有效率。

3. 效益原则

企业生产经营的目的首先是获取最大的经济效益，实现利润最大化，这就需要企业做到经营收入最大化和经营成本最小化。为此，仓储企业应围绕获得最大经济效益的目的进行组织和经营，必须力争以最少的人、财、物消耗，及时、准确地完成最多的储存任务。同时企业也需要承担部分社会责任，履行保护环境、维护社会安定、满足社会不断增长的需求等社会义务，即在取得企业最佳经济效益的同时兼顾社会效益。

4. 服务原则

仓储活动本身就是向社会提供仓储服务。服务是贯穿在仓储中的一条主线，仓储定位、仓储具体操作、储存货物的控制都围绕服务进行。仓储管理需要围绕服务定位，以及如何提供服务、改善服务、提高服务质量开展，包括直接的服务管理和以服务为原则的生产管理。仓储的服务水平与仓储经营成本有着密切的相关性，两者互相对立，即仓储的服务水平与仓储经营成本存在着二律背反现象：服务好，成本高，收费则高。仓储服务管理就是在降低成本和提高(保持)服务水平之间寻求一个平衡点。

5. 安全原则

仓储活动中的不安全因素有很多，有的来自库存物品，如有些物品易燃易爆、有毒、有辐射性等；有的来自装卸搬运作业过程，如违反机械设备的安全操作规程作业造成安全事故；还有的来自人为破坏。因此，要着重加强安全教育，提高安全意识，制定安全制度，贯彻"安全第一，预防为主"的安全生产方针。

2.1.3 仓储管理的内容

仓储管理研究的是商品流通过程中货物储存环节的经营管理，即研究商品流通过程中货物储存环节的经营活动，以及为提高经营效益而进行的计划、组织、指挥、协调与控制。仓储管理的内容具体包括以下几个方面。

1. 仓库的选址与建筑问题

仓库的选址与建筑问题是仓库管理战略层面所研究的问题，它涉及公司长期战略与市场环境相关联的问题的研究，对仓库长期经营过程中的服务水平和综合成本产生非常大的影响。具体包括仓库的选址原则、仓库建筑面积的确定、仓库内运输道路与作业的布置等。

2. 仓库机械作业的选择与配置问题

仓库机械作业的选择与配置问题包括如何根据仓库作业的特点和所储存货物的种类及其物理、化学特性，选择机械装备以及应配备的数量，如何对这些机械进行管理等。现代仓库离不开仓库所配备的机械设施与设备，恰当地选择适用于不同作业类型的仓库设施与设备，将大大降低仓库作业中的人工作业劳动量，并可以提高商品流通的通畅性，保障商品在流通过程中的质量。

3. 仓库的业务管理问题

仓库的业务管理是日常仓储管理所面对的最基本的管理内容，包括如何组织货物入库前的验收，如何存放入库货物，如何对在库货物进行保管养护、发放出库等。仓储作业管理是仓储管理的核心内容，仓储作业主要围绕入库作业、在库作业及出库作业三个主要的阶段展开。每个阶段的作业水平都会影响货物的储存成本及仓库的运作绩效。仓储作业过程的特点主要表现在以下几个方面。

(1) 作业过程不连续。仓储作业的整个作业过程，从物资入库到物资出库不是连续进行的，而是间断进行的。这是因为各个作业环节往往不是密切衔接的，作业环节之间有间歇。例如，整车接运的商品，卸车后往往不能马上验收，而是要有一段待验时间；入库保管的商品有一段保管时间；商品分拣、包装完毕，需要一段待运时间等。这显然与一般工业企业的流水线作业不同。

(2) 作业量不均衡。仓储作业每天发生的作业量是有很大差别的，各月之间的作业量也有很大的不同。这种日、月作业量的不均衡，主要是由于仓库进货和发货时间上的不均衡和批量大小不等所造成的。有时卸车数量很大，装卸车的任务很重，作业量大；而有时整车装卸，装卸车的任务就较轻。因此，仓储作业时紧时松，忙闲不均。

(3) 作业对象复杂。除专用仓库外，仓储作业的对象是功能、性质和使用价值等各不相同的千万种商品。不同的商品要求采用不同的作业手段、方法和技术，因而仓库作业情况就会较复杂。

(4) 作业范围广泛。仓储作业的各个环节，大部分是在仓库内进行的，但也有一部分作业是在仓库外进行的，如接运、配送等作业可能要在生产企业、中转仓库、车站、港口或用户指定地点进行，所以作业范围相当广泛。

4. 仓库的库存管理问题

仓库的库存管理问题主要包括如何根据企业生产的需求状况和销售状况，储存合理数量的货物，既不会因为储存过少引起生产或销售中断造成损失，也不会因为储存过多而占用过多的流动资金等。

5. 仓库的安全管理问题

仓库的安全管理问题包括仓库的治安保卫、仓库消防以及仓库安全作业等。

6. 仓库的组织管理问题

仓库的组织管理问题包括货源的组织、仓储计划、仓储业务、货物包装、货物养护、仓储成本核算、仓储经济效益分析、仓储货物的保税类型、保税制度和政策、保税货物的海关监管、申请保税仓库的一般程序等。

此外，仓储业务考核问题，新技术、新方法在仓库管理中的运用问题等都是仓储管理所涉及的内容。

2.1.4 仓储管理的模式

仓储管理模式是库存保管方法和措施的总和。企业、部门或地区拥有一定数量的库存是客观需要，库存控制和保管是企业生产经营过程和部门管理的重要环节，仓储成本是企业物流总成本的重要组成部分，因此，选择适当的仓储管理模式，既可以保证企业的资源供应，又可以有效地控制仓储成本。

按仓储活动的运作方式，仓储管理模式可以分为自建仓库仓储、租赁仓库仓储和第三方仓储。

1. 自建仓库仓储

自建仓库仓储就是企业自己修建仓库进行仓储，这种模式的优缺点如下。

(1) 可以最大限度地控制仓储。由于企业对仓库拥有所有权，所以企业作为货主可以对仓储实施更大程度的控制，而且有助于与其他系统进行协调。

(2) 管理更具灵活性。此处的灵活性并不是指迅速增加或减少仓储空间，而是指由于企业是仓库的所有者，所以可以按照企业的要求和产品特点对仓库进行设计和布局。

(3) 长期仓储时成本低。如果仓库得到长期的充分利用，可以降低单位货物的仓储成本，从某种程度上说这也是一种规模经济。

(4) 可以为企业树立良好的形象。当企业将产品储存在自有自建的仓库时，会给客户一种企业能够长期持续经营的良好印象，客户会认为企业经营十分稳定、可靠，是产品的持续供应者，这有助于提高企业的竞争力。

(5) 仓库固定的容量和成本使得企业的一部分资金被长期占用。不管企业对仓储空间的需求如何，仓库的容量是固定的，不能随着需求的增加或减少而扩大或减小。当企业对仓储空间的需求减少时，仍需承担仓库中未被利用部分的成本；而当企业对仓储空间有额外需求时，仓库却又无法满足。

(6) 仓库位置和结构的局限性。如果企业只能使用自有仓库，则会由于数量限制而失去战略性优化选址的灵活性；市场的大小、位置和客户的偏好经常变化，如果企业在仓库结构和服务上不能适应这种变化，企业将失去许多商业机会。

2. 租赁仓库仓储

租赁仓库仓储就是委托营业性仓库进行仓储管理，这种模式的优缺点如下。

(1) 从财务角度上看，租赁仓库仓储最突出的优点是不需要企业作出资本投资。任何一种资本投资都要在详细的可行性分析研究的基础上才能实施，但租赁仓库仓储可以使企业避免资本投资和财务风险。企业可以不对仓储设备和设施作出任何投资，只需支付相对较少的租金就可得到仓储服务。

(2) 可以满足企业在库存高峰时大量额外的库存需求。如果企业的经营具有季节性，那么采用租赁仓库仓储的方式将满足企业在销售淡、旺季不同需要的仓储空间；而自建仓库仓储则会受到仓库容量的限制，并且在某些时候仓库可能闲置。大多数企业的存货水平会因为产品的季节性、促销活动或其他原因而变化，利用租赁仓库仓储，则没有仓库容量的限制，从而能够满足企业在不同时期对仓储空间的需求，尤其是库存高时会有大量额外的仓储需求。同时，仓储的成本将直接随着储存货物数量的变化而变动，便于管理者掌握。

(3) 减少管理的难度。工人的培训和管理是任何一类仓储管理模式都会面临的一个重要问题，尤其是对于产品需要特殊搬运或具有季节性的企业来说，很难维持一支有经验的仓储管理队伍，而使用公共仓储则可以避免这一难题。

(4) 营业型仓库的规模经济可以降低企业的仓储成本。由于营业型仓库为众多企业保管大量库存，所以与企业自建的仓库相比，前者通常可以大大提高仓库的利用率，从而降低仓储物品的单位储存成本。规模经济还使营业型仓库能够采用更加有效的物料搬运设备，从而提供更好的服务。此外，营业型仓库的规模经济还有利于拼箱作业和大批量运输,降低货主的运输成本。

(5) 使用租赁仓库进行仓储时企业的经营活动可以更加灵活。如果企业自己拥有仓库,那么当市场、运输方式、产品销售或企业财务状况发生变化,或者企业搬迁需要设立仓库的位置发生变化时,则原来的仓库就有可能变成企业的负担。如果企业租赁营业型仓库进行仓储,租赁合同通常都是有期限的,企业能在已知的期限内灵活地改变仓库的位置。另外,企业不必因仓储业务量的变化而增减员工,还可以根据仓库对整个分销系统的贡献以及成本和服务质量等因素,临时签订或终止租赁合同。

(6) 便于企业掌握保管和搬运的成本。由于每月可以得到仓储费用单据,所以租赁仓库仓储可使企业清楚地掌握保管和搬运成本,预测和控制不同仓储水平的成本;而企业自己拥有仓库时,则很难确定其可变成本和固定成本的变化情况。

(7) 增加了企业的包装成本。由于营业型仓库中存储了不同企业各种不同种类的货物,而各种不同性质的货物有可能相互影响,因此,企业租赁仓库进行仓储时必须增加对货物具有保护性的包装,从而增加了包装成本。

(8) 增加了企业控制库存的难度和风险。企业与仓库经营者都有履行合同的义务,但盗窃等客观因素对货物的损坏给货主造成的损失将远大于得到的赔偿,因此,租赁仓库仓储在控制库存方面将比使用自建仓库承担更大的风险。另外,在租赁仓库中泄露有关商业机密的风险也比自建仓库大。

3. 第三方仓储

第三方仓储即合同仓储,是指企业将仓储等物流活动转包给外部公司,由外部公司提供综合物流服务的仓储方式。

第三方仓储不同于一般的租赁仓库仓储,它能够提供专业、高效、经济和准确的分销服务。如果企业想得到高水平的质量和服务,就可利用第三方仓储,因为这些仓库设计水平较高,并且符合特殊商品高标准、专业化的搬运要求;如果企业只需要一般水平的搬运服务,则可以选择租赁仓库仓储。

从本质上看,第三方仓储是生产企业和专业仓储之间建立的伙伴关系。正是由于这种伙伴关系,第三方仓储公司能为货主提供存储、装卸、拼箱、订货分类、现货库存、在途混合、存货控制、运输安排、信息和货主要求的其他一整套物流服务。第三方仓储的特点如下。

(1) 有效利用资源。利用第三方仓储比自建仓库仓储能更有效地处理季节性生产普遍存在的产品的淡、旺季存储问题,能够有效地利用设备与空间。同时,第三方仓储的管理专业性更强,管理专家拥有更新的分销理念,掌握更多降低成本的方法,因此,物流系统的管理效率更高。

(2) 扩大市场。第三方仓储企业具备经过战略性选址的设备与服务,货主在不同位置得到的仓储管理和一系列服务都相同。许多企业将其自有仓库数量减少到有限的几个,而将各地区的物流转包给合同仓储公司。通过这种自有仓储与合同仓储相结合的网络,企业在保持对自有仓储设施的直接控制的同时,利用合同仓储来降低直接人力成本,进而扩大市场范围。

(3) 降低运输成本。第三方仓储企业同时处理不同货主的大量商品,经过拼箱作业后可通过大规模运输大大降低运输成本。

(4) 进行新市场的测试。货主企业在促销现有产品或推出新产品时，短期内可以利用第三方仓储来考察产品的市场需求。当企业试图进入一个新的市场区域时，要花费很长时间建立一套分销设施，而通过第三方仓储网络，企业就能很快达到目的。

尽管第三方仓储具有一定的优势，但也存在一些不利因素，其中，对物流活动失去直接控制是最担心的问题。企业对合同仓库的运作过程和雇用员工等控制较少已成为商品价值较高的企业利用合同仓储的最大障碍。

4. 仓储管理模式的适用条件

一个企业是自建仓库仓储、租赁仓库仓储，还是采用第三方仓储的仓储管理模式，主要是由货物周转总量、需求的稳定性和市场密度三大因素决定的，具体情况如表2-1所示。

表2-1　仓储管理模式的适用条件

仓储管理模式	货物周转总量		需求的稳定性		市场密度	
	大	小	是	否	集中	分散
自建仓库仓储	√	×	√	×	√	×
租赁仓库仓储	×	√	×	×	×	√
第三方仓储	×	√	×	×	×	√

自建仓库的固定成本相对较高，而且与使用程度无关，因此，只有在存货周转量较大，使得自建仓库仓储的平均成本低于公共仓储的平均成本时，自建仓库仓储才更经济；相反，当周转量相对较小时，选择租赁仓库仓储或第三方仓储则更为明智。

需求的稳定性是选择自建仓库仓储的一个关键因素。如果厂商具有多种产品线，仓库具有稳定的周转量，自建仓库仓储的运作模式将更为经济；反之，采用租赁仓库仓储和利用第三方仓储会使生产和经营更具有灵活性。

当市场密度较大或供应商相对集中时，自建仓库将提高企业对供应链的稳定性和成本的控制能力；相反，当供应商和用户比较分散而使得市场密度较低时，在不同地区同时使用几个公共仓库要比用一个自有仓库服务一个很大的地区更经济。

从表2-1中可以看到，自建仓库仓储的前提非常苛刻，租赁仓库仓储和第三方仓储更具有灵活性，而且符合物流社会化的发展趋势。企业可以根据各个区域市场的具体情况，分别采用不同的仓储管理模式。

2.2　入　库　管　理

货物入库是指仓库业务部门接到货物入库通知单后，从接运提货、装卸搬运、检查验收到办理入库手续等一系列作业环节构成的工作过程。入库作业管理是仓储管理中的一个重要环节，做好货物入库工作是仓储管理的前提。同时，入库作业水平的高低直接影响整个仓储作业的效率和效益。

2.2.1　入库前的准备工作

货物入库前的准备工作主要是根据采购计划和订货合同的规定，及时进行库场准备和仓储设备准备，保证货物能按时顺利入库。入库的准备工作包括以下几方面的内容。

(1) 熟悉入库货物。仓库业务、管理人员应认真查阅入库商品资料，掌握入库商品的品种、规格、数量、包装状态、单位体积、到库时间、存期、物理/化学特性以及保管要求等。

(2) 掌握仓库情况。了解商品入库期间和保管期间仓库的库容、设备、人员的变动情况，以便安排入库工作。必要时对仓库进行清查，清理货位，以便腾出仓容。对于必须使用重型设备操作的商品，一定要确保可使用设备的货位和装卸搬运空间。

(3) 制订仓储计划。仓库业务部门根据商品情况、仓库情况、设备情况制订仓储计划，并将任务下达到各相应的作业单位、管理部门。

(4) 妥善安排货位。仓库部门根据入库商品的性能、数量、类别，结合仓库分区分类保管的要求，核算货位大小，根据货位使用原则，妥善安排货位，确定堆垛方法、苫垫方案等。对于自动化立体仓库，货位的分配一般由计算机管理系统自动完成。

(5) 合理组织人力，做好货位准备。仓库人员要及时进行货位准备，如发现货位的货架损坏应及时通知修理或重新安排货位。彻底清洁货位，清除残留物；清理排水管道(沟)，必要时要消毒、除虫、铺地；详细检查照明、通风等设备，发现损坏及时修理。

(6) 准备苫垫材料、作业用具。在商品入库前，根据所确定的苫垫方案，准备相应的材料并组织苫垫铺设作业。准备妥当作业所需的用具，以便能及时使用。

(7) 货物验收准备。仓库理货人员根据商品的情况和仓库管理制度，确定验收方法。准备验收所需的点数、称量、测试、开箱、装箱、丈量、移动、照明等工具和用具。

(8) 装卸搬运工艺设定。根据商品、货位、设备条件和人员等情况，合理、科学地制定商品装卸搬运工艺，保证作业效率。

(9) 文件单证准备。对商品入库所需的各种报表、单证、记录簿等(如入库记录、理货检验单、料卡、残损单等)预填妥善，以备使用。

实际操作中，由于仓库种类、货位种类和业务性质不同，入库准备工作也会存在差别。因此，需要根据具体情况和仓库制度灵活调整，做好充分准备。

2.2.2　货物接运

做好货物接运工作，可以防止把在运输过程中或运输之前已经损坏的货物和各种差错带入仓库，减少或避免经济损失，为验收和保管、保养创造良好的条件。因此，在接运由交通运输部门转运的货物时，必须认真检查，分清责任，取得必要的证件和单证。具体来说，货物的接运方式主要有以下四种。

(1) 车站、码头提货。这是指企业仓库本身派出人员到车站、码头、航空港、邮局等地提取入库物资。

提货人员对所提取的货物应了解其品名、型号、特性、一般保管知识、装卸搬运注意事项等。在提货前应做好接运货物的准备工作，例如，准备好装卸运输工具，腾出存放货物的场地等。提货人员在到货前，应主动了解到货时间和交货情况，根据到货多少，组织装卸搬运人员、设备和车辆，按时前往车站、码头等地提货。

提货时应根据运单以及有关资料详细核对货物的品名、规格、数量，并要注意检查货物的外观，查看包装、封印是否完好，有无沾污、受潮、水渍、油渍等。若有疑点或货物与货单不符，应当场要求运输部门检查。对短缺损坏情况，凡属运输部门方面责任的，应作出商务记录；属于其他方面责任，需要运输部门证明的应作出普通记录，由承运人签字，注意记录内容与实际情况要相符。

(2) 仓库内专用线接货。在企业仓库本身具有铁路专用线的前提下，大宗货物的进库一般采取这种接货形式。

接到专用线到货通知后，仓库管理人员应立即确定卸货货位，力求缩短场内搬运距离，同时组织好卸车所需要的机械、人员及有关资料，做好卸车准备。

列车到达后，引导对位，进行检查。看车皮封闭情况是否良好，车门、车窗、铅封、苫布等有无异状；根据运单和有关资料核对到达货物的品名、规格、标志并清点件数；检查包装是否有损坏或有无散包；检查是否有进水、受潮或其他损坏现象。在检查中如发现问题，应请运输部门派员复查，作出普通或商务记录，记录内容要与实际情况相符。

另外，卸车时要注意为货物验收和入库保管提供便利条件。在进行卸货作业时不仅应注意保护货物，保证包装完好，还应根据货物的性质合理堆放，以免混淆。卸车后在货物上应标明车号和卸车日期。

(3) 仓库自行提货。这是企业仓库受主管单位的委托，直接到生产单位和供应单位去提取物资的接运方式。仓库应根据提货通知，了解所提货物的性能、规格、数量，准备好提货所需的机械、工具及人员，在供方当场检验质量、清点数量，并做好验收记录，将接货与验收合并一次完成。由于仓库自提受到仓库自身能力的限制，故一般限于物资数量较少、提货路途较近的情况。

(4) 库内接货。这是指供货单位直接把物资送达企业仓库中的接运方式。存货单位或供货单位将货物直接运送到仓库储存时，应由保管员或验收人员直接与送货人员办理交接手续，当面验收并做好记录。若有差错应填写记录，由进货人员签字证明，据此向有关部门提出索赔。

2.2.3　货物验收与入库

货物验收是指货物在正式入库前，应严格按照一定程序和手续对所接运的货物进行必要的检查。严格把好入库验收关，对于确保入库货物数量准确、质量完好，维护企业合法权益，及时为企业处理货损货差事宜提供依据有着十分重要的意义。

1. 货物验收要求

货物验收是一项技术要求高、组织严密的工作，关系到整个仓储作业能否顺利进行，因此必须做到准确、及时、严格、经济。

(1) 准确。要求严格按合同规定的标准和方法进行验收，认真校正和合理使用验收工具。

(2) 及时。及时验收有利于加快商品的周转,不误索赔期。为加快验收,可采取以下措施:先小批,后大批;先易后难;先本地到货,后外地到货。验收结束及时签收。

(3) 严格。验收人员应明确每批商品验收的要求和方法,并认真、严格地按仓库验收入库的业务操作程序办事。

(4) 经济。商品在验收时,多数情况下,不但需要检验设备和验收人员,而且需要装卸搬运机械和设备以及相应工种工人的配合。这就要求各工种密切合作,合理组织调配人员与设备,以节省作业费用。

2. 验收准备

验收准备是商品入库验收的第一道程序,包括货位、验收设备、工具及人员的准备。具体要做好以下五个方面的准备工作。

(1) 收集、整理并熟悉各项验收凭证、资料和有关验收要求。

(2) 准备所需的计量器具、卡量工具和检测仪器仪表等,要准确、可靠。

(3) 落实入库商品的存放地点,选择合理的堆码、垛型和保管方法。

(4) 准备所需的苫垫堆码物料、装卸机械、操作器具和担任验收作业的人力。特殊性货位,还须配备相应的防护用品,采取必要的应急防范措施。

(5) 进口商品或存货单位要求对商品进行质量检验时,要预先通知商检部门或检验部门到库进行检验或质量检测。

3. 核对验收单证

核对验收单证应按以下三个方面的内容进行。

(1) 核对验收依据,包括业务主管部门或货主提供的入库通知单、订货合同、订单等。

(2) 核对供货单位提供的验收凭证,包括质量保证书、装箱单、码单、说明书、保修卡及合格证等。

(3) 核对承运单位提供的运输单证,当存在入库前运输途中货损、货差问题时,送货或提货人员必须提供有关事故记录,包括商品残损情况的货运记录、普通记录和公路运输交接单等。

4. 实物验收

实物验收是指检验货物的数量、质量及包装等是否与入库单据相符,即复核货物数量是否与入库凭证相符,货物质量是否符合要求,货物包装能否保证货物在储存和运输过程中的安全。

(1) 数量验收。这里所讲的数量验收,主要是指两种情况:一种是计件商品的件数,如家用电器、生产零部件以及标准件等,其计量单位一般为台、只等;另一种是计重商品的重量,如工业原材料、食品等,其计量单位一般为千克(kg)、吨(t)等。

(2) 质量验收。质量验收是检查生产厂家和供应商提供的商品质量是否符合交货要求,通常应与数量验收同时进行。

商品质量验收包括内在质量验收和外观质量验收。对于内在质量,一般由生产厂家保证或由仓库抽样外送质量检验机构检验。仓库主要对商品外观质量进行验收,常采用感官检验法。

感官检验法是用感觉器官来检验商品质量，如视觉、听觉、触觉和嗅觉。视觉检验主要是观察商品的外观质量，看外表有无异状，如针织品的变色、油污等，可依靠视觉检验确定，操作时还可根据商品的不同特点采用不同的方法，以提高工效。听觉检验是通过轻轻敲击某些商品，细听发声，鉴别其质量有无缺陷。触觉检验一般直接用手探测包装内商品有无受潮、变质等异状。感官检验法简单易行，不需要专门设备，但有一定的主观性，容易受检验人员的经验、操作方法和环境等因素的影响，有一定的局限性。

除感官检验法外，还有测试仪器检验和运行检验等检验方法。测试仪器检验法是利用各种专用测试仪器进行商品性质测定。运行检验法是对商品进行运行操作，如检验电器、车辆操作功能是否正常。

(3) 包装检验。仓库对商品的外包装进行检验，通常是在初验时进行，检验内容有：包装有无被撬、开缝、污染、破损、水渍等不良情况。同时，还要检查包装是否符合有关标准要求，包括选用的材料、规格、制作工艺、标志和打包方式等。另外，对包装材料的干/湿度也要检查。包装的含水量是影响商品保管质量的重要指标，一些包装物含水量高即表明商品已经受损害，需要进一步检验。

5. 入库过程中发现问题的处理

货物验收过程中，可能会发现诸如证件不齐、数量短缺、质量不符合要求等问题，应分不同情况及时处理。

(1) 数量、质量不符。如果经验收后发现商品的实际数量与凭证上所列的数量不一致，应由收货人在凭证上做好详细记录，按实际数量签收，并及时通知送货人和发货方存在的数量问题。在与铁路、交通运输部门初步验收时发现质量问题，应会同承运方清查点验，并由承运方编制商务记录或出具证明书，作为索赔的依据。如确认责任不在承运方，也应做好记录，由承运者签字，以便作为向供货方联系处理的依据。在拆包进一步验收时发现的质量问题，应将有问题的商品单独堆放，并在入库单上分别签收，同时，通知供货方以划清责任。

(2) 包装问题。在清点大件的过程中发现包装有水渍、沾污、损坏、变形等情况时，应进一步检查货物内部详细数量和质量，并由送货人开具包装异状记录，或在送货单上注明，同时通知保管人员。

(3) 商品串库。商品串库是指将应该送往甲库的商品误送到乙库。当初步检查发现串库现象时，应立即拒收；如在验收细数中发现了串库商品，应及时通知送货人办理退货手续，同时更正单据。

(4) 有货无单或有单无货。有货无单是指货物先到达而有关凭证还未到达，对此应暂时安排场所存放，及时联系，待单证到齐后再验收入库。有单无货是指存货单位先将单证提前送到仓库，但经过一段时间后，尚没有见到货，应及时查明原因，将单证退回注销。

(5) 货未到齐。往往由于运输方式的不同，同批商品不能同时到达，对此，应分单签收。

6. 入库交接

货物经数量和质量检验合格后，由管理人员安排卸货、入库堆码，同时办理交接手续，接收货物和相关文件，并签署有关单据，划清运输部门和仓库的责任，然后由仓库有关人员进行货物的登账、立卡、建立档案，以圆满完成入库交接工作。

(1) 登账必须以正式合法的凭证为依据，如商品入库单、出库单和领料单等，且记账应连续、完整，依日期顺序记录。

(2) 货卡又叫料签、料卡、保管卡，它是一种实物标签，上面标明商品的名称、规格、数量、出入库状态等内容，一般挂在上架商品的下方或放在堆垛商品的正面。

(3) 建立商品档案是指对商品出/入库凭证和技术资料进行分类归档保存。建立商品档案是更好地管理商品的凭证和资料，可以防止货物散失，查阅方便，同时便于了解商品入库前后的活动全貌，有助于总结和积累仓库保管经验，研究管理规律，提高科学管理水平。建立商品档案时，要求商品档案一物一档且应统一编号，妥善保管。存档资料包括：商品出厂时的各种凭证和技术资料，如商品技术证明、合格证、装箱单、发货明细表等；商品运输单据、普通记录或货运记录、公路运输交接单等；商品验收的入库通知单、验收记录、磅码单、技术验收报告等；商品入库保管期间的检查、保养、损溢、变动等情况的记录；仓库内外温/湿度的记载及对商品的影响情况；商品出库凭证等。在商品保管期间，可根据仓库情况，由业务部门统一管理或直接由保管员管理。某种商品全部出库后，除必要的技术资料必须随货同行外，其余资料均应留在档案内，并将商品出库证件、动态记录等整理好一并归档。商品档案部分资料的保管期限，根据实际情况酌定。其中有些资料，如库内气候资料、商品储存保管的试验资料，应长期保留。

2.3 在 库 管 理

仓库在接收商品入库之后，应将商品存入适当的位置，并进行合理的保管、养护，以保证在库商品的数量和质量。在库管理也是仓储作业管理的重要环节，是降低仓储成本的关键环节之一。在库管理主要包括在库商品的保管和养护、盘点等作业。

2.3.1 商品的保管和养护

商品的保管和养护包括两个方面：一是根据各种商品不同的性能特点，结合具体条件，将商品存放在合理的场所和位置，为库存商品提供适宜的保管环境；二是对商品进行必要的保养和维护，为商品创造良好的保管条件。这两方面是相互联系、相互依赖、不可分割的有机体，主要都是为了保持仓库商品的原有使用价值，最大限度地减少商品损耗。商品的保管意义重大。

1. 商品保管的任务

商品保管的基本任务是，根据商品本身的特性及其变化规律，通过提供适宜的保管环境和保管条件，合理规划并有效利用现有仓储设施，以确保库存商品的质量与安全，为经济、合理地组织商品供应做好准备工作。其具体任务包括以下几个方面。

(1) 制定商品储存规划。商品储存规划是指在现有各类仓储设施条件下，根据储存任务对不同种类商品的储存作出全面规划，如保管场所的选择、布置，商品的堆码、苫垫要求等。

(2) 提供适宜的保管条件。不同商品的物理、化学性质不同，这就要求提供与之相适应的保管环境和保管条件，并采取相应的措施和方法，如仓库温/湿度的控制、金属防锈、防虫、防老化等，以保证商品在库的安全与质量。

(3) 掌握库存商品信息。商品保管在负责实物保管的同时，还应该负责商品信息管理的任务，包括各种单据、报表、技术证件等的填写、整理、传递、保存、分析与运用等。

(4) 确保商品安全。仓库的消防安全、排水防洪、防盗和安全保卫、防虫害、防霉变等都是商品保管的基本任务，其目的是确保商品安全，保持其使用价值。

2. 商品保管的原则

商品保管的原则主要包括以下几个方面。

(1) 质量第一。保持商品的使用价值是商品保管保养的根本目的，因此，必须把保证库存商品的数量正确、质量完好放在工作首位。

(2) 预防为主。在商品保管过程中，应积极采取预防措施，消除安全隐患，防止质量事故的发生，最大限度地避免和减少商品质量的下降和数量的损耗。

(3) 讲究科学。对商品储存要进行科学合理的规划，对商品养护要采取先进的技术和养护措施，做到因物而异、因库而异。

(4) 提高效率。在保证库存商品数量和质量的前提下，有效利用仓储设施，提高仓库利用率、设备利用率及工作效率，减少保管费用。

3. 商品养护的主要措施

商品养护的主要措施包括以下几个方面。

(1) 温/湿度的控制与调节。养护人员必须每天掌握仓库内外温/湿度变化，结合商品的性能，采取封闭、通风、吸潮等措施，把库内温/湿度调节在正常范围之内。密封是将商品封起来，以防止和减少外界空气的影响，常用的方法有整库密封、库内小室密封和货垛、货架密封。通风就是进行内外空气交换，从而调节仓库内外的温度和湿度，通常采用自然通风和机械通风两种方式。吸潮则是使用吸潮剂(如生石灰、氯化钙、硅胶等)来降低库房空气湿度。温/湿度的控制与调节是维护商品安全的重要环节，也是商品养护条件中"以防为主，防治结合"的关键。

(2) 害虫及杂菌的防治与清除。目前发现的害虫对于粮食、油料、毛呢制品、皮革和皮毛制品、纸张及复制品、中药材及制剂、干菜等都会造成严重损害。现阶段，我国仓储养护常采用低温杀虫、化学药剂杀虫、气调杀虫、电离射杀虫、远红外线杀虫以及微波杀虫等方法。

(3) 防鼠灭鼠。防鼠首先要清除老鼠隐蔽活动和做窝的条件，断绝其食物和水源，用玻璃、瓷片和黄泥石灰混合堵塞鼠洞。在库房的通风洞及门窗上，安装防鼠铁丝网，及时修补墙缝，白天开库门时加挡鼠板。同时，要加强入库验收，特别是对于草包包装的商品，以防内藏鼠窝混入仓库。要定期检查库房和商品，若发现有老鼠活动的迹象，应查找原因，并采取相应的防治措施。目前经常采用的灭鼠方法有器械捕杀、毒饵诱杀和毒气熏杀等。

(4) 防锈除锈。湿度、高温和有害气体会加速金属的锈蚀。因此，存放金属制品应选择便于通风和密封、地潮小、温度比较容易控制调节的库房。露天货场应选择地势高、干燥、不积水的地方，不能与含水量大、易吸湿和有腐蚀性的商品同库存放，并应尽量远离工矿、厕所、车站及化工生产企业。加强垛底隔潮工作，露天货场最好有防雨设施，但不宜直接苫盖。防锈的方法很多，仓储中常用的有涂油防锈法、贴可剥性塑料薄膜、气相防锈等。除锈方法主要有手工除锈、机械除锈和化学除锈三种方法。手工除锈包括钢丝刷打锈法、煤油洗刷法、砂布打磨除锈法、牙膏和木炭除锈法等。目前，常用的除锈机械有用于小五金商品的滚筒式除锈机，用于槽钢、线材、管材、板材的各种专用除锈机和用于表面粗糙制品的喷砂除锈机。化学除锈法是利用能溶解锈蚀的化学药品去除锈迹的方法，它有操作方便、效果好、效率高等优点，特别适用于形状复杂的商品。

2.3.2 盘点

仓库中的货物始终处于不断的进、存、出动态中，在作业过程中产生的误差经过一段时间的积累会使库存资料反映的数据与实际数量不相符。有些货物则因存放时间过久或保管不当发生数量和质量的变化。对储存物品进行清点和账物核对的活动，称为盘点。

1. 盘点的目的

(1) 查清实际库存数量。盘点可以查清实际库存数量，并通过盈亏调整修正货账不符产生的误差，使库存账目数量与实际库存数量一致。

(2) 帮助企业计算资产损益。对货主企业来讲，库存商品总金额直接反映企业流动资产的使用情况。库存量过高，企业过多的流动资金被占用，会威胁到企业的正常生产经营。而库存金额又与库存量及其单价成正比，因此，通过盘点能准确计算出企业的实际损益。

(3) 发现仓储管理中出现的问题。通过盘点查明盈亏的原因，发现仓储管理中存在的问题，并通过改善仓储作业流程和作业方式来解决问题，提高企业的管理水平。

2. 盘点的内容

(1) 查数量。通过点数、计数查明在库货物的实际数量，核对库存账目资料与实际库存数量是否一致。

(2) 查质量。检查在库货物质量有无变化，有无超过有效期或者保质期，有无长期积压等现象，必要时还必须对其进行技术检验。

(3) 查保管条件。检查保管条件是否与各种货物的保管要求相符合。例如，堆码是否合理稳固，库内温/湿度是否符合要求，各类计量器具是否准确等。

(4) 查安全。检查各种安全措施和消防设备、器材是否符合安全要求，建筑物和设备是否处于安全状态。

3. 盘点的步骤

(1) 事先准备。盘点前的准备工作主要包括：明确建立盘点的程序方法；配合会计决算进行盘点；盘点、复盘、监盘人员必须经过训练；经过训练的人员必须熟悉盘点用的表单；盘点用的表单必须事先印制完成；库存资料必须确实结清等。在盘点前，对厂商交来的物料必须明确其所有权，如已验收完成，属本仓库的，应及时整理归库；若尚未完成验收程序，属厂商的，应划分清楚，避免混淆。

(2) 决定盘点时间。根据物品的不同特性、价值大小、流动速度、重要程度分别确定不同的盘点时间。盘点时间间隔可以从每天、每周、每月到每年不等。对一般生产厂家而言，因其货品流动速度不快，故半年至一年实施一次盘点即可；但在配送中心货品流动速度较快的情况下，既要防止过久盘点对公司造成的损失，又碍于可用资源的限制，因而最好能视配送中心各货品的性质制定不同的盘点时间。

(3) 确定盘点方法。为了快速、准确地完成盘点作业，必须根据实际需要确定盘点方法。可以针对商品和重点保管工作进行重点检查；可以按商品分类排队或入库先后顺序在一定时期轮流清查一次；也可以定期对全部库存商品进行一次盘点；还可以随时对发生进出动态的商品进行盘点。

(4) 盘点人员的组织与培训。为保证盘点工作的顺利进行，在盘点时各部门会抽调人员，因此，需要对参与盘点的人员进行培训。人员的培训分为两部分：一是对所有人员进行盘点方法训练，二是对复盘与监盘人员进行认识货品的训练。

(5) 储存场所的清理。储存场所的清理工作主要内容有：储存场所在关闭前应通知各需求部门预领所需的物品；储存场所整理整顿完成，以便计数盘点；预先鉴定呆料、废品、不良品，以便盘点；账卡、单据、资料均应整理后加以结清；储存场所的管理人员在盘点前应自行预盘，以便提早发现问题并加以预防。

(6) 查清盘点差异的原因。当盘点结束后，发现所得数据与账簿资料不符时，应追查产生差异的主因。可从以下几个方面着手查找原因。

① 是否因记账员素质不高，致使货品数目无法表达。
② 是否因料账处理制度的缺陷，导致货品数目无法表达。
③ 是否因盘点制度的缺陷，导致货账不符。
④ 盘点所得的数据与账簿的资料，差异是否在允许误差内。
⑤ 盘点人员是否尽责，产生盈亏时应由谁负责。
⑥ 是否产生漏盘、重盘、错盘等情况。
⑦ 盘点的差异是否可预防，是否可以降低料账差异的程度。

(7) 盘点结果的处理。差异原因追查后，应针对主要原因进行适当的调整与处理，至于呆料、废品、不良品减价的部分则需与盘亏一并处理。物品除了盘点时产生数量的盈亏外，有些货品在价格上会产生增减，这些变更在经主管审核后，必须利用货品盘点盈亏及价目增减更正表修改。

4. 盘点方法

盘点分为账面盘点及现货盘点。

(1) 账面盘点又称永续盘点，就是把每天入库及出库货品的数量及单价，记录在电脑或账簿上，而后不断地累计加总算出账面上的库存量及库存金额。

(2) 现货盘点亦称实地盘点或实盘，就是实际清点调查仓库内的库存数，再依货品单价计算出实际库存金额的方法。根据盘点时间、频率的不同，又可分为期末盘点和循环盘点。期末盘点是指在会计计算期末统一清点所有物品数量的方法；循环盘点是指在每天、每周清点一小部分商品，一个循环周期将每种商品至少清点一次的方法。

2.4 出库管理

仓库的出库作业是仓库根据使用单位或业务部门开出的商品出库凭证(如提货单、领料单、调拨单),按其所列的商品名称、型号、规格、数量、收货单位、接货方式等要求,进行的核对凭证、备料、复核、点交、发放等一系列工作的总称。

2.4.1 商品出库的依据

商品出库必须由出库凭证驱动,而且出库凭证和手续必须符合要求。出库凭证的格式不尽相同,但不论采用何种形式都必须是符合财务制度要求的、有法律效力的凭证。出库凭证不符合要求,仓库不得擅自发货,要杜绝凭信誉或无正式手续的发货行为。

2.4.2 商品出库的要求

商品出库要求做到"三不三核五检查":"三不"即未接单据或电子数据不翻账,未经审单不备货,未经复核不出库;"三核"即在发货时要核实凭证、核对账卡、核对实物;"五检查"即对单据和实物要进行品名检查、规格检查、包装检查、件数检查和重量检查。

2.4.3 商品出库的方式

商品出库的方式主要包括以下几个方面。

1. 送货

送货是指仓库根据货主单位的出库通知或出库请求,通过发货作业把应发物品交由运输部门送达收货单位,或使用仓库自有车辆把物品运送到收货地点的一种出库形式。

2. 客户自提

客户自提是指客户自派车辆和人员,持提货单(领料单)直接到仓库提货,仓库根据提货单(领料单)发货的一种出库形式。仓库发货人与提货人应在仓库现场划清交接责任,当面交接并办理签收手续。此种方式适用于运输距离近、提货数量少的客户。

3. 过户

过户是一种就地划拨的出库形式。商品实物虽未出库,但是所有权已从原货主转移到新货主。仓库必须根据原货主开出的正式过户凭证办理过户手续。

4. 取样

取样是货主为了商检、样品陈列等需要,到仓库领取货样(通常要开箱拆包、分割抽取样本)的一种出库方式,仓库必须根据正式取样凭证发放样品,并做好账务记录。

5. 转仓

转仓是货主为了业务方便或改变商品存储条件，将某批库存商品从甲库转移到乙库的一种出库方式。仓库也必须根据货主开出的正式转仓单办理转仓手续。

2.4.4 商品出库的业务程序

商品出库的一般程序包括出库准备、审核出库凭证、备货、复核、包装、刷唛、点交、登账、清理等。

1. 出库准备

出库前的准备工作可分为两方面：一方面是计划工作，即根据需货方提出的出库计划或要求，事先做好物资出库的安排，包括货位、机械设备、工具和工作人员等的计划和组织；另一方面是做好出库物资的包装和标志标记工作。发往异地的货物，需经过长途运输，包装必须符合运输部门的规定。应在包装上挂签(贴签)，书写编号和发运标记(去向)，以免错发和混发。

2. 审核出库凭证

仓库接到出库凭证后，必须对其进行审核。首先要审核货主开出的提货单的合法性和真实性，审核领料单上是否有其部门主管或指定的专人签字，手续不全不予出库；其次要核对商品的品名、型号、规格、单价、数量、收货单位、产品质量证明书、装箱单、磅码单、说明书、合格证等。

3. 备货

出库凭证核对无误后即可备货，按出库凭证查对料卡，把出库商品迅速备齐，并配齐有关单证。

在备货工作中，拣货作业是其中十分重要的一环，它不但消耗大量的人力、物力，而且其所涉及的作业技术含量也是最高的。拣货作业是按照不同的顾客或不同的配送路线要求，使用各种拣选设备和传送装置，及时、准确、快速地按照顾客的要求从拣货区域将物品拣出，并按一定的方式进行分类和集中，送入指定发货区。

拣货的基本方式有按订单拣货和批量拣货。

(1) 按订单拣货是按照每张订单的品种和数量的要求，依次将客户所需要的商品由存放位置挑选出来的方式。这种拣货方式的优点是作业方法简单，实施容易且弹性大，拣货后不用再进行分类作业，适用大量订单的处理，作业人员责任明确，相关文件准备时间较短。缺点是拣货区域大时，补货及搬运的系统设计困难；商品品种多时，拣货行走路径长，拣货效率降低。

(2) 批量拣货是把多张订单汇集成一批，按商品类别及品种将数量相加后先进行初次拣货，然后按照单一订单要求将货品分配至每张订单。其优点是可以缩短拣货时行走搬运的距离，增加单位时间的拣货量，适用于订单数量庞大的系统；缺点是对订单无法快速反应，必须等订单累积到一定数量时才作一次性处理，因此容易出现停滞现象，批量拣货后还要进行再分配增加人工搬运次数。

4. 复核

备货后,为防止差错事故,须进行一次复核。复核的内容为"二查一核",即查外观质量是否完好,查技术证件是否齐全,核对出库凭证所列各项内容与所备商品是否相符。复核的形式有保管员自核、保管员之间相互交叉复核及由专职人员复核。需要包装或由交通运输部门托运的商品,也可由包装人员或货物托运人员进行复核。复核无误后,复核人要签字。

5. 包装

出库物品的包装必须完整、牢固,标识正确清晰,如有破损、潮湿、捆扎松散等不能保障运输中安全的情况,应加固整理。包装必须符合运输部门的要求,选用适宜的包装材料,其重量和尺寸要便于装卸搬运。

6. 刷唛

包装完毕后,要在包装上写明收货单位、到站、发货号、本批商品的总包装件数、发货单位等,字迹要清晰,书写要准确,并在相应位置印刷或粘贴条码标签。利用旧包装时,应彻底清除原有标识,以免造成标识混乱,导致差错。

7. 点交

出库商品经复核、包装后,采用提货方式出库,可将商品连同有关资料向提货人员当面点交;采用代运方式发货的商品,要与负责托运的人员办清交接手续。

8. 登账

商品点交后,保管员应在出库单上填写实发数、发货和提货单位、发货日期等内容,并签名,然后将出库凭证连同有关证件及时送交货主,以便货主办理货款结算。

9. 清理

商品出库后,有的货垛拆开,有的货位被打乱,有的现场还留有垃圾、杂物。保管员应根据储存规划要求,该并垛的并垛,该挪位的挪位,并及时清扫发货现场,保持清洁整齐,腾出新的货位,以备新的入库商品使用。同时,还要清查发货的设备和工具有无丢失、损坏等。当一批商品发完后,要收集整理该批商品的出/入库、保管保养、盈亏数据等情况,然后存入商品档案,妥善保管,以备查用。

2.4.5 商品出库中发生问题的处理

1. 出库凭证问题

出库凭证是指用户自提情况下的出库通知单和配送中心的配送计划通知单。

(1) 凡用户自提方式,其凭证超过提货期限的,必须办理相关手续方可发货,任何白条都不能作为发货凭证。

(2) 商品进库未经验收,一般暂缓发货,并通知供应商,待验收后再发货,提货期顺延,保管员不得代验。

(3) 凡发现出库凭证有疑点或情况不明,以及出库凭证有复制、涂改等情况时,应及时与配送中心有关部门和用户单位取得联系。

2. 出库计划数与实存数不符

若出现出库计划数与商品实存数不符的情况，配送中心仓储部门要认真分析原因，根据具体情况及时进行处理。

(1) 属于入库时的错账，可以采用报出报入方法进行调整，即先按库存账面数开具商品出库单销账，然后按实际库存数量重新入库登账，并在入库单上注明情况。

(2) 属于用户单位漏记账而多开的出库数，应由用户单位出具新的提货单，重新组织提货和发货。

(3) 属于配送中心仓储过程中的损耗，需要考虑损耗数量是否在合理范围之内，并与用户单位进行协商。合理范围之内的损耗应由用户单位承担，超过合理范围之外的损耗则由配送中心负责赔偿。

3. 串发货和错发货

串发货和错发货是指配送中心仓储部门发货人员对商品种类不熟悉，或者由于工作中的疏漏，把错误规格、数量的商品发出库的情况。如果商品尚未离库，保管人员应组织相关人员重新发货；如果商品已经出库，保管人员应根据库存实际情况，如实向配送中心主管部门和用户单位讲明串发货或错发货的品名、规格、数量等情况，与用户单位协调解决问题。

4. 包装破漏

包装破漏是指在发货过程中，因商品外包装破散等情况而引起的商品泄漏、裸露等问题。对于这些问题，发货时应对其进行整理或更换包装，方可出库，否则造成的损失应由配送中心承担。

5. 漏记账和错记账

漏记账是指在出库作业中，由于没有及时核销明细账而造成账面数量多于或少于实存数量的现象。错记账是指在货物出库后核销明细账时没有按实际发货出库的货物名称、数量登记，从而造成账货不符的情况。一经发现漏记账或错记账的情况，除及时向有关主管报告外，还应根据原出库凭证查明原因调整账目，使之与实际库存保持一致。对造成的损失应予以赔偿，同时应追究相关人员的责任。

2.5 库 存 管 理

2.5.1 库存概述

库存的含义有狭义和广义之分。狭义的库存是指在仓库中处于暂时停滞状态的物品或商品；广义的库存是指用于将来目的、暂时处于闲置状态的资源。资源停滞的位置，可以是仓库、生产线或车间，也可以是汽车站、码头和机场等流通节点，甚至可以是运输途中。

企业保持一定量库存的原因，归根结底是在供给与需求之间起缓冲作用，解决供给与需求之间的变化和未知的问题，还可以在生产过程出现问题时保证生产顺利进行。具体来讲，企业保留库存的原因主要有以下几个方面。

(1) 顾客的需求变化无法准确预测，企业需要有一定量的库存来应对各种突发或突变的顾客需求。

(2) 顾客要求的供货期与制造周期不一致，企业需要有一定量的库存来及时满足顾客的需求。

(3) 供应商的供货成本和能力及供货的数量和质量是不确定的，而库存有助于降低这些因素带来的风险。

(4) 物流服务的经营规模鼓励企业保持一定量的库存，如产品成批生产和整车运输货物能降低制造成本和运输成本。

(5) 由于企业生产计划不周密，一些过剩物料和成品会形成不必要的库存。

2.5.2 库存的分类

1. 根据生产过程的不同划分

从生产过程的角度可将库存分为原材料库存、在制品库存、产成品库存和维修库存四类。

(1) 原材料库存。原材料库存是指企业为了生产加工产品，通过采购和其他方式取得和持有的原材料、零部件的库存。原材料库存是针对制造业来说的，流通型企业不存在原材料库存。原材料库存的来源途径最常见的有两种：一是从供应商处购进，二是企业自己生产。

(2) 在制品库存。在制品库存是指处在由一种状态转换为另一种状态过程中的库存。在制品库存是不能卖给消费者的，因为它们尚未完成加工。

(3) 产成品库存。产成品库存是指工业企业生产的并经质量检验合格的、已办理入库手续但尚未销售出去的本期末实际产成品库存量。产成品库存的判断是与企业在正常情况下的库存数量相比较的结果。

(4) 维修库存。维修库存包括用于维修与养护的经常消耗的物品或备件，如润滑油和机器零件，不包括产成品的维护活动所用的物品或备件。维修库存一般由设备维修部门来管理和控制。

2. 根据物品需求的重复程度划分

根据物品需求的重复程度可将库存分为单周期库存和多周期库存。

(1) 单周期库存。单周期库存也指一次性订货问题，指某物料在一定时期内只订货一次，消耗完也不再补充订货，因而这种库存很少有重复订单，如报纸、月饼等。

(2) 多周期库存。多周期库存是指在足够长的时间里对某种物品的重复的、连续的需求，其库存需求不断地补充，如钢铁企业所用的铁矿石等。

3. 根据存放地点的不同划分

库存按其存放地点的不同，可以分为库存存货、在途库存、委托加工库存和委托代销库存四类。

(1) 库存存货。库存存货是指已经运到企业，并已验收入库的各种材料和货物，以及已验收入库的半成品和制成品。

(2) 在途库存。在途库存包括运入在途库存和运出在途库存。运入在途库存是指货款已经支付，或虽未付款但已取得货物所有权、正在运输途中的各种外购库存。运出在途库存是指按照合同规定已经发出或送出，但尚未转化所有权，也未确认销售的库存。

(3) 委托加工库存。委托加工库存是指企业已经委托外单位加工，但尚未加工完成的各种库存。

(4) 委托代销库存。委托代销库存是指企业已经委托外单位代销，但按合同规定尚未办理代销货款结算的库存。

4．根据经营过程的不同划分

根据经营过程的不同，可以将库存分为经常库存、安全库存、生产加工和运输过程的库存、季节性库存、促销库存、投机库存、沉淀库存或积压库存七类。

(1) 经常库存。经常库存又称周转库存，是为满足日常生产经营需要而保有的库存。周转库存的大小与采购量直接相关。企业为了降低物流成本或生产成本，需要批量采购、批量运输和批量生产，这样便形成了周期性的周转库存，这种库存随着每天的消耗而减少，当降低到一定水平时需要补充库存。

(2) 安全库存。安全库存是为了防止不确定因素的发生(如供货时间延迟、库存的消耗速度忽然加快等)而设置的库存。安全库存的大小与库存安全系数或者库存服务水平有关。从经济性的角度看，安全系数应确定在一个合适的水平上。例如，国内为了预防灾荒、战争等不确定因素的发生而进行的粮食储备、钢材储备、麻袋储备等，就是一种安全库存。

(3) 生产加工和运输过程的库存。生产加工和运输过程的库存是指需要加工或等待加工而处于暂时储存状态的商品。

(4) 季节性库存。季节性库存是指为了满足特定季节中出现的特定需求而建立的库存。

(5) 促销库存。促销库存是指为了应付企业促销活动产生的预期销售增加而建立的库存。

(6) 投机库存。投机库存是指为了避免因货物价格上涨造成损失或为了从商品价格上涨中获利而建立的库存。

(7) 沉淀库存或积压库存。沉淀库存或积压库存是指因商品品质变坏或损坏，或者因没有市场而滞销的商品库存，还包括超额储存的库存。

5．根据经济用途的不同划分

按经济用途不同，库存可分为商品库存、制造业库存和其他库存。

(1) 商品库存。商品库存是指企业购进后供转销的货物，其特征是在转销之前保持其原有实物形态。

(2) 制造业库存。制造业库存是指购进后直接用于生产制造的货物，其特点是在出售前需要经过生产加工过程，改变其原有的实物形态或使用功能。制造业库存可分为原材料、在制品、半成品和产成品。

(3) 其他库存。其他库存是指除了以上库存外，供企业一般耗用的用品和为生产经营服务的辅助性物品，其主要特点是满足企业的各种消耗性需要，而不是为了将其直接转销或加工制成产成品后再出售，如包装物和低值易耗品等。

6. 根据库存来源划分

根据库存来源的不同，库存可分为外购库存和自制库存两类。

(1) 外购库存。外购库存是指企业从外部购入的库存，如外购材料等。

(2) 自制库存。自制库存是指由企业内部制造的库存，如自制材料、在制品和制成品等。

7. 根据库存所处的状态划分

根据库存所处的状态不同，可分为静态库存和动态库存。

(1) 静态库存。静态库存是指长期或暂时处于储存状态的库存，这是人们在一般意义上认识的库存。

(2) 动态库存。动态库存是指处于制造加工状态或运输状态的库存。

2.5.3 库存的作用

库存的作用主要包括以下几个方面。

1. 应对不确定性，使企业能够防范因市场需求变化造成的损失

当今市场环境下，需求的不确定性是每个企业面临的问题。一方面，企业很难准确地预计市场的实际需求量，生产量和销售量之间必然存在一定的差异。没有一定的库存，企业就有可能在市场需求突然增加的情况下面临无货可销的窘境，丧失商机。另一方面，企业在内部生产过程中由于完成周期的不确定性导致的订单交付延误，会引起违约责任。因此，库存可起到应对不确定性风险的保障作用。

2. 稳定和平衡生产过程

在具有季节性或全年一次性消费特点的行业和领域，如果完全按照需求变化来安排生产，就可能出现某些时候产能不足而某些时候产能过剩的情况，企业不可能在产能不足时马上增加人力与设备，而到了产能过剩的时候又拍卖设备、解雇员工。因此，需要通过库存来平衡制造和需求之间的时间差，保证生产过程的稳定。

3. 预防原材料市场的供应变化

原材料的供应会直接影响企业的经营活动，但很多情况下，原材料的供应是不可控的，例如，在短期内可能出现供应商交付延误，或某种原材料突然供不应求。除非企业有足够有力的措施确保货源供应，否则就有必要存储一定的原材料库存、在制品库存或产成品库存。

4. 分离生产作业，保持生产的连续性

由于企业的生产过程涉及多个环节，一旦某个环节出现问题而停工，如果没有库存，下一个环节也将停工，从而导致企业生产中断。在制品库存的存在可以使各环节间的作业相分离，从而使企业在安排生产活动时有更大的灵活性，最大限度地提高作业效率。

5. 获取规模经济效益

在企业经营活动的采购、运输和制造方面，存在规模经济效益。如果企业仅考虑减少

库存成本，小批量采购或制造，就有可能使单位采购成本或制造成本提高，从而无法达到总的经营成本降低的目的。因此，适当的库存可帮助企业达到经济订货批量，实现规模经济。

2.5.4 库存控制的目标

库存控制的目标即防止超储和缺货，在企业资源的约束下，以最合理的成本保证客户服务质量。具体而言，库存控制需要实现以下几个方面的目标。

(1) 库存成本最低的目标。这是企业需要通过降低库存成本以降低产品成本、增加盈利和提高企业竞争能力所选择的目标。

(2) 库存保证程度最高的目标。这是因为产品畅销，企业增加生产、扩大经营时所选择的控制目标。

(3) 不允许缺货的目标。缺货是指存货量不足，不能及时满足顾客或者是生产上的需要，将会产生缺货损失费用，如某种物品对顾客或生产非常关键，应以不缺货为控制目标。

(4) 限定资金的目标。企业为了追求最大效益，必须对各个环节的资金使用进行有效的控制，在限定资金的前提下实现供应。

(5) 快捷的目标。如生鲜食品必须以快进快出为目标。

2.5.5 库存管理的办法

1. ABC 分析法

1) ABC 分析法的含义

ABC(activity based classification)分析法是经济学中的帕累托原理在库存管理中的应用。19 世纪，帕累托在研究财富的社会分配时发现，20%的人口控制了 80%的财富，这种现象被概括为重要的少数、次要的多数。ABC 分析法就是运用数理统计的方法，对企业库存物料、在制品、制成品等按其重要程度、价值高低、资金占用和销售情况进行分类、排序，以分清主次、抓住重点，并分别采用不同的控制方法。通过 ABC 分析法在库存管理中的有效应用，可以压缩企业的总库存量，解放被占压的资金，使库存结构趋于合理化并节约管理力量。

2) ABC 分析法的基本原理

由于各种库存物品的需求量和单价各不相同，其年耗用金额也各不相同。那些年耗用金额大的库存物品，由于占压企业的资金较大，对企业经营的影响也较大，因此，需要特别重视和加强管理。ABC 库存分析法就是根据库存物品的年耗用金额的大小，把库存物品划分为 A、B、C 三类：A 类库存物品的年耗用金额占总库存金额的 60%～80%，其品种数却只占总库存数的 10%～20%；B 类库存物品的年耗用金额占总库存金额的 15%～40%，其品种数却占总库存数的 20%～30%；C 类库存物品的年耗用金额占总库存金额的 5%～15%，其品种数却占总库存数的 50%～70%。

对不同类别库存物品采取的处理方法如下。

A 类库存物品应该享有最高的优先级，需要重点控制，可采用定期控制方式。其主要措施有：精确计算每次的订货数量和再订货点；严格按照预定的数量、时间、地点组织订货；认真进行市场预测和经济分析，尽可能使每次订货量符合实际需求。

B 类库存物品需要适中控制，可采用定量控制方式，如按经济订货批量进行订货。

C 类库存物品的控制可以粗略一些，可采用较大的订货批量进行订货，通常订购 6 个月或 1 年的需求量，其间不需要保持完整的库存记录。对 C 类库存物品，通常采用双仓法进行控制。

各类库存物品的管理措施如表 2-2 所示。

表 2-2　各类库存物品的管理措施

项　目	A 类库存	B 类库存	C 类库存
控制程度	严格控制	一般控制	简单控制
库存量计算	以库存模型详细计算	一般计算	简单计算或不及时
进出记录	详细记录	一般记录	简单记录
存货检查频率	密集	一般	很低
安全存量	低	较大	大量

3) ABC 分析法的一般步骤

(1) 搜集数据。如在一个分析期内，统计出该时期每种库存商品的平均库存量、单价等。

(2) 处理数据。对收集来的数据资料进行整理，按要求进行计算和汇总，如计算品种数、累计品种数、累计品种百分数、消耗金额占总消耗金额的百分比、消耗金额占总消耗金额的累计百分比等。

(3) 编制 ABC 分析表。按照一定的原则对储存货物进行排序，一般按年耗用金额从大到小排列。

(4) 根据 ABC 分析表确定分类。根据累计百分比按 ABC 分析基本原理分类。

(5) 绘制 ABC 分析图。以库存品种数百分比为横坐标，以累计耗用金额百分比为纵坐标，在坐标图上取点并连接各点，绘制 ABC 曲线，按曲线对应数据以 ABC 分析表确定 A、B、C 三个类别。在图上标明 A、B、C 三类，则制成 ABC 分析图。

(6) 对 A、B、C 三类货物采取不同的管理方法和策略，并提出相应的管理措施。

【例 2.1】某仓库库存品为 A1, A2, …, A10，对这 10 种库存品进行分类。

(1) 搜集数据。收集这 10 种库存品的单价、年需求量数据，如表 2-3 所示。

表 2-3　某仓库库存需求情况

库存品代号	年需求量/件	单价/元
A1	80 000	10
A2	380 000	16
A3	8 000	14
A4	200 000	8
A5	4 000	18
A6	500 000	10

续表

库存品代号	年需求量/件	单价/元
A7	30 000	12
A8	160 000	8
A9	20 000	10
A10	10 000	14

(2) 处理数据。首先计算出各种库存品的年耗用金额并进行排序，如表 2-4 所示。

表 2-4　某库存品年耗用金额及排序

库存品代号	年耗用金额/元	次　序
A1	800 000	5
A2	6 080 000	1
A3	112 000	9
A4	1 600 000	3
A5	72 000	10
A6	5 000 000	2
A7	360 000	6
A8	1 280 000	4
A9	200 000	7
A10	140 000	8

(3) 按照年耗用金额大小顺序将库存品重新排列，计算累计用金额和累计百分比，编制 ABC 分析表，如表 2-5 所示。

表 2-5　ABC 分析表

库存品代号	年耗用金额/元	累计用金额/元	累计百分比/%	分　类
A2	6 080 000	6 080 000	38.9	A
A6	5 000 000	11 080 000	70.8	A
A4	1 600 000	12 680 000	81.1	B
A8	1 280 000	13 960 000	89.2	B
A1	800 000	14 760 000	94.3	B
A7	360 000	15 120 000	96.6	C
A9	200 000	15 320 000	97.9	C
A10	140 000	15 460 000	98.8	C
A3	112 000	15 572 000	99.5	C
A5	72 000	15 644 000	100	C

(4) 根据 ABC 分析表把库存品分为 A、B、C 三类，如表 2-6 所示。

表2-6 库存品分类表

类别	库存品代号	种类百分比/%	每类费用/元	费用百分比/%
A	A2，A6	20	11 080 000	70.8
B	A4，A8，A1	30	3 680 000	23.5
C	A7，A9，A10，A3，A5	50	884 000	5.7

(5) 绘制 ABC 分析图，供管理控制使用，如图 2-1 所示。

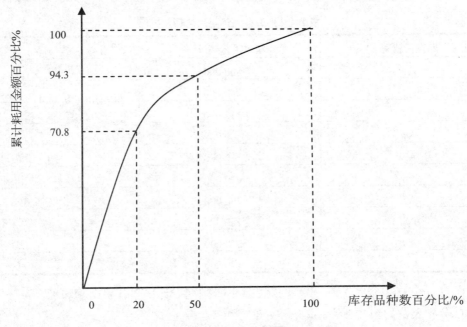

图 2-1 ABC 分析图

2. CVA 管理法

ABC 分析法也有不足之处，通常表现为 C 类物品得不到应有的重视，而 C 类物品也会影响企业的生产和销售，因其缺货往往会造成生产线停工或销售损失。因此，有一些企业在库存管理中引入了关键因素分析法(critical value analysis，CVA)。

CVA 管理法的基本思想是把存货按照关键性分成 3~5 类，例如：

(1) 最高优先级。这是经营活动中的关键性物品，不允许缺货。

(2) 较高优先级。这是经营活动中的基础性物品，允许偶尔缺货。

(3) 中等优先级。这多属于比较重要的物品，允许在合理范围内缺货。

(4) 较低优先级。经营中需用这些物品，但可替代性高，允许缺货。

按 CVA 管理法所划分的库存种类及其管理策略如表 2-7 所示。

CVA 管理法比起 ABC 分析法有着更强的目的性，但使用中需要注意的是，人们往往倾向于制定高的优先级，结果高优先级的物品种类很多，最终哪种物品也得不到应有的重视。CVA 管理法和 ABC 分析法结合使用，可以达到主次分明、抓住关键环节的目的。

表 2-7 CVA 管理法库存种类及其管理策略

库存类型	特 点	管理策略
最高优先级	经营管理中的关键物品，或 A 类重点客户的存货	不许缺货
较高优先级	生产经营中的基础性物品，或 B 类客户的存货	允许偶尔缺货
中等优先级	生产经营中比较重要的物品，或 C 类客户的存货	允许在合理范围内缺货
较低优先级	生产经营中需要，但可替代的物品	允许缺货

3. 定量订货法

1) 定量订货法的概念及原理

定量订货法是指当库存下降到预定的最低库存量(订货点)时，按规定数量[一般以经济批量(economic order quantity，EOQ)为标准]进行订货补充的一种库存控制方法。它主要靠控制订货点和订货批量两个参数来控制订货进度。预先确定一个订货点，在销售过程中随时检查库存，当库存下降到订货点时，就发出一个订货批量，一般取经济批量，从而达到既能满足库存需求，又能使总费用最低的目的。

2) 定量订货法控制参数的确定

实施定量订货法需要确定两个控制参数：一个是订货点，即订货点库存量；另一个是订货批量，即经济批量(EOQ)。

(1) 订货点的确定。影响订货点的因素有三个：订货提前期、平均需求量和安全库存。

在需求和订货提前期确定的情况下，无须设定安全库存即可直接求出订货点，其计算公式为

$$订货点=订货提前期(天)\times(全年需求量/360)$$

【例 2.2】 某仓库每年出库商品业务量为 36 000 箱，订货提前期为 7 天，则订货点为

$$订货点=7\times(36\ 000\div360)=700(箱)$$

在需求和订货提前期都不确定的情况下需要安全库存，可采用下式确定：

$$订货点=(平均需求量\times最大订货提前期)+安全库存$$

(2) 订货批量的确定。订货批量一般取经济订货批量，其计算公式为

$$Q=\sqrt{2DS/C}$$

式中，Q——经济订货批量；

D——商品年需求总量；

S——每次订货成本；

C——单位商品年保管费。

【例 2.3】 某仓库 A 商品年需求量为 30 000 个，单位商品的购买价格为 20 元，每次订货成本为 240 元，单位商品的年保管费为 10 元，求该商品的经济订货批量、每年的订货次数及平均订货间隔周期。

$$Q=\sqrt{2DS/C}=\sqrt{2\times30\ 000\times240/10}=1\ 200(个)$$

每年的订货次数 $N=30\ 000\div1\ 200=25(次)$

平均订货间隔周期 $T=365\div25=14.6(天)$

3) 定量订货法的优缺点

(1) 定量订货法的优点包括以下三个方面。

① 控制参数一经确定，实际操作就变得非常简单了。实际中经常采用"双堆法"来处理，即将某商品库存分为两堆，一堆为经常库存，另一堆为订货点库存。

② 当订货量确定后，商品的验收、库存、保管和出库业务可以利用现有规格化器具和方式，能有效地节约搬运、包装等方面的作业量。

③ 充分发挥经济批量的作用，可降低库存成本，节约费用，提高经济效益。

(2) 定量订货法的缺点包括以下四个方面。

① 要随时掌握库存动态，严格控制安全库存和订货点库存。

② 订货模式过于机械化，不具有灵活性。

③ 订货时间不能预先确定，对于人员、资金、工作计划的安排不利。

④ 受单一订货的限制，对于实行多种联合订货的情况，采用此方法时还需灵活处理。

4. 定期订货法

1) 定期订货法的原理

定期订货法是按预先确定的订货时间间隔进行订货补充的库存管理方法。定期订货法是基于时间的订货控制方法，它会设定订货周期和最高库存量，从而达到控制库存量的目的。具体来讲，预先确定一个订货周期和最高库存量，周期性地检查库存，根据最高库存量、实际库存、在途库存量和待出库商品数量，计算出每次订货批量，发出订货指令，组织订货。

2) 定期订货法控制参数的确定

(1) 订货量的确定。定期订货法每次的订货数量是不固定的，订货数量的多少都是由当时实际库存量的大小决定的，考虑在订货点时的在途到货量和已发出出货指令尚未出货的待出数量，每次订货的订货量的计算公式为

$$订货量 = 最高库存量 - 在途到货量 - 现有库存量 + 待出库数量$$

(2) 订货周期 T 的确定。订货周期实际上就是定期订货的订货点，其间隔时间总是相等的。订货周期的长短直接决定最高库存量的大小，即库存水平的高低，也决定了库存成本的多少。所以，订货周期不能太长，否则会使库存成本上升；也不能太短，太短会增加订货次数，使订货费增加，也会增加库存总成本。因此，要采用经济订货周期的方法确定订货周期，以使库存总费用最低。订货周期的计算公式为

$$T = \sqrt{2S/HD}$$

式中，S——每次订货成本；

H——单位商品单位时间储存成本；

D——单位时间货物需求量。

(3) 最高库存量 $Q_{\max}$ 的确定。定期订货法的最高库存量是指满足 $(T+T_k)$ 期间内库存需求的量，考虑到随机发生的不确定库存需求，再设置一定的安全库存，这样就可以简单地求出最高库存量了，其计算公式为

$$Q_{\max} = \bar{R}(T + T_k) + Q_s$$

式中，$Q_{\max}$——最高库存量；

$\bar{R}(T+T_k)$——期间的库存需求量平均值；

T——订货周期；

T_k——平均订货提前期；

Q_s——安全库存量。

3) 定期订货法的优缺点

(1) 定期订货法有以下优点。

① 可以合并订货，减少订货费。

② 周期盘点比较彻底、精确，避免了定量订货法每天盘存的做法，减少了工作量，提高了工作效率。

③ 库存管理的计划性强，有利于工作计划的安排，实行计划管理。

(2) 定期订货法有以下缺点。

① 安全库存量设置得较大。

② 每次订货的批量不固定，无法制定出经济订货批量，因而运营成本较高，经济性较差。

2.5.6 库存管理的发展趋势

1. 计算机化与网络化管理

计算机具有记忆功能，能把复杂的库存管理工作推向更高阶段，运算准确，能把复杂的数据处理简单化，还可对临时性需求作实时处理。利用通畅的网络渠道，企业可以节省大量的通信和管理费用，即时查看企业在各地的最新库存资料。

2. 系统化库存管理

库存管理应从静态和动态两个方面来考虑。在进行库存管理时，仅仅把目光放在对企业总体有直接影响的因素上是远远不够的，还应该考虑与库存管理相关的其他职能部门对库存管理工作的影响，以及库存管理工作对它们的反作用。

3. 零库存管理

零库存有两层含义：一是库存物资为零；二是库存设施、设备数量及库存劳动耗费同时趋向于零或为零，即不存在库存活动。前一种含义意味着储存物质数量的合理减少，后一种含义是社会库存结构的合理调整和库存集中化的表现。

4. 以客户综合需求为中心的库存管理

这要求企业制定一系列评估方法和反馈系统来综合衡量客户的各项需求，并在找到平衡点的基础上，作出适当的库存方法调整，以尽可能低的成本满足客户较高的服务要求。

【延伸阅读】

具体内容请扫描右侧二维码。

第3章 配送管理

【学习目标】

通过对本章的学习，了解配送成本、配送中心的基本概念，了解配送中心的作业流程，理解配送的主要模式，掌握配送成本控制的方法、配送中心的选址方法及线路规划方法。能力上能够区分不同的物流配送模式并进行选择，能够根据实际情况设计配送中心。素养上具备一定的物流配送分析与应用能力。思政上具有运用所学知识分析和解决问题的能力。

【案例导入】

社区O2O——闪电购

数据显示，未来我国O2O市场规模将达到4 000亿元，O2O是无数企业的必争之地，生活类O2O会是下一个亿万级市场，是目前市场上唯一能产生超级电商的领域。闪电购助力同城服务再升级，在打通线上线下资源的同时，优化社会资源，用科技提供便利，改变生活。

自2014年10月成立以来，闪电购在短短8个月内，布局北京、上海、广州、深圳、苏州、杭州六个城市，日订单量突破十万，有数千家合作商户、超过百万的有效用户……在O2O第一批倒闭大潮中，闪电购上交了一份如此华丽的答卷，不仅给了投资者十足的信心，也为市场注入了一剂兴奋剂。

社区O2O服务竞争日趋白热化，众多电商和互联网巨头纷纷进驻抢占市场。本月初，国际著名电商亚马逊携手旗下亚马逊生鲜（Amazon Fresh）进驻英国，为其在英国伦敦部分地区的金牌客户提供一小时内送达的生鲜配送服务。可以说，社区服务电商化是未来的一大趋势。然而，与亚马逊相对缓慢的城市拓展相比，闪电购作为我国社区电商的领导者，已经率先在我国六个主要城市完成了布局，在绝大部分城区实现了一小时送达的服务。

而一小时配送的实现，在整个产业链条上有三个基本点格外重要：商品端、运营端与配送端。在商品端，快消品单价不高且毛利低，水果生鲜冷链成本高，易腐烂；在运营端，多城市运营给整个公司带来了很大压力，如何采购、怎么采购成为一大痛点；而在配送端，低毛利与易腐烂的特性也导致货品物流外包将难以盈利。为此，闪电购将产地直采的控货策略、加盟为主的"未来便利店"模式以及专业化的物流配送有机地结合在一起，以商品、运营和配送端为切入口，助力同城电商升级。

1. "闪电"直采，用户尽享质优价廉生鲜产品

五月的泰国榴梿、四月的山东苹果、三月的越南火龙果……闪电购一直致力于给用户提供质优价廉的生鲜产品。"闪电"直采就是闪电购在供应链上进行品类把控最直观的例子。闪电购采购组奔赴生鲜产地，严格控制产地种植环境，调研产地规模，把控水果品质并设计了一套水果等级评分体系，通过"闪电"生鲜甄选的模式，为用户挑选最佳产地的生鲜果蔬，并让这些易损耗对运输条件要求极高的水果、蔬菜以最佳的状态直达用户手中。

2. "闪电"运营，实惠与品位兼顾

在同城运营上，闪电购多中心与去中间化的运营方式也保证了商品既"接地气"又有足够的利润空间。多中心运营即每个城市都有闪电购专属的运营团队，团队可以根据当地用户的需求和口味，上架具有本土特色的商品，同时伴随着集中采购的普遍流通商品，在保证特色的同时又兼顾了多种需求。而去中间商的运营和采购，在保证商铺利润空间的同时，增加了进口商品和自营商品销售的可能，使加盟闪电购"未来便利店"的同城便利店拥有差异化竞争的优势。

3. "闪电侠"一小时配送，攻克最后一公里

闪电购自建物流"闪电侠"，使闪电购在最后一公里上得到保障。闪电购搭建闪电侠接单平台，运用基站定位技术(location based service，LBS)，通过算法将用户订单提供的地址、商品品类、数量、下单时间等信息，和后台小店配送范围、营业时间、商品库存、目前配送情况等信息进行匹配，让离用户最近的闪电侠与社区便利店连接在一起，由闪电侠去便利店处接单，再完成最后一公里的配送，以最快速地满足客户"一小时内送达"的需求。

闪电购 CEO 王永森曾说："我们希望通过闪电购的服务，宠坏我们的用户。"闪电购在产业链上下苦功，搞创新，用创新性的服务从根本上解决用户的痛点，使深藏于小区内的同城便利店在互联网时代焕发新的活力。这也是闪电购，一家致力于成为下一个互联网行业"独角兽"的同城电商正在承担的责任。

(资料来源：https://www.sohu.com/a/133688437_224462)

思考：新零售背景下，配送物流发展的趋势是什么？

3.1 配送模式

配送模式是企业对配送所采取的基本战略和方法。由于服务对象不同，特别是电子商务下的定制化服务需求，使得物流配送模式呈现多样化。目前，主要的配送模式有自营配送、共同配送、互用配送和第三方配送等。

3.1.1 自营配送

1. 自营配送的概念

自营配送是指配送的各个环节由企业自身筹建并组织管理，实现对企业内部及外部货物配送的模式。这是目前国内生产、流通或综合性企业所广泛采用的一种配送模式。

2. 自营配送的特点

自营配送模式的优点是有利于企业供应、生产和销售的一体化作业，系统化程度相对较高。既可满足企业内部原材料、半成品及成品的配送需要，又可满足企业对外进行市场拓展的需求。

但是，自营配送也有不足之处，这种配送模式在一定程度上有着传统的"自给自足"思想和"小农意识"，可能会形成新型的"大而全""小而全"，使企业建立配送体系的投资规模大大增加,在企业配送规模较小时,会造成资源浪费、配送的成本和费用相对较高等问题。

因此,自营配送模式一般只适用于规模较大的集团企业。目前,较典型的自营配送模式是连锁企业的配送,这类企业基本上都是通过组建自己的配送中心来完成对内部各卖场、门店的统一配送和统一结算。

3.1.2 共同配送

1. 共同配送的概念

共同配送是由多家企业联合组织实施的配送活动,是一种企业间为了提高配送效率、实现配送合理化,以互惠互利为原则,互相提供便利的配送服务的协作型配送模式。其本质是通过作业活动的规模化降低作业成本,提高物流资源的利用效率。共同配送模式是一种现代化的、社会化的配送模式,可以节约配送资源,提高配送效率,是现代社会中采用较广泛、影响面较大的一种配送模式。共同配送的流程如图 3-1 所示。

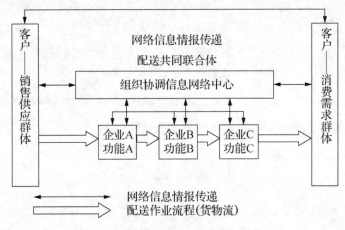

图 3-1 共同配送的流程

共同配送的核心在于充实和强化配送功能,提高配送效率,实现配送合理化和系统化。在共同配送实施过程中,要坚持功能互补、平等自愿、互惠互利和协调一致的原则。

2. 共同配送的作用

共同配送分为以货主为主体的共同配送和以物流业者为主体的共同配送。

从货主的角度来看,共同配送可以降低配送成本,由于共同配送是多个货主企业共享一个第三方物流服务公司的设施和设备,从而由多个货主共同分担配送成本,使成本降低。另外,将多个不同货主的零散运输通过整合可以变成成本更低的整车运输,从而使得运输费用大幅度降低。共同配送还可以降低每个货主的日常费用支出,降低新产品上市时的初始投资风险。

从物流业者的角度来看,共同配送同样可以降低他们的成本,从而间接地为其客户节省费用。物流业者之所以能够降低成本,是因为其人工、设备和设施费用分摊到了很多共享的客户身上。这些零散客户共享所带来的生意就像大客户所带来的生意量一样大,使得物流业可以发挥物流的规模效益,从而节约成本。这些成本的节约又反过来可以使物流业者实施更加优惠的低价政策,使客户受益。

3. 共同配送应注意的问题及解决办法

开展共同配送虽然有很多优势,但由于共同配送涉及许多家企业的商业利益,在实践中可能会遇到一些困难和障碍。因此,实施共同配送应注意以下几个问题。

(1) 防止企业机密泄露。在开展共同配送的过程中,由于配送业务的共同化和配送信息的公开化,使各企业的交易条件、顾客名单等经营机密容易泄露给其他企业,对企业的经营战略造成不利的影响。因此,在实践中应建立防止和监督企业机密泄露的机制与措施,确保企业的经营机密不被泄露,维护各参与企业的利益。

(2) 公平分配成本和收益。不同的商品,对包装、储运条件的要求不同,装卸搬运的难易程度不同,所消耗的物流费用也存在差异。因此,开展共同配送必须明确物流成本在各企业之间如何公平地分配,同时还应建立公平的利益分配机制,保证共同配送所实现的利益在各参与企业间合理、公平地分配,做到利益均衡。

(3) 增加共同配送的一致性。共同配送作业的商品品种繁多,又是由多个配送企业联合完成的,权属关系复杂,服务要求不一,往往产生流通层次多、速度慢、浪费大、效益差的弊病,反过来又会造成管理部门机构重叠,服务水准下降,管理难度增加。在开展共同配送时,为了降低共同配送的难度和复杂程度,增强共同配送的协调性,各参与企业在配送的商品特性、保管和装卸特性、配送客户分布、物流服务水准、配送数量等方面应尽量具有较大的相似性。

(4) 让公司内部人员理解共同配送。共同配送在世界范围内发展较晚,还不完善,对于实行共同配送的企业来讲,可能会遭到一些部门的反对。对此,在公司内部要进行宣传,让员工理解共同配送的好处,特别是要让销售部门理解和支持共同配送。

3.1.3 互用配送

1. 互用配送的概念及其优缺点

互用配送是几家企业为了各自利益,以契约的方式达成某种协议,互用对方配送系统进行配送的模式。其优点在于企业不需要投入较大的资金和人力,就可以扩大自身的配送规模和范围,但需要各参与企业有较高的管理水平,以及与相关企业的组织协调能力。互用配送模式的基本形式如图 3-2 所示。

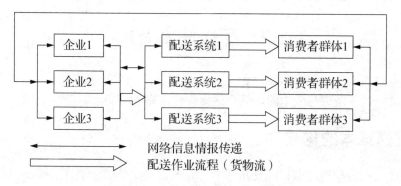

图 3-2 互用配送模式的基本形式

2. 互用配送与共同配送的区别

互用配送模式与共同配送模式都是协同配送，有一定的相似之处，但二者仍然有明显的区别，具体表现在以下几个方面。

(1) 共同配送模式旨在建立配送联合体，以强化配送功能为核心，为社会服务；互用配送模式旨在提高企业的配送能力，以为企业自身服务为核心。

(2) 共同配送模式的合作对象是经营配送业务的企业；互用配送模式的合作对象既可以是经营配送业务的企业，也可以是非经营配送业务的企业。

(3) 由于合作形式不同，共同配送模式的稳定性较强，而互用配送模式的稳定性较差。

3.1.4 第三方配送

1. 第三方配送的概念

第三方是为交易双方提供部分或全部配送服务的外部服务提供者。第三方配送模式是指交易双方把原本需要自己完成的配送业务委托给第三方来完成的一种配送模式。第三方配送企业所从事的是配送代理业务，本身并不购销商品，专门为客户提供如货物保管、分拣、加工、运送等服务。第三方配送模式的基本形式如图3-3所示。

图3-3 第三方配送模式的基本形式

2. 第三方配送的特点

在第三方配送模式中，企业将其非优势所在的配送业务外包给第三方来运作，不仅可以享受到更为精细的专业化配送服务，而且还可以将精力专注于自己擅长的业务领域，充分发挥在生产制造领域或销售领域的专业优势，增强主业务的核心竞争力。

随着物流产业的不断发展及第三方配送体系的不断完善，第三方配送模式已成为工商企业和电子商务网站进行货物配送的首选模式和方向。但是，企业将配送业务外包后，对配送业务的控制力减弱，容易受制于第三方配送企业。我国专业化、社会化配送还没有广泛形成，这使得企业在采用第三方配送模式时会承担一定的风险。

3.2 配送成本管理

配送成本是指配送过程中所支付的费用的总和。研究配送成本的构成、核算与控制方法，有助于供应链各环节总成本的降低，进而使供应链管理更加完善与高效。

3.2.1 配送成本的构成

根据配送流程及配送环节，配送成本包含配送运输、分拣、配装及流通加工等全过程产生的费用。

1. 配送运输费用

配送运输费用主要包括以下两个方面。

(1) 车辆费用。车辆费用是指从事配送运输生产而发生的各项费用，具体包括驾驶员及助手等工资及福利费、燃料、轮胎、修理费、折旧费、养路费、车船使用税等项目。

(2) 营运间接费用。营运间接费用是指营运过程中发生的不能直接计入各成本计算对象的站、队经费，包括站、队人员的工资及福利费、办公费、水电费、折旧费等内容，但不包括管理费。

2. 分拣费用

(1) 分拣人工费用。分拣人工费用是指从事分拣工作的作业人员及有关人员的工资、奖金、补贴等费用的总和。

(2) 分拣设备费用。分拣设备费用是指分拣机械设备的折旧费用及修理费用。

3. 配装费用

配装费用主要包括以下三个方面。

(1) 配装材料费用。常见的配装材料有木材、纸、自然纤维和合成纤维、塑料等。这些包装材料的功能不同，成本相差很大。

(2) 配装辅助费用。除上述费用外，还有一些辅助性费用，如包装标记、标志的印刷、拴挂物等费用的支出。

(3) 配装人工费用。配装人工费用是指从事包装工作的工人及有关人员的工资、奖金、补贴等费用的总和。

4. 流通加工费用

流通加工费用主要包括以下三个方面。

(1) 流通加工设备费用。流通加工设备因流通加工形式的不同而不同，购置这些设备所支出的费用，以流通加工费用的形式转移到被加工产品中。

(2) 流通加工材料费用。流通加工材料费用是指在流通加工过程中，投入加工过程中的一些材料消耗所需要的费用。

(3) 流通加工人工费用。流通加工人工费用是指在流通加工过程中从事加工活动的管理人员、工人及有关人员工资、奖金等费用的总和。

3.2.2 配送成本的核算

配送成本的核算是多环节的核算，是各个配送环节或活动的集成。配送各个环节的成本核算都具有各自的特点，如流通加工的费用核算与配送运输费用的核算具有明显的区别，其成本计算的对象及计算单位都不同。

配送成本的计算涉及多环节的成本计算，对每个环节应当计算各成本计算对象的总成本。总成本是指成本计算期内成本计算对象的成本总额，即各个成本项目金额之和。配送成本总额由各个环节的成本组成，其计算公式如下：

$$配送成本=配送运输成本+分拣成本+配装成本+流通加工成本$$

需要指出的是，在进行配送成本核算时要避免配送成本重复交叉。下面重点介绍配送运输成本和流通加工成本。

1. 配送运输成本

1) 配送运输成本的核算

配送运输成本的核算，是指将配送车辆在配送过程中所发生的费用，按照规定的配送对象和成本项目，计入配送对象的运输成本项目中的方法。

2) 配送运输成本的数据来源

(1) 工资及职工福利费。根据"工资分配汇总表"和"职工福利费计算表"中各车型分配的金额计入成本。

(2) 燃料。根据"燃料发出凭证汇总表"中各车型耗用的燃料金额计入成本。配送车辆在本企业以外的油库加油，其领发数量不作为企业购入和发出处理的，应在发生时按照配送车辆领用数量和金额计入成本。

(3) 轮胎。轮胎外胎采用一次摊销法的，根据"轮胎发出凭证汇总表"中各车型领用的金额计入成本；采用按行驶公里提取法的，根据"轮胎摊提费计算表"中各车型应负担的摊提额计入成本。发生轮胎翻新费时，根据付款凭证直接计入各车型成本或通过待摊费用分期摊销。内胎、垫带根据"材料发出凭证汇总表"中各车型成本领用金额计入成本。

(4) 修理费。辅助生产部门对配送车辆进行保养和修理的费用，根据"辅助营运费用分配表"中分配各车型的金额计入成本。

(5) 折旧费。根据"固定资产折旧计算表"中按照车辆种类提取的折旧金额计入各分类成本。

(6) 养路费及运输管理费。配送车辆应缴纳的养路费和运输管理费，应在月终计算成本时，编制"配送营运车辆应缴纳养路费及管理费计算表"，据此计入配送成本。

(7) 车船使用税、行车事故损失和其他费用。如果是通过银行转账、应付票据、现金支付的，根据付款凭证等直接计入有关的车辆成本；如果是在企业仓库内领用的材料物资，根据"材料发出凭证汇总表""低值易耗品发出凭证汇总表"中各车型领用的金额计入成本。

(8) 营运间接费用。根据"营运间接费用分配表"计入有关配送车辆成本。

3) 配送运输成本计算

物流配送企业月末应编制配送运输成本计算表，以反映配送总成本和单位成本。配送运输总成本是指成本计算期内成本计算对象的成本总额，即各个成本项目金额之和。单位成本是指成本计算期内各成本计算对象完成单位周转量的成本额。各成本计算对象计算的成本降低额，是指用该配送成本的上年度实际单位成本乘以本期实际周转量计算的总成本，减去本期实际总成本的差额。它是反映该配送运输成本由于成本降低所产生的节约金额的一项指标。

按各成本计算对象计算的成本降低率，是指该配送运输成本的降低额与上年度实际单位成本乘以本期实际周转量计算的总成本比较的百分比。它是反映该配送运输成本降低幅度的一项指标。

各成本计算对象的降低额和降低率的计算公式如下：

成本降低额=上年度实际单位成本×本期实际周转量-本期实际总成本

成本降低率=成本降低额/(上年度实际单位成本×本期实际周转量)×100%

2. 流通加工成本

流通加工在物流活动中具有其特殊性，是物流活动中的一个增值服务，因而要明确其核算的主要内容和项目。

1) 流通加工成本项目和内容

(1) 直接材料费用。流通加工的直接材料费用是指在流通加工过程中直接消耗的材料、辅助材料、包装材料以及燃料和动力等费用。与工业企业相比，在流通加工过程中的直接材料费用占流通加工成本的比例不大。

(2) 直接人工费用。流通加工成本中的直接人工费用，是指直接进行加工生产的生产工人的工资总额和按工资总额提取的职工福利费。生产工人工资总额包括计时工资、计件工资、奖金、津贴和补贴、加班工资、非工作时间的工资等。

(3) 制造费用。流通加工制造费用是物流中心设置的生产加工单位为组织和管理生产加工所发生的各项间接费用。其主要包括流通加工生产单位管理人员的工资及提取的福利费，生产加工单位建筑物、机器设备等的折旧和修理费，生产单位固定资产租赁费，物料消耗，低值易耗品摊销，取暖费，水电费，办公费，差旅费，保险费，试验检验费，季节性停工和机器设备修理期间的停工损失以及其他制造费用。

2) 流通加工成本项目的归集

(1) 直接材料费用的归集。在直接材料费用中，材料和燃料费用数额是根据全部领料凭证汇总编制的"耗用材料汇总表"确定的；外购动力费用是根据有关凭证确定的。

在归集直接材料费用时，凡能分清某一成本计算对象的费用，应单独列出，以便直接计入该加工对象的成本计算单中；属于几个加工成本对象共同耗用的直接材料费用，应当选择适当的方法，分配计入各加工成本计算对象的成本计算单中。

(2) 直接人工费用的归集。计入成本中的直接人工费用的数额，是根据当期"工资结算汇总表"和"职工福利费计算表"来确定的。

"工资结算汇总表"是进行工资结算和分配的原始依据。它是根据"工资结算单"按人员类别(工资用途)汇总编制的。"工资结算单"应当依据职工考勤记录、工作量记录等工资计算的原始记录编制。

"职工福利费计算表"是依据"工资结算汇总表"确定的各类人员工资总额，按照规定的提取比例计算后编制的。

(3) 制造费用的归集。制造费用是通过设置制造费用明细账，按照费用发生的地点来归集的。制造费用明细账按照加工生产单位开设，并按费用明细账项目设专栏组织核算。

流通加工制造费用表的格式可以参考工业企业制造费用表的一般格式。由于流通加工环节的折旧费用、固定资产修理费用等占成本比例较大，其费用归集尤其重要。

3.2.3 配送成本的控制

配送成本控制是物流现代化与配送高效化的必然要求，在实际工作中必须增强配送的计划性，确定合理的配送路线和选择合适的策略。

1. 增强配送的计划性

在配送活动中,临时配送、紧急配送或无计划的随时配送都会大幅度增加配送成本。临时配送由于事先计划不周,未能考虑正确的装配方式和恰当的运输路线,到了临近配送截止时期时,不得不安排专车、单线进行配送,造成车辆不满载、里程多。紧急配送往往只要求按时送货,来不及认真安排车辆配装及配送路线,从而造成载重和里程的浪费。而为了保持服务水平,又不能拒绝紧急配送。如果认真核查并有调剂准备的余地,紧急配送也可纳入计划。随时配送对订货要求不作计划安排,有一笔送一次。这样虽然能保证服务质量,但是不能保证配装与路线的合理性,也会造成很大的浪费。

2. 确定合理的配送路线

配送路线合理与否对配送速度、成本、效益影响很大,因此,采用科学方法确定合理的配送路线是配送的一项重要工作。确定配送路线可以采用各种数学方法,以及在数学方法的基础上发展和演变出来的经验方法。无论采用何种方法,都必须满足一定的约束条件。一般的配送,约束条件有以下几个方面。

(1) 满足所有零售店对商品品种、规格、数量的要求。
(2) 满足零售店对货物到达时间范围的要求。
(3) 在交通管理部门允许通行的时间内进行配送。
(4) 各配送路线的商品量不超过车辆容积及载重量的限制。
(5) 在配送中心现有运力允许的范围之内配送。

3. 选择合适的策略

配送成本的控制就是在满足一定的顾客服务水平的前提下,尽可能地降低配送成本,或者是在一定的服务水平下使配送成本最小。一般来说,可以考虑以下策略。

1) 混合策略

混合策略是指配送业务一部分由企业自身完成,另一部分外包给第三方物流完成。这种策略的基本思想是:由于商品品种多变、规格不一、销量不等,采用纯策略的配送方式,超出一定程度不仅不能取得规模效益,反而还会造成"规模不经济"。而采用混合策略,合理安排企业自身完成的配送业务和外包给第三方物流完成的配送业务,能使配送成本最低。

2) 差异化策略

差异化策略的指导思想是商品特征不同,客户服务水平也不同,当企业拥有多种商品线时,不能对所有商品都按同一个标准的客户服务水平来配送,而应按商品的特点和销售水平来设置不同的库存、不同的运输方式及不同的储存地点。

3) 合并策略

合并策略包含两个层次:一个是配送方法上的合并,另一个则是共同配送。

(1) 配送方法上的合并。企业在安排车辆完成配送任务时,充分利用车辆的容积和载重量,做到满载满装,是降低成本的重要途径。

(2) 共同配送。共同配送是一种产权层次上的共享,也称集中协作配送。它是几家企业联合集小量为大量共同利用同一种配送设施的配送方式,其标准运作形式是:在中心机构的统一指挥和调度下,各配送主体以经营活动(或以资产为纽带)联合行动,在较大的地域内协调运作，共同为某一个或某几个客户提供系列化的配送服务。

4) 延迟策略

延迟策略的基本思想就是对产品的外观、形状，以及其生产、组装、配送应尽可能推迟到接到客户订单后再确定。一旦接到订单就要快速反应。因此，采用延迟策略的一个基本前提是信息传递要非常快。

一般来说，实施延迟策略的企业应具备以下三个基本条件。

(1) 产品特征，即生产技术非常成熟，模块化程度高，产品价值密度大，有特定的外形，产品特征易于表述，定制后可改变产品的容积或重量。

(2) 生产技术特征，即模块化产品设计、设备智能化程度高、定制工艺与基本工艺差别不大。

(3) 市场特征，即产品生命周期短，销售波动性大，价格竞争激烈，市场变化大，产品的提前期短。

实施延迟策略常采用两种方式：生产延迟(或称形成延迟)和物流延迟(或称时间延迟)。而配送中往往存在着加工活动，所以实施配送延迟策略既可采用形成延迟方式，也可采用时间延迟方式。具体操作时，常常发生在诸如贴标签(形成延迟)、包装(形成延迟)、装配(形成延迟)和发送(时间延迟)等领域。

5) 标准化策略

标准化策略就是尽量减少因品种多变而导致的附加配送成本，尽可能多地采用标准零部件和模块化产品。采用标准化策略要求厂家从产品设计开始就要站在消费者的立场去考虑怎样节省配送成本，而不是等到产品定型生产出来，再考虑采用什么技巧降低配送成本。

3.3 配 送 中 心

3.3.1 配送中心的概念

配送中心是物流领域中社会分工、专业分工进一步细化之后产生的，是物流系统中必不可少的一个环节。对配送中心这一概念国内外从不同角度给出了许多定义。

我国国家标准《物流术语》(GB/T 18354—2021)对配送中心的定义为，配送中心是具有完善的配送基础设施和信息网络，可便捷地连接对外交通运输网络，并向末端客户提供短距离、小批量、多批次配送服务的专业化配送场所。应基本符合下列要求：①主要为特定用户或末端客户提供服务；②配送功能健全；③完善的信息网络；④多品种、小批量；⑤以配送为主，储存为辅。

国内对配送中心的定义中，王之泰的定义很具有代表性。王之泰对配送中心的定义是：配送中心是从事货物配备(集货、加工、分货、拣选、配货)和组织对用户的送货，以高水平实现销售或供应的现代流通设施。该定义的要点如下。

(1) 配送中心的"货物配备"工作是其主要的、独特的工作，是全部由配送中心完成的。

(2) 配送中心有的是完全承担送货任务，有的是利用社会运输企业完成送货。从我国国情来看，在开展配送的初期，用户自提的概率不小，因此，对于送货而言，配送中心主要是组织者，而不是承担者。

(3) 定义中强调了配送活动和销售或供应等经营活动的结合,是经营的一种手段,以此排除了这是单纯的物流活动的看法。

(4) 定义中强调了配送中心的"现代流通设施",旨在强调和以前的诸如商场、贸易中心、仓库等流通设施的区别。

国外对配送中心较规范的定义主要来自日本学者,如日本《物流手册》对配送中心的定义是:配送中心是从供应者手中接收多种大量的货物,进行倒装、分类、保管、流通加工和信息处理等作业,然后按照众多需要者的订货要求备齐货物,以令人满意的服务水平进行配送的设施。

本书对配送中心的定义为:根据特定用户或末端用户的需要,在经济合理的范围内,提供以配送为主、仓储为辅的拥有健全的物流信息网络的能从事小批量、多种商品配送业务的组织或场所。

3.3.2 配送中心的类别

随着市场经济的发展和流通规模的不断扩大,配送中心不仅数量增加了,同时由于服务对象、功能和组织形式的不同演绎出许多新的类型。标准不同,分类的结果也不一样。

1. 按承担的流通职能划分

(1) 供应配送中心。这类配送中心只执行供应的职能,是专门为某个或某些用户(连锁店、联合公司)组织供应的配送中心。例如,为大型连锁超市组织供应的配送中心;代替零件加工厂送货的零件配送中心,使零件加工厂对装配厂的供应合理化。这类配送中心的主要特点是配送的客户数量有限且稳定,客户配送的要求范围也比较确定。

(2) 销售配送中心。这类配送中心发挥销售的职能,以销售经营为目的,以配送为手段。销售配送中心大体有三种类型:第一种是生产企业将本身产品直接销售给消费者的配送中心,在国外,这种配送中心很多;第二种是流通企业作为本身经营的一种方式,建立配送中心以扩大销售,我国目前拟建的配送中心大多属于这种类型,国外也有很多;第三种是流通企业和生产企业共建的销售型配送中心,是一种公用型配送中心,用户不确定且比较多,每个用户购买量小,因而不易实行计划配送,集中库存的库存结构比较复杂。比较起来看,国内外配送中心以销售配送中心为主要发展方向。

2. 按专业化程度划分

(1) 专业配送中心。专业配送中心大体上有两个含义:一是配送对象、配送技术属于某专业领域,但在该专业范畴有一定的综合性,综合这一专业的多种物资进行配送,如多数制造业的销售配送中心,我国目前在石家庄、上海等地新建的配送中心大多采用这一形式;二是以配送为专业化职能,基本不从事经营的服务性配送中心。

(2) 柔性配送中心。柔性配送中心是在某种程度上和专业配送中心对立的配送中心。这种配送中心不朝固定化、专业化方向发展,而是能随时变化,对用户要求有很强的适应性,不固定供需关系,不断发展配送用户,又不断改变配送用户。

3. 按服务的地理范围划分

(1) 城市配送中心。城市配送中心是以城市为配送范围的配送中心。城市范围一般处于汽车运输的经济里程，因此，汽车配送可直接送抵最终用户。由于运距短，反应能力强，因而这种配送中心往往和零售经营相结合，在从事多品种、少批量、多客户的配送上较有优势。一些地方性的连锁超市，如石家庄国大集团 36524 便利店、武汉的中百仓储都是由各自的城市配送中心进行日常配送。

(2) 区域配送中心。区域配送中心是指以较强的辐射能力和充足的库存准备，向省、全国乃至国际范围的用户配送的配送中心。这种配送中心配送规模较大，用户较多，配送批量也较大，因此，往往是配送给下一级城市的配送中心，也包括配送给营业所、商店、批发商和企业用户，虽然也从事零星的配送，但不是主体形式。这种类型的配送中心在国外十分普遍，如沃尔玛的区域配送中心、阪神配送中心等。

4. 按服务功能划分

(1) 储存型配送中心。这是有很强储存功能的配送中心。一般来讲，在买方市场下，企业成品销售需要大库存来支持，其配送中心可能有较强的储存功能；在卖方市场下，企业原材料、零部件供应需要有大量库存支持，这种配送中心也有较强的储存功能。我国目前拟建的配送中心都采用集中库存形式，库存量较大，多为储存型配送中心。

(2) 流通型配送中心。流通型配送中心是指基本上没有长期储存功能，仅以暂存或随进随出方式进行配货、送货的配送中心。这种配送中心的典型运作方式是，大量货物整进并按一定批量零出，采用大型分货机，进货时直接进入分货机传送带，分送到各客户货位或直接分送到配送汽车上，货物在配送中心仅做短暂停留。

(3) 加工型配送中心。加工型配送中心是根据用户的需要或者市场竞争的需要对配送货物进行加工之后再进行配送的配送中心。其加工活动主要有分装、改包装、集中下料、套裁、初级加工、组装、剪切等，主要应用于食品和生产资料的加工配送。例如，肯德基、麦当劳的配送中心就是提供加工服务后向其连锁店配送的典型。

3.3.3 配送中心的功能

配送中心是一种多功能、集约化的物流节点。下面介绍的功能配送中心一般都具备，但侧重点各有不同，并且由于对某些职能重视程度的差异决定了配送中心的性质及具体规划。

1. 采购功能

配送中心必须首先采购所要供应配送的货物，才能及时、准确无误地为其用户(即生产企业或商业企业)供应物资。配送中心应根据市场的供求变化情况，制订并及时调整统一的、健全的采购计划，然后由专门的人员与部门组织实施。

2. 存储功能

配送中心的服务对象是为数众多的生产企业和商业网点(如连锁店和超级市场)，配送中心需要按照用户的要求及时将各种配装好的货物送交到用户手中，满足生产和消费需求。为了顺利、有序地完成向用户配送货物的任务，更好地发挥保障生产和消费需要的作用，配送中心通常都要兴建现代化的仓库并配备一定数量的仓储设备，储存一定数量的货物。某些区域性的大型配送中心和开展"代理交货"配送业务的配送中心，不但要在配送货物的过程中储存货物,而且所储存的货物数量更大、品种更多。配送中心所拥有的存储货物能力使得存储功能成为配送中心的重要功能之一。

3. 配组功能

由于每个企业用户对货物的品种、规格、型号、数量、质量、送达时间和地点等要求不同,配送中心就必须按各个用户的要求对货物进行分拣和配组,通过配组可以大大提高送货水平,降低送货成本。货物的配组已成为配送中心一项复杂而繁重的作业,是配送中心与传统仓储企业的明显区别之一,也是配送中心最重要的特征之一。

4. 分拣功能

配送中心的客户为数众多而且彼此差别很大,不仅各自的性质不同,而且经营规模也大相径庭。因此,在订货或进货时,不同的用户对于货物的种类、规格、数量会提出不同的要求。针对这种情况,为了有效地进行配送,即为了同时向不同的用户配送多种货物,配送中心必须采取适当的方式高效、准确地完成货物的拣选,并在此基础上按照配送计划分装和配装货物。

分拣是配送中心的核心功能之一,为了提高分拣效率,应配备相应的分拣装置,如货物识别装置、传送装置等。

5. 配送功能

货物拣取包装处理好以后,须由运输设备送达客户手中,故货物配送时须做好派车计划及出货路线选择、装车调度等。货物配送运输的难点是如何组合形成高效最佳配送路线,如何使配装和路线有效搭配。

6. 集散功能

在一个物流系统中,配送中心凭借其特殊的地位和各种先进的设备构成了完善的物流管理系统,从而能够将分布在各个生产企业的产品集中在一起,通过分拣、配货、装配等环节向多家用户配送。同时,配送中心也可以把各个用户所需要的多种货物有效地组合或装配在一起,形成经济、合理的批量,实现高效率、低成本的货物流通。配送中心的集散功能如图3-4所示。

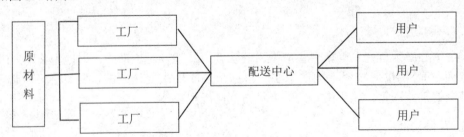

图3-4 配送中心的集散功能

7. 流通加工功能

配送中心能够按照用户提出的要求,并根据合理配送货物的原则,将组织购进的货物进行下料、打孔、解体、分装、贴标签和组装等初加工活动。流通加工功能是现代配送中心服务职能的具体体现,也是某些配送中心的一项重要业务。通过积极开展流通加工业务,不仅提高了配送中心的经营和服务水平,也有利于提高资源的利用率和配送效率。

8. 信息处理功能

配送中心内部作业活动和连接供需各方都需要有相当完整的信息处理系统。信息处理系统将各种作业环节的信息进行实时采集、分析、传递,为配送中心的经营管理、政策制定、商品路线开发等提供有用信息,有效地为整个流通过程的控制、决策和运转提供依据。配送中心的信息处理活动是物流系统中的重要环节,与物流活动中的各个环节息息相关。

3.3.4 配送中心的作业流程

配送中心作业系统合理的流程规划,不仅可以缩短物流活动的时间,还可以达到事半功倍的效果。因此,作业系统要进行详细的流程分析,即针对物流配送中心各个作业内容,分析不同作业的特性及其相互关系,整理出配送中心的基本作业流程。不同类型的配送中心,因其功能定位不同,其作业流程也有所不同,通常可分为一般作业流程、不设储存库的作业流程、加工配送型作业流程和批量转换型作业流程。

1. 一般作业流程

配送中心的一般作业流程也是配送中心典型的作业流程,其主要特点是:拥有较大的储存、分拣、配货场所及装备,理货、分类、配货的功能较强,但是流通加工功能相对较弱。采用这种作业流程的配送中心主要以中、小件杂货配送为主。由于货物品种繁多,为保证配送需要,配送中心需要一定的储存量,属于有储存功能的配送中心,其作业流程如图 3-5 所示。

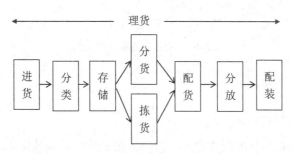

图 3-5 一般作业流程

2. 不设储存库的作业流程

这种类型的配送中心专以配送为职能,本身没有大量库存,在配送中心不单设存储区,只有为当时配送准备的暂时性库存,暂存地点设在配货场地。使用这种配送流程的配送中心的主要场所都用于理货和配货,例如,生鲜食品的配送一般采用这种流程,其流程如图 3-6 所示。

3. 加工配送型作业流程

这种流程的特点是以流通加工为主,一般按少品种或单一品种、大批量进货,产品很少或无须分类存放，有时也不单独设立拣货、配货等环节，而是按照客户的要求进行加工，加工后直接按客户的要求配装，分放到为某个客户划定的区域。加工配送型配送中心的作业流程不止一种模式，随加工方式的变化而有所不同，其典型作业流程如图3-7所示。

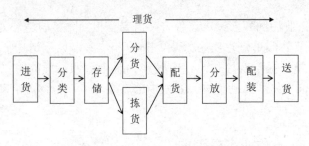

图3-6　不设储存库作业流程

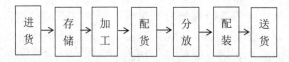

图3-7　加工配送型作业流程

4. 批量转换型作业流程

这种流程以中转货物为其主要职能，一般是将大批量、品种单一的进货转换成小批量，然后分别配送到不同的客户。这种作业流程非常简单，基本不存在分类、拣货、分货、配货、配装等工序。但是，由于大批量进货，储存能力较强，所以存储及装货作业是主要配送作业环节。其批量转换型作业流程如图3-8所示。

图3-8　批量转换型作业流程

3.3.5　配送中心选址

1. 配送中心选址的概念

配送中心选址包括两个方面的含义，即地理区域的选择和具体地址的选择。

配送中心的选址首先要选择合适的地理区域：对各地理区域进行审慎评估，选择一个适当范围作为考虑的区域，同时还须考虑配送中心物品特性、服务范围及企业的运营策略。

配送中心的地理区域确定后，还需确定具体的建设地点。一般应以进货与出货产品类型特征及交通运输的复杂度来选择接近上游点或下游点的地方。

2. 配送中心选址的原则

配送中心建设是指物流基础设施建设，一旦建成就无法改变。因此，配送中心的选址不能随意，应在一定设计原则下进行。

(1) 适应性原则。配送中心选址应与国家及地区的经济发展方针、政策相适应，与国家物流资源分布和需求分布相适应，与国民经济和社会发展相适应。

(2) 协调性原则。配送中心选址要将国家乃至国际的物流网络作为一个大系统来考虑，要确立自身在网络中的位置，与整个系统相协调。同时，使配送中心的设施与设备在地域分布、物流作业生产力、技术水平等方面互相协调。

(3) 经济性原则。配送中心选址的费用主要包括建设费用及营运费用两部分。建设费用主要包括规划设计费用、使用费用、基本建设材料费用、人工费用、设施与设备的选择及安装费用等；营运费用主要是配送中心投入经营的相关费用。选址时应以总费用最低作为基本的经济性原则。

(4) 战略性原则。配送中心选址时应具有战略眼光，要有全局和长远考虑，要有前瞻性。局部要服从全局，目前利益要服从长远利益，既要考虑目前的实际需要，又要考虑日后的长远发展。

3. 配送中心选址的影响因素

配送中心位置的选择，将显著影响实际营运的效率与成本以及日后仓储规模的扩充与发展。因此，企业在决定配送中心设置位置的方案时，必须谨慎参考相关因素，具体包括以下几个方面。

(1) 客户的分布。配送中心的选址首先要考虑客户的分布。对于零售商型配送中心，其主要客户是超市和零售店，这些客户大部分分布在人口密集的地方或大城市。为提高服务水准及降低配送成本，配送中心多建在城市边缘接近客户分布的地区。

(2) 供应商的分布。因为配送中心的商品全部是由供应商所供应的，如果配送中心接近供应商，则其商品的安全库存可以控制在较低的水平。但国内一般进货的输送成本是由供应商负担的，因此企业有时不重视此因素。

(3) 交通条件。交通条件是影响配送成本及效率的重要因素之一，因此，必须考虑对外交通的运输线路，以及未来交通与邻近地区的发展状况等因素。选址应以重要的运输线路为主，以方便配送运输作业的进行。一般配送中心应尽量选择在交通方便的高速公路、国道及快速道路附近的地方，如果以铁路、轮船、飞机为运输工具，则要考虑靠近火车编组站、港口、机场等。

(4) 土地条件。配送中心选址还要考虑土地与地形的限制。对于土地的使用，必须符合相关法规及城市规划的要求，尽量选在物流园区或经济开发区。在选择地址时，有必要参考规划方案中仓库的设计内容，在无法完全配合的情形下，必要时须修改规划方案的内容。另外，在考虑现有地价及未来增值状况下，应配合未来可能扩充的需求程度，决定最合适的面积大小。

(5) 自然条件。在配送中心选址时，自然条件也是必须考虑的。事先了解当地自然环境有助于降低建设的风险。例如，在自然环境中有台风、地震等自然现象，有的地方靠近山边，湿度比较高；有的地方湿度比较低；有的地方靠近海边，盐分比较高；等等。这些都会影响商品的储存品质。

(6) 人力资源条件。在仓储配送作业中，最主要的资源需求为人力资源。一般配送作业仍属于劳动力密集型作业形态，在配送中心内部必须有足够的作业人力，所以在决定配送中心位置时必须考虑劳动力的来源、技术水平、工作习惯、工资水平等因素。人力资源的评估条件有附近人口、交通条件、工资水平等几项。如果配送中心的选址位置附近人口不多且交通又不方便,基层的作业人员就不容易招募;如果附近地区的工资水准太高,则也会影响基层作业人员的招募。因此,必须调查该地区的人力、上班交通及工资水平等情况。

(7) 政策环境。政策环境也是配送中心选址评估的重点之一。如果有政府政策的支持,则有助于物流业者的发展。政策环境条件包括企业优惠措施(土地提供、减税、补贴)、城市规划(土地开发、道路建设计划)、地区产业政策等。如果将配送中心布局在有补贴的地区,则可享有资金上的优惠,例如,可以向地方政府贷到利率较低的用来选址和建设厂房的资金,享受赋税方面的减免优惠,这都有助于降低配送中心的营运成本。

4. 配送中心区域布置规划

配送中心的区域布置可以用绘图法直接绘成总平面布置图;也可以将各功能区域按面积制成相应的长片,在配送中心总平面图上进行摆放,以找出合理的方案;还可以采用计算机辅助平面区域布置技术进行总平面布置。总平面布置可以作出多个方案,最后通过综合比较和评价选择一个最佳方案。

1) 区域布置方法

区域布置方法有两种,即流程性布置法和相关性布置法。在规划区域布置时,应按各作业区域性质决定其配置程序。

(1) 流程性布置法。流程性布置法是以物流移动路线作为布置的主要依据,而物流作业区域多半具有流程性的作业关系,所以流程式布置法适用于物流作业区域的布置。

(2) 相关性布置法。相关性布置法是根据各区域的综合相关表进行区域布置,一般用于整个厂区或辅助性区域的布置。

2) 具体布置方法和步骤

(1) 物流作业区域的布置。

① 决定配送中心联外道路、进出口方位及厂区配置形式。

② 决定配送中心厂房空间范围、大小及长宽比例。

③ 决定配送中心内由进货到出货的主要物流路线形式,这也决定了其物流模式。配送中心内由进货到出货的主要物流路线形式也称动线,主要有四种形式,分别称为 I 形、L 形、U 形和 S 形等,如图 3-9~图 3-12 所示。

进货月台	进货暂存区	托盘货架区	拆零区	分货区	集货区	出货暂存区	出货月台
进货办公室			流通加工区				出货办公室

图 3-9 配送中心 I 形动线平面示意图

托盘货架区	拆零区	分货区	集货区	出货暂存区	出货月台
进货暂存区	流通加工区				
进货月台	进货	返品处理区			出货办公室

图 3-10 配送中心 L 形动线平面示意图

返品处理区	托盘货架区	拆零区	流通加工区
		分货区	
		集货区	
进货暂存区		出货暂存区	
进货办公室	进货月台	出货办公室	出货月台

图 3-11 配送中心 U 形动线平面示意图

进货月台	进货暂存区	托盘货架区	集货区	出货暂存区	出货月台
进货办公室	返品处理区	拆零区	流通加工区	分货区	出货办公室

图 3-12 配送中心 S 形动线平面示意图

④ 按物流相关表和物流路线配置各区域位置。首先将面积较大且长宽比例不易变动的区域先置入建筑平面内，如自动仓库、分类输送机等作业区；再按物流相关表中物流相关强度的大小安排其他区域的布置。

(2) 行政活动区域内的配置。一般配送中心行政办公区均采用集中式布置，并与物流仓储区分隔，但也应进行合理配置。由于配送中心仓储区大多采用立体化设备，其高度需求与办公区不同，故办公区布置应进一步考虑空间的有效利用，如采用多层楼办公室，单独利用某一层楼，利用进出货区上层的空间等方式。

行政活动区域内的配置方法，首先应考虑将与各部门活动相关性最高的部门区域置入规划范围内；根据活动相关表，按部门之间关系的重要程度再把其他部门置入布置范围内。

3) 确定各种布置组合

可以根据物流相关表和活动相关表，探讨各种可能的区域布置组合。首先，根据以上方法，可以逐步完善各区域的概略配置。然后，将各区域的面积置入各区相对位置，并作出适当调整，减少区域重叠或空隙，即可得到面积相关配置图。最后，调整部分作业区域的面积或长宽比例，即可得到作业区域配置图。

3.3.6 配送线路规划

1. 配送线路规划的概念

配送线路规划是指组织适当的行车路线使车辆有序地通过一系列的发货点和收货点，在满足一定的约束条件下，如货物需求量与发送量、车辆容量限制、行驶里程限制等，力争实现一定的目标，如行驶里程最短，使用车辆最少，时间尽量短等。

2. 配送线路规划的目标及约束条件

1) 规划的目标

配送线路规划的目标有多种，企业可以根据自身情况选择相应目标。

(1) 以效益最高为目标的选择，计算时以利润的数值最大为目标值。

(2) 以成本最低为目标的选择，实际上也是以效益为目标。

(3) 以吨/公里最小为目标的选择，在"节约法"的计算中采用这个目标。

(4) 以路程最短为目标的选择，当成本与路程相关性较强时可以采用这个目标。

2) 约束条件

在进行配送线路规划时会受到许多约束条件的限制,具体约束条件如下。

(1) 满足所有收货人对货物品种、规格、数量的要求。

(2) 满足收货人对货物发到时间范围的要求。

(3) 在允许通行的时间范围内进行配送。

(4) 各配送线路的货物量不得超过车辆容积和载重量的限制。

(5) 在配送中心现有运力允许的范围内。

3. 配送线路规划的方法

1) 扫描法

扫描法是由吉勒特(Gillett)和米勒(Miller)提出的,其基本步骤如下。

(1) 在地图或方格图中确定所有分仓库的位置。

(2) 自中心仓库开始沿任一方向向外画一条直线。

(3) 沿顺时针或逆时针方向旋转该直线,直到与某分仓库相交。相交时,考虑在线路上增加该分仓库运货任务时是否超过车辆的载货容量(先使用容量最大的车辆),如果未超过,线路增加该分仓库,并继续旋转直线到下一个分仓库。否则执行步骤(4)。

(4) 构成一条送货线路。

(5) 从不包含在上一条线路中的分仓库开始,旋转直线,继续步骤(3),到所有的分仓库的送货任务都已安排在不同线路中。

(6) 应用 TSP(traveling salesman problem,旅行商问题)的求解算法,排定各线路中分仓库的先后顺序,使各线路的路径最短。TSP 也称货郎担问题,是指在寻求单一旅行者由起点出发,经过所有给定的需求点后,最后回到原点的最小路径成本。

【例 3.1】 某公司从其所属的仓库用送货车辆到各客户点提货,然后将客户的货物运回仓库,以便集运成大的批量再进行远程运输。全天的提货量如图 3-13 所示,提货量以件为单位。送货车每次可运载 1 万件,完成一次运行路线一般需要一天时间。该公司要求确定:需多少条路线(即多少辆送货车)?每条路线上有哪几个客户点?送货车辆途经有关客户点的顺序。

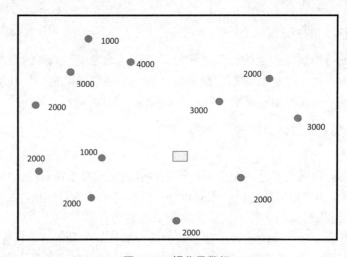

图 3-13 提货量数据

解：首先向北画一条直线，进行逆时针方向"扫描"。逆时针旋转该直线，直到装载的货物能装上一辆载重 1 万件货物的车辆，同时又不超重。一旦所有的分仓库都已分配了线路，用 TSP 算法安排各分仓库在各线路中的先后位置。最后的送货线路如图 3-14 所示。

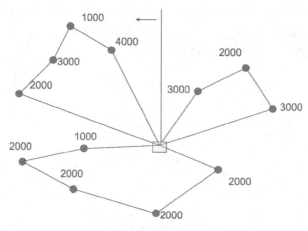

图 3-14 扫描法的解

2) 节约法

节约法最早是由克拉克·赖特(Clark Wright)所提出来的，能够对站点不多的 VRP 问题(车辆调度问题)进行快速求解，其结果与最优解比较接近。节约法的一个重要特点是，其能够包含实际应用中许多重要的约束条件，如时间窗口条件、最长驾驶时间条件和司机休息时间条件等，因此一直以来是求解 VRP 问题的一个有效方法。

假设中心仓库甲用两辆车分别向分仓库乙和丙送货，随后返回，如图 3-15(a)所示，这时的路线里程为

$$D_1 = C_{甲乙} + C_{乙甲} + C_{甲丙} + C_{丙甲}$$

如果使用一辆车按甲—乙—丙—甲的顺序进行一次巡回送货，如图 3-15(b)所示，其总行驶线路里程将变为

$$D_2 = C_{甲乙} + C_{乙丙} + C_{丙甲}$$

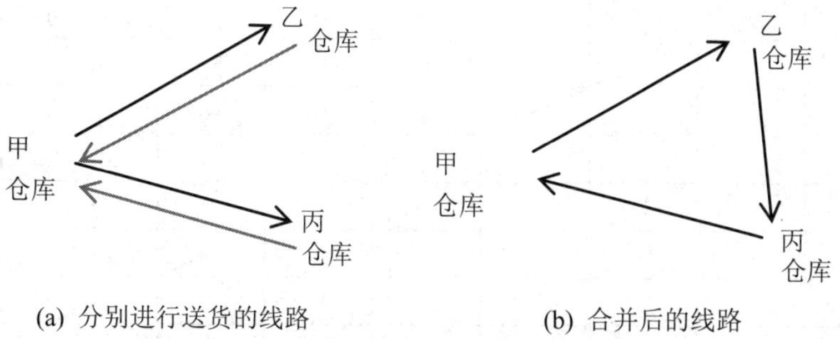

(a) 分别进行送货的线路　　　　　(b) 合并后的线路

图 3-15 两种送货线路

显然，后一种方案比前一种方案可减少的行驶里程为

$$\Delta D_{乙丙} = C_{乙甲} + C_{甲丙} - C_{乙丙}$$

这一减少的行驶里程 $\Delta D_{乙丙}$ 被称为节约里程。

如果旅行商需要到达许多地点，那么可以根据节约距离的大小顺序连接点并规划出旅行线路。

【例 3.2】 由配送中心 P 向 A～I 9 个用户配送货物，如图 3-16 所示。图 3-16 中连线上的数字表示公路里程(km)。靠近各用户括号内的数字表示各用户对货物的需求量(t)。配送中心备有 2t 和 4t 载重量的汽车，且汽车一次巡回行走里程不能超过 35km，设送到时间均符合用户要求，求该配送中心的最优送货方案。

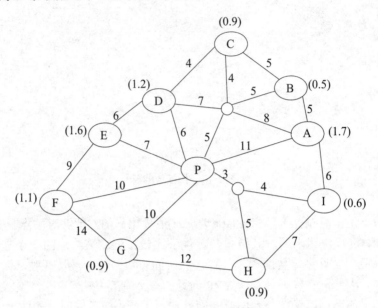

图 3-16 配送中心配送线路网络

解：(1) 计算配送中心至各用户以及各用户之间的最短距离，如表 3-1 所示。

表 3-1 节点间最短距离

	P	A	B	C	D	E	F	G	H	I
P		11	10	9	6	7	10	10	8	7
A			5	10	14	18	21	21	13	6
B				5	9	15	20	20	18	11
C					4	10	19	19	17	16
D						6	15	16	14	13
E							9	17	15	14
F								14	18	17
G									12	17
H										7
I										

(2) 由最短距离表，利用节约法计算出各用户之间的节约里程，编制节约里程表，如表 3-2 所示。

表 3-2 节约里程表

	A	B	C	D	E	F	G	H	I
A		16	10	3	0	0	0	6	12
B			14	7	2	0	0	0	6
C				11	6	0	0	0	0
D					7	1	0	0	0
E						8	0	0	0
F							6	0	0
G								6	0
H									8
I									

(3) 根据节约里程表中节约里程多少的顺序，由大到小排列，编制节约里程顺序表，如表 3-3 所示。

表 3-3 节约里程顺序表

顺位号	里程	节约里程	顺位号	里程	节约里程	顺位号	里程	节约里程
1	A—B	16	6	H—I	8	10	F—G	6
2	B—C	14	8	B—D	7	10	G—H	6
3	A—I	12	8	D—E	7	15	A—D	3
4	C—D	11	10	A—H	6	16	B—E	2
5	A—C	10	10	B—I	6	17	D—F	1
6	E—F	8	10	C—E	6			

(4) 根据节约里程顺序表得出配车路径，如图 3-17 所示。

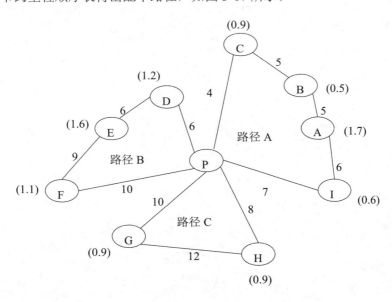

图 3-17 配车路径

(5) 配送线路。

① 路径 A：P—I—A—B—C—P，全程 7+6+5+5+4=27(km)，运量为 0.6+1.7+0.5+0.9=3.7(t)<4(t)，用一辆 4t 的卡车运送，节约里程为 37km。

② 路径 B：P—D—E—F—P，全程 6+6+9+10=31(km)，运量为 1.2+1.6+1.1=3.9(t)<4(t)，用一辆 4t 的卡车运送，节约里程为 15km。

③ 路径 C：P—G—H—P，全程 10+12+8=30(km)，运量为 0.9+0.9=1.8(t)<2(t)，用一辆 2t 的卡车运送，节约里程为 6km。

(6) 总共走行里程 27+31+30=88(km)，共节约里程 37+15+6=58(km)。

故此案例形成的配送线路共 3 条，可以使用 2 辆 4t 的卡车和 1 辆 2t 的卡车。

【延伸阅读】

具体内容请扫描右侧二维码。

第4章 物流信息管理

【学习目标】

通过对本章的学习，了解条码技术、射频识别(RFID)技术、电子数据交换(EDI)技术、全球定位系统(GPS)、地理信息系统等的基本概念，理解各物流信息技术的构成、特点、种类、功能等，重点掌握各物流信息技术在物流中的应用。能力上能够解释条码技术的构成以及运用方式；能够在具体的应用中识别各种信息技术。素养上具备一定的物流信息技术分析与应用能力。思政上不断关注行业发展，并养成善于思考行业热点现象或问题的习惯。

【案例导入】

RFID 技术在 Linder 工业机械公司的部署

总部位于佛罗里达州的 Linder 工业机械公司正使用 GuardRFID 提供的基于 RFID 的有源系统来跟踪高值设备移动，以提升生产效率。该公司还使用这些 RFID 数据来更好地管理设备的清洁或维护服务。目前，该系统已在公司 9 个存储区域投入使用，减少了库存跟踪耗时，并确保了高值资产不丢失。

AllGuard Yard Management 解决方案(见图 4-1)于 2017 年 8 月投入使用。从那时起，Linder 工业机械公司便可更好地管理设备离开或返回仓库以及设备在车间内的移动，该系统还可以跟踪设备的使用人、出租时长。Linder 工业机械公司的 IT 总监 Eric D. Strid 说，公司成立于 1953 年，主要出租和销售用于住宅和商业应用以及高速公路建设的设备；公司的客户主要分布于佛罗里达州、北卡罗来纳州、南卡罗来纳州和佐治亚州；其子公司存储和维护诸如铣床、摊铺机、破碎机、拆卸系统等设备。

图 4-1 AllGuard Yard Management 解决方案

库存管理是一项具有挑战性的任务,该公司过去是采用手动方法进行管理的。一些设备价值达到数十万美元,且频繁、大量地出入存储地点,设备极易丢失。Strid 称,业务繁忙时,通常有六七辆卡车排队等待取货。因此,物品丢失也在所难免。实际上,该公司平均每年不得不核销价值 70 000 美元的设备。有时设备归还后却未正式录入系统,这意味着下次租借时系统中将无可用机器。更严重的情况是,有时一件设备离开存储场地,而公司不知道它在哪里。

GuardRFID 系统使用有源 RFID 标签,每个物品上都附着一个标签。迄今为止,该设备公司已购买了 1 800 个标签。每个存储区域周围安装了 6 个左右的 GuardRFID 433 MHz 太阳能标签读卡器(SPTRs)。出口大门处还安装了 4 个太阳能供电标签激励器(SPTE),通过 125kHz 传输激活标签。接着标签会将自己的 ID 号码与激励器的 ID 号码发送到附近的读卡器。然后 SPTE 的响应将指示设备离开方向(入口和出口都安装了一个激励器)。

SPTR 通过 Wi-Fi 连接将数据传输到 GuardRFID 系统的基于云的软件。然后 GuardRFID 软件从 Linder ERP 系统内读取库存数据,并根据 RFID 数据进行修改。如有异常,该系统还可发出警告。

系统工作步骤是这样的:首先,工作人员收到一份租赁转让订单或销售订单。然后员工使用 GuardRFID 软件确认所要求的物品是否在现场,RFID 读卡器数据则会在地图上显示标签位置。当设备运出时,该物品的状态就会更新。当设备返回时,系统的工作方式也类似。返回时,门口的激励器再次唤醒标签,之后软件将每个标签 ID 的状态更新为已收到。

当设备从 Linder 工业机械公司的一个 RFID 仓库转移到另一个仓库时,这个过程也可以运行。通过这种方式,公司可以知道设备放置的具体仓库位置。虽然系统的主要功能是识别设备的到达和离开,但它也能够在现场管理带标签的物品,以提供实时数据和分析。Strid 说:"现在,我们可以了解每个设备的动向。"

该系统减少了工作人员在仓库寻找设备花费的时间,并且还提供了历史数据。这些数据可以用于设备维护、租赁准备时间的分析。Strid 说,系统使用以来,已至少防止了一次昂贵的错误。他解释说,一名客户正将错误的设备拿出仓库时,软件发现错误并发出了警报。未来,该公司打算与一些设备制造商合作建立一个系统,在将设备出售给 Linder 工业机械公司之前,该公司可以自己贴上 RFID 标签。

(资料来源:RFID 世界网)

思考:RFID 技术除用于上述领域外,我们日常接触到的哪些领域也有涉及?

4.1 条码技术

4.1.1 条码技术的发展

条码技术最早产生于 20 世纪,诞生于 Westinghouse 的实验室。那时候对电子技术应用方面的每一个设想都使人感到非常新奇。

我国在条码技术的开发和应用方面起步较晚。20 世纪 80 年代中期,我国一些高等院校、科研部门及一些出口企业把条码技术的研究和推广应用逐步提到议事日程。一些行业(如图书馆、邮电、物资管理部门和外贸部门)也已开始使用条码技术。1988年，国务院批准成立"中国物品编码协会"，由国家技术监督局统一领导。国家技术监督局于1990年下发了《关于出口商品使用条码标志的通知》。1991年4月9日，中国物品编码中心正式加入国际物品编码协会。国际物品编码协会分配给中国的前缀码为690、691、692。许多企业获得了条码标记的使用权，使我国的大量商品打入国际市场，给企业带来了可观的经济效益。

4.1.2 条码概述

1. 条码

条码(bar code)是由一组规则排列的条、空及其对应字符组成的标记，用于表示一定的信息。

条码通常用来对物品进行标识，这个物品可以是用来进行交易的一个贸易项目，如一瓶啤酒或一箱可乐；也可以是一个物流单元，如一个托盘。所谓对物品的标识，就是首先给某一物品分配一个代码，然后以条码的形式将这个代码表示出来，并且标识在物品上，以便识读设备通过扫描识读条码符号从而对该物品进行识别。条码不仅可以用来标识物品，还可以用来标识资产、位置和服务关系等。

2. 代码

代码(code)即一组用来表示客观事物的一个或一组有序的符号。代码必须具备鉴别功能，即在一个信息分类编码标准中，一个代码只能唯一地标识一个分类对象，而一个分类对象也只能有一个唯一的代码。比如，按国家标准"人的性别代码"规定，代码1表示男性，代码2表示女性，而且这种表示是唯一的。我们在对项目进行标识时，首先要根据一定的编码规则为其分配一个代码，然后用相应的条码符号将其表示出来。图4-2中的阿拉伯数字6931987042704就是商品标识代码，而在其上方由条和空组成的条码符号则是该代码的符号标识。

图 4-2　商品标识代码

在不同的应用系统中，代码可以有含义，也可以无含义。有含义代码可以表示一定的信息属性，如某厂的产品有多种系列，其中，代码60000~69999是电器类产品，70000~79999为汤奶锅类产品，80000~89999为压力锅类炊具，等等。从编码的规律可以看出，代码的第一位代表产品的分类信息，是有含义的。无含义代码则只作为分类对象的唯一标识，只代替对象的名称，而不提供对象的任何其他信息。

3. 码制

条码的码制是指条码符号的类型，每种类型的条码符号都是由符合特定编码规则的条和空组合而成的。每种码制都具有固定的编码容量和所规定的条码字符集。条码字符中的字符总数不能大于该种码制的编码容量。常用的一维条码码制包括 EAN 码、UPC 码、UCC/EAN-128 码、交叉 25 码、39 码、93 码、库德巴码等。

4. 字符集

字符集是指某种码制的条码符号可以表示的字母、数字和符号的集合。有些码制仅能表示 10 个数字字符：0～9，如 EAN/UPC 条码；有些码制除了能表示 10 个数字字符外，还可以表示几个特殊字符，如库德巴条码。39 条码可表示数字字符 0～9、26 个英文字母 A～Z 以及一些特殊符号。几种常见码制的字符集如下。

(1) EAN 条码的字符集：数字 0～9。

(2) 交叉 25 条码的字符集：数字 0～9。

(3) 39 条码的字符集：数字 0～9；字母 A～Z；特殊字符有-、•、$、%、空格、/、+；起始符/；终止符□。

5. 连续性与非连续性

条码符号的连续性是指每个条码字符之间不存在间隔，相反，非连续性是指每个条码字符之间存在间隔。如图 4-3 所示，该图为 25 条码的字符结构，从图中可以看出，字符与字符间存在字符间隔，所以是非连续的。

图 4-3　25 条码的字符结构

从某种意义上讲，由于连续性条码不存在条码字符间隔，所以密度相对较大，而非连续性条码的密度相对较小。非连续性条码的字符间隔引起的误差较大，一般规范不给出具体指标限制。而对连续性条码除了控制条空的尺寸误差外，还须控制相邻条与条、空与空的相同边缘间的尺寸误差及每一条码字符的尺寸误差。

6. 定长条码与非定长条码

定长条码是指条码字符个数固定的条码，仅能表示固定字符个数的代码。非定长条码是指条码字符个数不固定的条码，能表示可变字符个数的代码。例如，EAN 条码和 UPC 条码是定长条码，它们的标准版仅能表示 12 个字符，39 条码则为非定长条码。

定长条码由于限制了表示字符的个数，其译码的误识率相对较低，因为就一个完整的条码符号而言，任何信息的丢失都会导致译码的失败。非定长条码具有灵活、方便等优点，但受扫描器及印刷面积的限制，它不能表示任意多个字符，并且在扫描阅读过程中可能会产生因信息丢失而引起错误的错误译码。这些缺点在某些码制(如交叉 25 条码)中出现的概率相对较大，可通过增强识读器或计算机系统的校验程度来克服。

7. 双向可读性

条码符号的双向可读性，是指从左、右两侧开始扫描都可被识别的特性。绝大多数码制都可双向识读，所以都具有双向可读性。事实上，双向可读性不仅是条码符号本身的特性，也是条码符号和扫描设备的综合特性。对于双向可读的条码，识读过程中译码器需要判别扫描方向。有些类型的条码符号，其扫描方向的判定可通过起始符与终止符来完成，如 39 条码、交叉 25 条码(见图 4-4)、库德巴条码。有些类型的条码，由于从两个方向扫描起始符和终止符所产生的数字脉冲信号完全相同，所以无法用它们来判别扫描方向，如 EAN 条码和 UPC 条码。在这种情况下，扫描方向的判别则是通过条码数据符的特定组合来完成的。对于某些非连续性条码符号，如 39 条码，由于其字符集中存在着条码字符的对称性(如字符"*"与"P"，"M"与"—"等)，当条码字符间隔较大时，很可能出现因信息丢失而引起的译码错误。

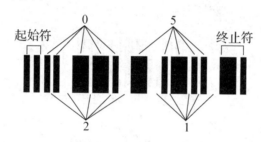

图 4-4　交叉 25 条码

8. 自校验特性

条码符号的自校验特性是指条码字符本身具有校验特性。若在一个条码符号中，一个印刷缺陷(例如，因出现污点把一个窄条错认为宽条，而把相邻的宽空错认为窄空)不会导致替代错误，那么这种条码就具有自校验功能。例如，39 条码、库德巴条码、交叉 25 条码都具有自校验功能；EAN 条码、UPC 条码、93 条码等都没有自校验功能。自校验功能可校验出一个印刷缺陷。对于大于一个的印刷缺陷，任何具有自校验功能的条码都不可能完全校验出来。对于某种码制，是否具有自校验功能是由其编码结构决定的。码制设置者在设置条码符号时，均须考虑自校验功能。

9. 条码密度

条码密度是指单位长度条码所表示条码字符的个数。显然，对于任何一种码制来说，各单元的宽度越小，条码符号的密度就越大，也就越节约印刷面积，但由于印刷条件及扫描条件的限制，我们很难把条码符号的密度做得太大。39 条码的最大密度为 9.4 个/25.4mm(9.4 个/英寸)；库德巴条码的最大密度为 10.0 个/25.4mm(10.0 个/英寸)；交叉 25 条码的最大密度为 17.7 个/25.4mm(17.7 个/英寸)。

条码密度越大，所需扫描设备的分辨率也就越高，这必然增加扫描设备对印刷缺陷的敏感性。

10. 条码质量

条码质量是指条码的印制质量，主要从外观、条(空)反射率、条(空)尺寸误差、空白区尺寸、条高、数字和字母的尺寸、校验码、译码正确性、放大系数、印刷厚度、印刷位置几个方面进行判定。

条码的质量是确保条码正确识读的关键，不符合国家标准技术要求的条码，不仅会因为扫描仪器拒读而影响扫描速度，降低工作效率，而且可能造成误读，进而影响信息采集系统的正常运行。因此，确保条码的质量是十分重要的。

4.1.3 条码的构成

一个完整的条码是由两侧静区、起始字符、左侧数据字符、中间分隔字符、右侧数据字符、校验字符(可选)和终止字符组成的。图4-5显示了一个条码放大的完整结构。

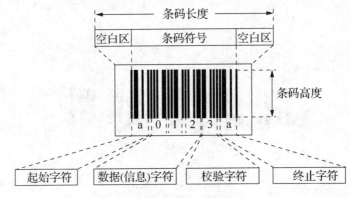

图4-5 条码的构成

(1) 空白区：即静区，没有任何印刷符或条形码信息，它通常是白的，位于条形码符号的两侧，其作用是提示阅读器准备扫描条形码符号。

(2) 起始字符：条形码符号的第一位字符，它的特殊条、空结构用于识别一个条形码符号的开始。阅读器首先确认此字符的存在，然后处理由扫描器获得的一系列脉冲。

(3) 中间分隔符：在条码符号中间位置，是平分条码符号的特殊符号，由5个模块组成。

(4) 数据字符：由条形码字符组成，用于代表一定的原始数据信息。

(5) 校验字符：最后一个由7个模块组成的校验码，是由前面单元数据串中的其他数字计算出来的数字，用于检查数据的正确性。

(6) 终止字符：条形码符号的最后一位字符，它的特殊条、空结构用于识别一个条形码符号的结束。阅读器识别终止字符，通过它可知道条形码符号已扫描完毕。若条形符号有效，阅读器就向计算机传送数据并向操作者提供"有效读入"的反馈。终止字符的使用，避免了不完整信息的输入。当采用校验字符时，终止字符还指示阅读器对数据字符实施校验计算。

起始字符、终止字符的条、空结构通常是不对称的二进制序列。这一非对称允许扫描器进行双向扫描。当条形码符号被反向扫描时，阅读器会在进行校验计算和传送信息前把条形码各字符重新排列成正确的顺序。

4.1.4 条码技术的特点

条码技术是电子与信息科学领域的高新技术，所涉及的技术领域较广，是多项技术相结合的产物，经过多年的长期研究和应用实践，现已发展成为较成熟的实用技术。

在信息输入技术中，采用的自动识别技术种类很多。条码作为一种图形识别技术，与其他识别技术相比有以下特点。

(1) 简单。条码符号制作容易，扫描操作简单易行。

(2) 信息采集速度快。普通计算机键盘录入速度是 200 字符/分钟，而利用条码扫描录入信息的速度是键盘录入速度的 20 倍。

(3) 采集信息量大。利用条码扫描，一次可以采集几十位字符的信息，而且可以通过选择不同码制的条码增加字符密度，使采集的信息量成倍增加。

(4) 可靠性强。利用键盘录入数据，误码率为三百分之一；利用光学字符识别(OCR)技术，误码率约为万分之一；而采用条码扫描录入方式，误码率仅为百万分之一，首读率可达 98%以上。

(5) 使用灵活。条码符号作为一种识别手段可以单独使用，也可以和有关设备组成识别系统实现自动化识别，还可以和其他控制设备联系起来实现整个系统的自动化管理。同时，在没有自动识别设备时，也可以实现手工键盘输入。

(6) 自由度大。识别装置与条码标签相对位置的自由度要比光学字符识别大得多。

(7) 设备结构简单、成本低。条码符号识别设备的结构简单，操作容易，无须专门训练。与其他自动化技术相比，推广应用条码技术所需费用较低。

4.1.5 条码的种类

1. 按码制分类

1) UPC 码

1973 年，继美国率先在国内的商业系统中应用 UPC 码之后，加拿大也在商业系统中采用 UPC 码。UPC 码是一种长度固定的连续型数字式码制，其字符集为数字 0～9。它采用 4 种元素宽度，每个条或空是 1、2、3 或 4 倍单位元素宽度。UPC 码有两种类型，即 UPC-A 码和 UPC-E 码。UPC-A 码可以编码 13 位罗马数字，其中包括一位验证码。另外，UPC 码后面还可以跟上二位数或者 5 位数的附加编码，用于编码价格、商家名称等信息。UPC-E 码可以编码 7 位数(包括一位验证码)。

1977 年，欧洲经济共同体各国按照 UPC 码的标准制定了欧洲物品编码 EAN 码，与 UPC 码兼容，而且两者具有相同的符号体系。EAN 码的字符编号结构与 UPC 码相同，也是长度固定的、连续型的数字式码制，其字符集是数字 0～9。它采用 4 种元素宽度，每个条或空是 1、2、3 或 4 倍单位元素宽度。EAN 码有两种类型，即 EAN-13 码和 EAN-8 码，如图 4-6 所示。

2) 交叉 25 码

交叉 25 码是一种长度可变的连续型自校验数字式码制，其字符集为数字 0～9。采用两种元素宽度，每个条和空是宽或窄元素。编码字符个数为偶数，所有奇数位置上的数据以条编码，偶数位置上的数据以空编码。如果为奇数个数据编码，则在数据前补一位 0，以使数据为偶数个数位。

〈 〉为静区标识符，目的是辅助条码扫描的空白区

图 4-6　EAN-13 码和 EAN-8 码

3) 39 码

39 码是第一个字母数字式码制，于 1974 年由 Intermec(易腾迈)公司推出。它是长度可变的离散型自校验字母数字式码制。其字符集为数字 0~9、26 个大写英文字母、7 个特殊字符(+、-、*、/、%、$、.)以及空格符(Space)等，共 44 组编码。每个字符由 9 个元素组成，其中，有 5 个条(2 个宽条、3 个窄条)和 4 个空(1 个宽空、3 个窄空)，是一种离散码。39 码如图 4-7 所示。

图 4-7　39 码

4) 库德巴码

库德巴码(codabar)出现于 1972 年，是一种长度可变的连续型自校验数字式码制。其字符集为数字 0~9 和 6 个特殊字符(-、：、/、。、+、¥)，共 16 个字符。库德巴码常用于仓库、血库和航空快递包裹中。库德巴码如图 4-8 所示。

图 4-8　库德巴码

5) 128 码

128 码出现于 1981 年，是一种长度可变的连续型自校验数字式码制。它采用 4 种元素宽度，每个字符包含 3 个条和 3 个空，共 11 个单元元素宽度，又称(11, 3)码。它有 106 个不同的条形码字符，每个条形码字符有 3 种含义不同的字符集，分别为 A、B、C。它使用这 3 个交替的字符集可将 128 个 ASCII 码编码。128 码如图 4-9 所示。

图 4-9　128 码

6) 93 码

93 码是一种长度可变的连续型字母数字式码制。其字符集为数字 0~9、26 个大写字母和 7 个特殊字符(-、。、Space、/、+、%、¥)以及 4 个控制字符。每个字符包含 3 个条和 3 个空，共 9 个元素宽度。

7) 49 码

49 码是一种多行的连续型长度可变的字母数字式码制，出现于 1987 年，主要用于编码小物品标签上的符号。其采用多种元素宽度，字符集为数字 0~9、26 个大写字母、7 个特殊字符(-、。、Space、%、/、+、¥)、3 个功能键(F1、F2、F3)和 3 个变换字符，共 49 个字符。

8) 其他码制

除上述码制外，还有其他的码制，例如，25 码出现于 1977 年，主要用于电子元器件标签；矩阵 25 码是 11 码的变形；Nixdorf 码已被 EAN 码所取代；Plessey 码出现于 1971 年 5 月，主要用于图书馆等。

2. 按维数分类

1) 一维条码

一维条码自 20 世纪 70 年代初期问世以来，很快得到了普及并被广泛应用。但是由于一维条码的信息容量很小，如商品上的条码仅能容纳 13 位的阿拉伯数字，更多的描述商品的信息只能依赖数据库的支持，离开了预先建立的数据库，这种条码就变成了"无源之水，无本之木"，因而一维条码的应用范围受到了一定的限制。一维条码如图 4-10 所示。

图 4-10　一维条码

2) 二维条码

除具有普通条码的优点外,二维条码还具有信息容量大、可靠性高、保密防伪性强、易于制作、成本低等优点。二维条码如图 4-11 所示。

图 4-11　二维条码

美国 Symbol(讯宝)公司于 1991 年正式推出名为 PDF417 的二维条码,缩写为 PDF417 条码,即"便携式数据文件"。PDF417 条码是一种高密度、高信息含量的便携式数据文件,是实现证件及卡片等大容量、高可靠性信息自动存储、携带并可用机器自动识读的理想技术。PDF417 条码如图 4-12 所示。

图 4-12　PDF417 条码

3) 多维条码

进入 20 世纪 80 年代以来,人们围绕如何提高条码符号的信息密度进行了研究工作。多维条码和集装箱条码成为研究、发展与应用的方向。

信息密度是描述条码符号的一个重要参数,即单位长度中可能编写的字母个数,通常记作:字母个数/cm。影响信息密度的主要因素是条、空结构和窄元素的宽度。

128 码和 93 码就是人们为提高密度而进行的成功尝试。128 码于 1981 年被推荐应用,而 93 码于 1982 年投入使用。这两种条码的符号密度均比 39 码高将近 30%。

随着条码技术的发展和条码种类不断增加,条码的标准化显得越来越重要。为此,曾先后制定了军用标准 1189;适用于交叉 25 码、39 码和库德巴码的 ANSI 标准 MH10.8M 等。同时,一些行业也开始建立行业标准,以适应发展的需要。此后,戴维·阿利尔(Davide Allair)又研制出 49 码。这是一种非传统的条码符号,它比以往的条码符号具有更高的密度。特德·威廉姆斯(Ted Williams)推出 16K 码,该码的结构类似于 49 码,是一种比较新型的码制,适用于激光系统。

4.1.6　条码技术的应用

条码技术广泛应用于仓储、邮电、运输、商业盘点、图书管理、生产过程控制等许多领域。条码技术应用最广泛、最为人们熟悉的还是通用商品流通销售领域的 POS(point of sale)系统,也称为销售终端或扫描系统。北美、欧洲各国和日本普遍采用 POS 系统,其普及率在 95%以上。

下面是其他几种典型的应用。

1. 条码在物流领域的应用

1) 仓库货物管理

条码技术应用于库存管理，避免了手工书写票据和送到机房输入的步骤，大大提高了工作效率。同时，解决了库房信息滞后的问题，提高了交货日期的准确性。另外，解决了票据信息不准确的问题，提高了客户服务质量，消除了事务处理中的人工操作，减少了无效劳动。

2) 生产线人员管理

每个班次开工时，工作小组的每个成员都要用条码数据采集器扫描他们员工卡上的条码，把考勤数据记录到数据采集器中，然后输入到计算机系统。小组成员根据记录的情况，进行相应的奖惩。

3) 流水线生产管理

在没有应用条码技术的时期，每个产品在生产线前，必须手工记载生成这个产品所需的工序和零件，领料号也需按记载分配好物料后，才能开始生产。在每条生产线上每个产品都有记录表单，每个工序完成后，要填上元件号和自己的工号。手工记载工作量大，很复杂，而且不能及时反映商品在生产线上的流动情况。采用条码技术后，订单号、零件种类、产品编号都可条码化，在产品零件和装配的生产线上及时打印并粘贴标签。产品下线时，由生产线质检人员检验合格后扫入产品的条码、生产线条码，并按工序扫入工人的条码，对于不合格的产品送维修部门，由维修部门确定故障的原因，整个过程无须手工记录。

4) 仓储管理

条码出现以前，仓库管理作业存在很多问题，如物料出/入库、物品存放地点等信息手记过程烦琐，信息传递滞后，导致库存量上升，发货日期无法保证，决策依据不准，降低了系统的可靠性。为了避免失误，一些企业增设验单人员，这就降低了劳动生产率，影响了指令处理速度。如果在已安装了计算机网络系统的工厂，只需在数据输入前加一些条码数据采集设备，就可以解决上述问题。

5) 进货管理

进货时需要核对产品品种和数量，这部分工作由数据采集器完成。首先将本次进货的所有单据、产品信息下载到数据采集器中，数据采集器将提示材料管理员输入收货单的号码，由数据采集器在应用系统中判断这个条码是否正确。如果不正确，系统会立刻向材料管理员作出警示；如果正确，材料管理员再扫描材料单上的项目号，系统随后检查购货单上的项目是否与实际相符。

6) 入库管理

搬运工(或叉车司机)只需扫描准备入库的物料箱上的标签即可。入库可分为直接入库和间接入库两种：直接入库是指物料堆放在任意空位上后，通过条码扫描器记录地址；间接入库是指将某一类货物存放在指定货架，并为其存放位置建立一个记录。

7) 库存货物的管理

当标签破损时，参照同类物或依据其所在位置，在计算机上制作标签，进行补贴。在货物移位时，用识别器进行识读，自动收集数据，把采集的数据自动传送至计算机货物管理系统中进行管理。按照规定的标准，通过条码识读器对仓库分类货物或零散货物进行定期的盘存。在货物发放过程中，若出现某些货物零散领取的情况，可采用两种方式：一种是重新打包，系统生成新的二维码标签，作为一个包装处理；另一种是系统设置零散物品库，专门存储零散货物信息，记录货物的品名、数量、位置等信息，统一管理。

8) 货物信息控制、跟踪

①库存自动预警：当各种货物库存量高于或低于限量时自动预警。结合各种货物近期平均用量，自动生成在一定时间内需要采购的订单或需要取消的订货，有效地控制库存量。②空间监控：监控货物的实际位置、存放时间、空间余地等参数，对不合理位置、超长存放时间、余地不足等规定的限量自动预警。③货物信息跟踪：对整个供应链进行跟踪。④报损处理：自动对将要报损的货物进行跟踪，管理人员可对报损货物进行登记，填写报损申请表，报损申请批准后，系统对报损货物进行报损处理，建立报损明细。

9) 出库管理

采用条码识读器对出库货物包装上的条码标签进行识读，并将货物信息传递给计算机，计算机根据货物的编号、品名、规格等自动生成出库明细。当发现标签破损或丢失时，按照上述程序人工补贴。出库货物经过核对确认无误后，再进行出库登账处理，更新货物库存明细。

2. 条码在工业中的应用

美国福特汽车公司每年向欧洲输入 150 万辆汽车，每辆车都带一个标明其型号、规格和总装厂的条码，取代了过去车辆在发货和转销过程中多达 11 次的人工记录出厂编号的烦琐工作。福特汽车公司在比利时的 Saorlouis 工厂还把条码刻在车体底部的金属件上，通过装配线上扫描装置可以对车辆自总装开始到发货出厂的全过程进行跟踪。作为福特汽车公司的竞争对手通用汽车公司，它已经用条码来区分动力机各主要部件，如阀门、汽化器等。这些部件可组成 1 550 万种不同型号的动力机，但通用汽车公司只需要其中的 438 种，通过向计算机输入条码，则可以避免出现那些无用的机型结构。很多国家都在自动生产线上采用了条码技术，用来提高生产过程的效率和准确性。

3. 固定资产管理和档案管理

随着降低成本和精简机构的需要与固定资产的数量日益增加，应用条码技术对固定资产进行管理将十分有效。如使用条码对固定资产进行分类和编码；使用条码数据采集器进行资产盘存，通过资产盘存建立固定资产数据库；使用条码数据采集器控制固定资产的购入、领用，以及数据库的维护与管理实时同步进行。

4. 考勤及门卫管理

①考勤管理：使用条码技术管理企事业单位的人事考勤，能克服机械打卡的各种弊端，同时是一个企业现代化管理的重要标志。②门卫管理：合法进入者每人持一张条码卡片，进入时在卡槽式扫描器中刷卡，或采用刷卡加密码的形式，若正确，系统中的主机通过继电器控制电子锁打开门，否则，门不开。

5. 邮电业务管理

在邮电业务管理中，有邮件需要处理，如挂号信、邮政快件等。为分清责任和方便查询，在交接过程中，工作人员都要登录清单，作为相互交接的凭证。以往登录清单一直沿用手工方式，工作量大，效率低，容易造成人为错误。将条码技术应用于邮电业务管理，从根本上改变了传统的手工登录方法，将工作人员从繁忙、紧张的工作中解脱出来，避免了人为造成的错误，大大提高了工作效率，为登单作业自动化提供了先决条件。

6. 条码报关单管理

利用条码管理进口报关单，可有效地解决报关单管理中的缺单问题。

7. 条码图书管理系统

众所周知，图书管理须分门别类，即分类使用编码，使每本书都有一个索书号，然后把索书号印制成条码标签贴在书上。使用时配合计算机系统，当书籍流动时，只要扫描索书号条码即可，省去了将长串书号录入的过程，失误率极低。

8. 条码商场管理系统

条码商场管理系统主要是利用商品条码和店内码对商场商品的进货、销货、盘点作业进行电子化管理。

9. 条码血员、血库管理系统

条码在血员、血库管理中的应用主要是对献血员的跟踪管理和血库管理。

4.2 RFID 技术

4.2.1 RFID 技术的概念

无线射频识别技术，又称射频识别(radio frequency identification，RFID)技术，是 20 世纪 80 年代发展起来的一种新兴自动识别技术，是一项利用射频信号通过空间耦合(交变磁场或电磁场)实现无接触信息传递并通过所传递的信息达到识别目的的技术。

4.2.2 RFID 技术的发展

RFID 直接继承了雷达的概念，并由此发展出一种生机勃勃的 AIDC(auto identification and data collection，自动识别与数据采集)新技术——RFID 技术。1948 年，哈里·斯托克曼(Harry Stockman)发表的"利用反射功率的通信"奠定了射频识别技术的理论基础。

在 20 世纪中叶，无线电技术的理论与应用研究是科学技术发展最重要的成就之一。RFID 技术的发展可按 10 年期划分如下。

(1) 1941—1950 年，雷达的改进和应用催生了 RFID 技术，1948 年哈里·斯托克曼奠定了 RFID 技术的理论基础。

(2) 1951—1960 年，早期 RFID 技术的探索阶段，主要处于实验室实验研究阶段。

(3) 1961—1970 年，此阶段 RFID 技术的理论得到了发展，开始了一些应用尝试。

(4) 1971—1980 年，RFID 技术与产品研发处于一个大发展时期，各种 RFID 技术测试得到加速发展，出现了一些最早的 RFID 应用。

(5) 1981—1990 年，RFID 技术及产品进入商业应用阶段，各种规模应用开始出现。

(6) 1991—2000 年，RFID 技术标准化问题日趋得到重视，RFID 产品得到广泛采用，逐渐成为人们生活中的一部分。

(7) 2001 年至今，标准化问题日趋为人们所重视，RFID 产品的种类更加丰富，有源电子标签、无源电子标签及半无源电子标签均得到发展，电子标签成本不断降低，规模应用行业扩大。

4.2.3　RFID 系统的构成

最基本的 RFID 系统由以下三部分组成。

(1) 标签(tag)：由耦合元件及芯片组成，每个标签具有唯一的电子编码，附着在物体上标识目标对象。

(2) 阅读器(reader)：读取(有时还可以写入)标签信息的设备，可设计为手持式或固定式。

(3) 天线(antenna)：在标签和读取器间传递射频信号。

4.2.4　RFID 技术的优势

RFID 是一项易于操控、简单实用且特别适合用于自动化控制的灵活性应用技术，识别工作无须人工干预，它既支持只读工作模式，也支持读写工作模式，且无须接触或瞄准。RFID 可自由工作在各种恶劣环境下，短距离射频产品不怕油渍、灰尘污染等恶劣的环境，可以替代条码。例如，用在工厂的流水线上跟踪物体；长距射频产品多用于交通上，识别距离可达几十米，如自动收费或识别车辆身份等。射频识别系统主要有以下几个方面的优势。

(1) 读取方便快捷：数据的读取无须光源，甚至可以透过外包装来进行。有效识别距离更大，采用自带电池的主动标签时，有效识别距离在 30m 以上。

(2) 识别速度快：标签一进入磁场，解读器就可以即时读取其中的信息，而且能够同时处理多个标签，实现批量识别。

(3) 数据容量大：数据容量最大的二维条形码(PDF417 条码)最多也只能存储 2 725 个数字，若包含字母，存储量则会更少；RFID 标签则可以根据用户的需要扩充到数万字节。

(4) 使用寿命长，应用范围广：其无线电通信方式，使其可以应用于粉尘、油污等高污染环境和放射性环境，而且其封闭式包装使得其寿命大大超过印刷的条码。

(5) 标签数据可动态更改：利用编程器可以向标签写入数据，从而赋予 RFID 标签交互式便携数据文件的功能，而且写入时间相比打印条形码更少。

(6) 更高的安全性：不仅可以嵌入或附着在不同形状、类型的产品上，而且可以为标签数据的读写设置密码保护，从而具有更高的安全性。

(7) 动态实时通信：标签以每秒 50～100 次的频率与解读器进行通信，所以只要 RFID 标签所附着的物体出现在解读器的有效识别范围内，就可以对其位置进行动态的追踪和监控。

4.2.5 RFID 技术的应用

1. 高速公路自动收费及智能交通系统

高速公路自动收费系统是射频识别技术最成功的应用之一。目前,我国的高速公路发展得非常快,而高速公路收费却存在一些问题:一是交通堵塞,在收费站口,许多车辆要停车排队缴费,成为交通瓶颈;二是少数不法收费员贪污收取的过路费,使国家蒙受财政收入损失。

RFID 技术应用在高速公路自动收费上能够充分体现该技术的优势。在车辆高速通过收费站的同时自动完成缴费,解决了交通的瓶颈问题,提高了车辆通行速度,避免了拥堵,提高了收费计算效率,同时可以消除收费员贪污收取的过路费的问题。

2. 生产的自动化及过程控制

RFID 技术因其具有抗恶劣环境能力强、非接触识别等特点,在生产过程控制中有很多应用。通过在大型工厂的自动化流水作业线上使用 RFID 技术,实现了物料跟踪和生产过程自动控制、监视,提高了生产效率,改进了生产方式,降低了成本。在生产线的自动化及过程控制方面,德国宝马(BMW)公司为保证汽车在流水线各位置准确地完成装配任务,将 RFID 系统应用在汽车装配线上。而摩托罗拉(Motorola)公司则采用了 RFID 技术的自动识别工序控制系统,满足了半导体生产对环境的特殊要求,同时提高了生产效率。

3. 车辆的自动识别以及防盗

通过建立采用射频识别技术的自动车号识别系统,能够随时了解车辆的运行情况,不仅实现了车辆的自动跟踪管理,还可以大大减少发生事故的可能性,并且可以通过射频识别技术对车辆的主人进行有效验证,防止车辆偷盗事件发生,在车辆丢失以后可以有效寻找丢失的车辆。

射频识别技术可以对道路交通流量进行实时监控、统计、调度,还可以用于车辆闯红灯记录报警、被盗(可疑)车辆报警与跟踪、特殊车辆跟踪、肇事逃逸车辆排查等。

4. 电子票证

使用电子标签来代替各种"卡",实现非现金结算,解决了现金交易不方便也不安全,以及以往的各种磁卡、IC 卡容易损坏等问题。同时,电子标签使用起来方便、快捷,还可以同时识别几张电子标签,并行收费。电子票证如图 4-13 所示。

射频识别系统,特别是非接触 IC 卡(电子标签)应用潜力最大的领域之一就是公共交通领域。使用电子标签作为电子车票,具有使用方便、缩短交易时间、降低运营成本等优势。

1996 年 1 月,韩国在首尔(当时称汉城)的 600 辆公共汽车上安装了射频识别系统用于电子月票,实现了非现金结算,方便了市民出行。而德国汉莎航空公司则开始使用射频卡(电子标签)作为飞机票,改变了传统的机票购销方式,简化了机场入关手续。

5. 货物跟踪管理及监控

射频识别技术为货物的跟踪管理及监控提供了方便、快捷、准确的自动化技术手段。以射频识别技术为核心的集装箱自动识别,成为全球范围内最大的货物跟踪管理应用。将记录有集装箱位置、物品类别、数量等数据的电子标签安装在集装箱上，借助射频识别技术，就可以确定集装箱在货场内的确切位置。系统还可以识别未被允许的集装箱移动，有利于管理和安全。

图 4-13　电子票证

6. 仓储、配送等物流环节

将射频识别系统用于智能仓库货物管理，可以有效地解决仓库里与货物流动相关的信息的管理，监控货物信息，实时了解库存情况，自动识别货物，确定货物的位置。射频识别技术在仓储及物流中的应用如图 4-14 所示。

7. 邮件、邮包的自动分拣系统

射频识别技术已经被成功应用到邮政领域的邮包自动分拣系统中，该系统具有非接触、非视线数据传输的特点，所以包裹传送中可以不考虑包裹的方向性问题。当多个目标同时进入识别区域时，可以同时识别，大大提高了货物分拣能力和处理速度。另外，由于电子标签可以记录包裹的所有特征数据，更有利于提高邮包分拣的准确性。

图 4-14　射频识别技术在仓储及物流中的应用

8. 动物跟踪和管理

射频识别技术可以用于动物跟踪与管理。在畜牧行业,将用小玻璃封装的电子标签植入动物皮下,可以标识牲畜,监测动物健康状况等重要信息,为牧场的现代化管理提供可靠的技术手段。在大型养殖场,可以通过射频识别技术建立饲养档案、预防接种档案等,达到高效、自动化管理牲畜的目的,同时为食品安全提供保障。

此外,许多发达国家采用射频识别技术,通过对牲畜个体识别,实现牲畜大规模疾病暴发期间对感染者的有效跟踪及对未感染者进行隔离控制。

9. 门禁保安

门禁保安系统都可以应用电子标签,一卡可以多用,如做工作证、出入证、停车证、饭店住宿证甚至旅游护照等。使用电子标签可以有效地识别人员身份,进行安全管理以及高效收费,简化了出入手续,提高了工作效率,并且有效地进行了安全保护。人员出入时该系统会自动识别身份,非法闯入时会报警。安全级别要求高的地方,还可以结合其他的识别方式,将指纹、掌纹或颜面特征存入电子标签。

10. 防伪

伪造问题在世界各地都是令人头疼的问题,现在应用的防伪技术(如全息防伪等)同样会被不法分子伪造。将射频识别技术应用在防伪领域有其自身的技术优势,它具有成本低而又很难伪造的优点。电子标签的成本相对便宜,且芯片的制造需要有昂贵的设备,使伪造者望而却步。电子标签本身具有内存,可以储存、修改与产品有关的数据,利于进行真伪的鉴别。利用这种技术不用改变现行的数据管理体制,唯一的产品标识号完全可以做到与已用数据库体系兼容。

4.3 EDI 技术

4.3.1 EDI 的概念

电子数据交换(electronic data interchange,EDI)是由国际标准化组织(ISO)推出使用的国际标准,是指一种为商业或行政事务处理,按照一个公认的标准,形成结构化的事务处理或消息报文格式,从计算机到计算机的电子传输方法,也是计算机可识别的商业语言。例如,国际贸易中的采购订单、装箱单、提货单等数据的交换。简单地说,EDI 就是按照商定的协议,将商业文件标准化和格式化,并通过计算机网络,在贸易伙伴的计算机网络系统之间进行数据交换和自动处理,俗称"无纸化贸易"。

联合国标准化组织将其描述成"将商业或行政事务处理按照一个公认的标准,形成结构化的事务处理或报文数据格式,从计算机到计算机的电子传输方法"。

4.3.2 EDI 技术的发展

20 世纪 60 年代末,欧洲和美国几乎同时提出了 EDI 的概念。早期的 EDI 只是在两个商业伙伴之间,依靠计算机与计算机直接通信完成。

20世纪70年代,数字通信技术的发展大大促进了EDI技术的成熟和应用范围的扩大,也带动了跨行业EDI系统的出现。20世纪80年代,EDI标准的国际化又使EDI的应用跃入了一个新的里程。

时至今日,EDI历经萌芽期、发展期,已步入成熟期。英国的EDI专家明确指出:"以现有的信息技术水平,实现EDI已不是技术问题,而仅仅是一个商业问题。"

4.3.3 EDI系统的构成

构成EDI系统的三个要素是:EDI软件和硬件、通信网络以及数据标准化。

一个部门或企业要实现EDI,首先必须有一套计算机数据处理系统;其次,为使本企业内部数据比较容易地转换为EDI标准格式,须采用EDI标准;另外,通信环境的优劣也是关系EDI成败的重要因素之一。

EDI标准是整个EDI系统最关键的部分,由于EDI系统是以实现商定的报文格式进行数据传输和信息交换,所以制定统一的EDI标准至关重要。EDI标准主要分为以下几个方面:基础标准、代码标准、报文标准、单证标准、管理标准、应用标准、通信标准和安全保密标准等。

4.3.4 EDI的特点

EDI的特点主要包括以下几个方面。

(1) EDI是使用电子方法传递信息和处理数据的。一方面,EDI用电子传输的方式取代了以往纸单证的邮寄和递送,从而提高了传输效率;另一方面,EDI通过计算机处理数据取代人工处理数据,从而减少了差错和延误。

(2) EDI是采用统一标准编制数据信息的。这是EDI与电传、传真等其他传递方式的重要区别,电传、传真等并没有统一的格式标准,而EDI必须有统一的标准方能运作。

(3) EDI是计算机应用程序之间的连接。一般的电子通信手段是人与人之间的信息传递,即使传输的内容不完整,格式不规范,也能被人所理解。这些通信手段仅仅是人与人之间的信息传递工具,不能处理和返回信息。EDI实现的是计算机应用程序与计算机应用程序之间的信息传递与交换。由于计算机只能按照给定的程序识别和接收信息,所以电子单证必须符合标准格式并且内容要完整、准确。在电子单证符合标准且内容完整的情况下,EDI系统不但能识别、接收、存储信息,还能对单证数据信息进行处理,自动制作新的电子单据并传输到有关部门。在有关部门就自己发出的电子单证进行查询时,计算机还可以反馈有关信息的处理结果和进展状况。在收到一些重要的电子邮件时,计算机还可以按程序自动产生电子收据并传回对方。

(4) EDI系统采用加密防伪手段。EDI系统有相应的保密措施,即密码系统,各用户掌握自己的密码,可打开自己的"邮箱"取出信息,外人却不能打开这个"邮箱",有关部门和企业发给自己的电子信息均自动进入自己的"邮箱"。一些重要信息在传递时还要加密,即把信息转换成他人无法识别的代码,接收方计算机按特定程序译码后还原成可识别的信息。为防止有些信息在传递过程中被篡改,或防止有人传递假信息,还可以使用证实手段,即将普通信息与转变成代码的信息同时传递给接收方,接收方把代码翻译成普通信息进行比较，如二者完全一致，可知信息未被篡改，也不是伪造的信息。

4.3.5 EDI 的功能

EDI 的功能主要有以下几个方面。

1. 企业流程重组和一体化管理

EDI 作为电子商务应用的典范，无论是在技术上还是在管理上，都为目前电子商务的发展奠定了基础。应用 EDI 可以获得两种类型的收益：第一种是直接收益，这是通过应用 EDI 直接带来的。使用 EDI 的企业很快会发现，因为不再需要大量的文字录入等办公室工作，所以节省了很多成本。第二种收益则是间接的，这些收益是潜在的，而且较前一种收益大得多，其实现也需要较长的时间。作为一种新的业务处理模式，EDI 的应用对企业产生了很大的影响，包括企业流程重组(business process reengineering，BPR)和一体化管理等。

企业流程重组源于对提高企业的业务处理效率最基本的再思考，而 EDI 也因此成为促进企业流程重组强有力的工具。在 EDI 中，企业之间不再相互独立，而是通过一种自动业务处理的方式联系起来，并因此减少了供应商之间的多层环节，降低了企业的营销成本，提高了生产能力和经营效率。企业的经营过程大大简化，企业内部的应用系统直接同贸易伙伴的应用系统连接在一起，形成跨越企业边界的重组过程，要求企业重新在 EDI 条件下进行定位，进一步预示整个管理结构、系统、经营过程以及同客户、供应商之间关系的深刻变化。企业之间信息渗透程度加大，信息处理能力增强，企业模式向虚拟联盟为中心发展，这包括企业与更加广泛的合作伙伴(如供应商、分销商)之间的联盟。在这些联盟中，所有成员为共同利益而进行的信息交换和共享带来了高效率、适应性和对市场的反应能力。这种联盟模式要求更深层次的系统集成，如其中一个组织的设计活动可能会与另一个组织的生产活动紧密相连。EDI 促进了企业变革，对传统孤立的企业生产经营过程和内部管理系统造成了强大冲击，进而对企业内部系统和相关技术、应用的集成带来了挑战。

2. 降低与贸易事务处理相关的费用

使用 EDI 可以消除传统计算机人工输入的错误，并在很大程度上减少了诸如分类、汇总、配套处理，以及协调、邮寄之类的手工工作。EDI 也能够消除用于支持企业之间传递业务信息所采用的各种原材料和设备，可以节省各种原材料的物理空间。此外，将 BPR 和 EDI 结合在一起会给企业节约更多的潜在开支。

3. 提高信息交换和处理的效率

EDI 传输事务比书面报文更加准确完整，同时在传输之前还经过翻译程序的严格检查。利用 EDI 可以消除邮寄服务，并缩短贸易事务处理所需的时间。

4. 缩短业务循环周期

如果接收方接收 EDI 订单事务能够做到快速、准确和完整，那么商品的提货、装运等就可以快速实现，这样发送方能够更快地接收到商品和单据；同时，这将导致接收方(如买方)更快地授权银行等金融机构进行付款，以及发送方(如卖方)更快地收到付款。如果企业和公司能够收到比书面发票更快的电子发票，就可以及时核对收到的发票，授权支付，并在折扣期内付款。这对贸易伙伴双方都有利，付款方因获得折扣而满意，收款方也能更早地收到款项。此外，由于缩短了发放订单和收到订单之间的日期间隔，企业可以降低库存数量。

5. 增进贸易伙伴间的联系

虽然存在某个 EDI 伙伴单方面提出使用某种标准、某种贸易规程等要求，但多数情况下，贸易伙伴就如何建立 EDI 及何时建立 EDI 需要进行更为广泛的合作，并且对最终使用的应用程序达成一致的意见。贸易伙伴的合作范围包括：定义电子环境下的贸易规定；定义信息需求并指定事实上的使用标准；在普通通信手段和操作界面上达成一致；建立测试规程，从测试标准到实际生产模式的标准都达成一致。采用 EDI 处理业务可以改善本企业和贸易伙伴之间的人际关系，扩大信息共享程度，使双方的合作得到进一步加强。EDI 一旦投入使用，贸易伙伴还需要监督它的正确性和有效性，跟踪 EDI 活动以保证所有的通信数据都能准确无误地传输和接收，并且不断完善系统。

6. 改善企业内部的信息流程

在 EDI 中，以电子形式接收的贸易事务数据不仅更加精确完善，同时数据依次通过不同的应用程序进行了处理，从而改善了数据流程。例如，接收 EDI 购买订单，提高了处理速度和订单录入的准确性，而接收电子发票可以使发票核对和调整处理自动化。通过传输和接收 EDI 标准格式的电子事务或报文，企业可以自动提取控制信息，建立一个 EDI 活动数据库，信息可以按照某种方式存储，并在需要时允许其他人通过预定方式随机访问。

4.3.6 EDI 的运用

EDI 主要运用在以下几个方面。

1. 商业贸易领域

在商业贸易领域，通过采用 EDI 技术，可以将不同制造商、供应商、批发商和零售商等商业贸易伙伴之间各自的生产管理、物料需求、销售管理、仓库管理、商业 POS 系统有机地结合起来，从而使这些企业大幅提高其经营效率，并创造出更高的利润。

商贸 EDI 业务特别适用于那些具有一定规模及良好计算机管理基础的制造商，采用商业 POS 系统的批发商和零售商，以及为国际著名厂商提供产品的供应商。

2. 运输业领域

在运输行业，通过采用集装箱运输电子数据交换业务，可以将船运、空运、陆路运输、外轮代理公司、港口码头、仓库、保险公司等企业之间各自的应用系统联系在一起，从而解决传统单证传输过程中的处理时间长、效率低下等问题；可以有效提高货物运输能力，实现物流控制电子化，从而实现国际集装箱多式联运，进一步促进港口集装箱运输事业的发展。

3. 现代物流领域

在零库存作业中使用 EDI，使运作效率有了很大的提高；在零售供应链中使用 EDI，可以减少交易费用并降低存货。EDI 可以为市场设计一些附加超值服务。例如，通过监控客户存货而自动追加订货，收集即时市场信息增强决策的灵活性和反应能力。EDI 对于组织供应链的意义表现在：一方面，在不必连续接触的情况下 EDI 能加强组织间的协调，供应链问题最根本的解决方法是将供应链变成一个管道，或者设计更新供应链所有层次的系统，或者将供应链中各个层次连接起来形成具有快速反应的系统，使其对当前的要求具有接受处理和传递到供应链的下一层的能力；另一方面，EDI 为信息到达所有作业层次提供了通道，鼓励基层作出决策。

4. 通关自动化

在外贸领域，通过采用 EDI 技术，可以将海关、商检、卫检等口岸监管部门与外贸公司、来料加工企业、报关公司等相关部门和企业紧密地联系起来，从而可以避免企业多次往返多个外贸管理部门进行申报、审批等，大大简化了进出口贸易程序，提高了货物通关的速度，最终起到了改善经营投资环境，增强企业在国际贸易中的竞争力的作用。

5. 其他领域

在税务、银行、保险等贸易链路的多个环节中，EDI 技术也同样有着广泛的应用前景。通过 EDI 和电子商务技术(ECS)，可以实现电子报税、电子资金划拨(EFT)等多种应用。

4.4 GPS 技术

4.4.1 GPS 的概念

全球定位系统(global positioning system，GPS)是 20 世纪 70 年代由美国陆、海、空三军联合研制的新一代空间卫星导航定位系统。其主要目的是为陆、海、空三大领域提供实时、全天候和全球性的导航服务，并用于情报收集、核爆监测和应急通信等一些军事目的。经过 20 余年的研究实验，耗资 300 亿美元，到 1994 年 3 月，全球覆盖率高达 98%的由 24 颗 GPS 卫星组成的系统已布设完成。

GPS 是一种具有全方位、全天候、全时段、高精度的卫星导航系统，能为全球用户提供低成本、高精度的三维位置、速度和精确定时等导航信息，是卫星通信技术在导航领域的应用典范，它极大地提高了地球社会的信息化水平，有力地推动了数字经济的发展。

4.4.2 GPS 的构成

GPS 包括三大部分：空间卫星、地面控制系统和信号接收机。

1. 空间部分

GPS 的空间部分由 24 颗卫星(21 颗工作卫星、3 颗备用卫星)组成，它位于距地表 20 200 km 的上空，运行周期为 12 h。卫星均匀分布在 6 个轨道面上(每个轨道面上有 4 颗)，轨道倾角为 55°。卫星的分布使得在全球任何地方、任何时间都可观测到 4 颗以上的卫星，并能在卫星中预存导航信息。GPS 的卫星因为大气摩擦等影响，随着时间的推移，导航精度会逐渐降低。

2. 地面控制系统

地面控制系统由监测站、主控制站和地面控制站所组成。主控制站位于美国科罗拉多州春田市。地面控制站负责收集由卫星传回的信息，并计算卫星星历、相对距离、大气校正等数据。

3. 信号接收机

GPS 信号接收机即用户设备部分，其主要功能是捕获到按一定卫星截止角所选择的待测卫星，并跟踪这些卫星的运行。当接收机捕获到跟踪的卫星信号后，就可测量出接收天线至卫星的伪距离和距离的变化率，解调出卫星轨道参数等数据。根据这些数据，接收机中的微处理计算机就可按定位计算方法进行定位计算，计算出用户所在地理位置的经/纬度、高度、速度、时间等信息。接收机硬件和机内软件以及 GPS 数据的后处理软件包构成完整的 GPS 用户设备。GPS 接收机的结构分为天线单元和接收单元两部分。接收机一般采用机内和机外两种直流电源。设置机内电源的目的在于更换外电源时不中断连续观测。在用机外电源时机内电池自动充电。关机后机内电池为 RAM 供电，以防止数据丢失。各种类型的接收机体积越来越小，重量越来越轻，便于野外观测使用。与之对应的是使用者接收器，现有单频与双频两种，但由于价格因素，一般使用者所购买的多为单频接收器。

4.4.3 GPS 的工作原理

GPS 的基本原理是测量出已知位置的卫星到用户接收机之间的距离，然后综合多颗卫星的数据就可知道接收机的具体位置。要达到测量接收机位置的目的，卫星的位置可以根据星载时钟所记录的时间在卫星星历中查出。GPS 的工作原理如图 4-15 所示。

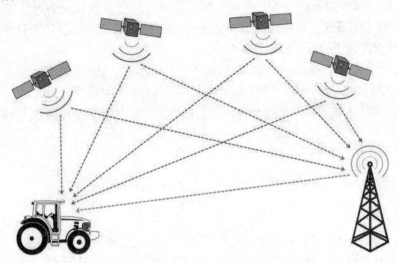

图 4-15 GPS 的工作原理

用户到卫星的距离可以通过记录卫星信号传播到用户所经历的时间，再将其乘以光速得到。当 GPS 卫星正常工作时，会不断地用 1 和 0 二进制码元组成的伪随机码发射导航电文。GPS 使用的伪码一共有两种，分别是民用的 C/A 码和军用的 P(Y)码。C/A 码频率为

1.023MHz，重复周期为 1ms，码间距为 1μs，相当于 300m；P 码频率为 10.23MHz，重复周期为 266.4d，码间距为 0.1μs，相当于 30m。

Y 码是在 P 码的基础上形成的，保密性能更佳。导航电文包括卫星星历、工作状况、时钟改正、电离层时延修正和大气折射修正等信息。它是从卫星信号中解调制出来，以 50b/s 调制在载频上发射的。导航电文每个主帧中包含 5 个子帧，每帧长 6s。前三帧各 10 个字码，每 30s 重复一次，每 1h 更新一次；后两帧共 15 000b。导航电文中的内容主要有遥测码，转换码，第 1、2、3 数据块，其中，最重要的为星历数据。

当用户接收到导航电文时，提取出卫星时间并将其与自己的时钟作对比便可得知卫星与用户的距离，再利用导航电文中的卫星星历数据推算出卫星发射电文时所处的位置，用户在 WGS-84 大地坐标系中的位置、速度等信息便可得知。

4.4.4 GPS 的特点

1. 定位精度高

应用实践已经证明，GPS 相对定位精度在 50km 以内可达 6～10m，100～500km 可达 7～10m，1000km 可达 9～10m。在 300～1500km 工程精密定位中，1h 以上观测的结果显示，其平面位置误差小于 1mm，与 ME-5000 电磁波测距仪测定的边长比较，其边长误差最大为 0.5mm，校差中误差为 0.3mm。

2. 观测时间短

随着 GPS 系统的不断完善，软件的不断更新，目前，20km 以内相对静态定位仅需 15～20min；快速静态相对定位测量时，当每个流动站与基准站相距在 15km 以内时，流动站观测时间只需 1～2min，然后可随时定位，每站观测时间只需几秒。

3. 测站间无须通视

GPS 测量不要求测站之间互相通视，只需测站上空开阔即可，因此，可节省大量的觇标费用。由于无须点间通视，点位位置根据需要可稀可密，使选点工作甚为灵活，也可省去经典大地网中传算点、过渡点的测量工作。

4. 可提供三维坐标

经典大地测量对平面与高程采用不同方法分别施测。GPS 可同时精确测定测站点的三维坐标。目前，GPS 水准可满足四等水准测量的精度。

5. 操作简便

随着 GPS 接收机的不断改进，自动化程度越来越高，有的已达"傻瓜化"的程度。接收机的体积越来越小，重量越来越轻，极大地减轻了测量工作者的工作紧张程度和劳动强度，使野外工作变得更轻松。

6. 全天候作业

目前，GPS 观测可在一天 24h 内的任何时间进行，不受阴天、黑夜、起雾、刮风、下雨、下雪等气候的影响。

7. 功能多、应用广

GPS 不仅可用于测量、导航，还可用于测速、测时。测速的精度可达 0.1m/s，测时的精度可达几十毫微秒。

4.4.5 GPS 技术的应用

1. 物流领域

GPS 对物流业最大的贡献之一是实现了对物流运输过程的掌控。通过该系统，客户完全可以实时了解货物的在途情况，并推算到达目的地的时间，避免了传统物流"货物一发出，什么都不知"的情况。

(1) 物流配送。GPS 将车辆的状态信息以及客户的位置信息快速、准确地反映给物流系统。

(2) 动态调度。运输企业可进行车辆待命计划管理。

(3) 货物跟踪。通过 GPS 和电子地图系统，可以实时了解车辆位置和货物状况，真正实现在线监控。

(4) 车辆优选。查出在锁定范围内可供调用的车辆，根据系统预先设定的条件判断车辆中哪些是可调用的。

(5) 路线优选。地理分析功能可以快速地为驾驶人员选择合理的物流路线，以及这条路线的一些信息。

(6) 报警援救。当发生故障和一些意外的情况时，GPS 可以即时地反映发生事故的地点，调度中心会尽可能地采取相应的措施来挽回和降低损失。

2. 测量

GPS 技术给测绘界带来了一场革命。利用载波相位差分技术(RTK)，在实时处理两个观测站的载波相位的基础上，可以达到厘米级的精度。与传统的手工测量手段相比，GPS 技术有着巨大的优势：测量精度高；操作简便，仪器体积小，便于携带；全天候操作；观测点之间无须通视；测量结果统一在 WGS84 坐标下，信息自动接收、存储，减少了烦琐的中间处理环节。当前，GPS 技术已广泛应用于大地测量、资源勘查、地壳运动和地籍测量等领域。

3. 交通

出租车、租车服务、物流配送等行业利用 GPS 技术对车辆进行跟踪、调度管理，合理分布车辆，以最快的速度响应用户的乘车或接送请求，降低了能源消耗，节省了运行成本。GPS 在车辆导航方面扮演了重要的角色，在城市中建立数字化交通电台，实时播送城市交通信息，车载设备通过 GPS 进行精确定位，结合电子地图以及实时的交通状况，自动匹配最优路径，并实现车辆的自主导航。民航运输通过 GPS 接收设备，使驾驶员着陆时能准确对准跑道，同时还能使飞机紧凑排列，提高了机场利用率，引导飞机安全进/离场。

4. 救援

利用 GPS 技术，可对火警、救护、警察进行应急调遣，提高紧急事件处理部门对火灾、犯罪现场、交通事故、交通堵塞等紧急事件的响应效率。特种车辆(如运钞车)等可对突发事件进行报警、定位，将损失降到最低。有了 GPS 的帮助，救援人员就可在人迹罕至、条件恶劣的大海、山野、沙漠，对失踪人员实施有效的搜索、救援。装有 GPS 装置的渔船，在发生险情时，可及时定位、报警，使之能更快、更及时地获得救援。

5. 农业

当前，发达国家已开始把 GPS 技术引入农业生产，即所谓的"精准农业耕作"。该方法利用 GPS 进行农田信息定位获取，包括产量监测、土样采集等，计算机系统通过对数据的分析处理，制定出农田地块的管理措施，把产量和土壤状态信息装入带有 GPS 设备的喷施器中，从而精确地给农田地块施肥、喷药。通过实施精准耕作，可在尽量不减产的情况下，降低农业生产成本，有效避免资源浪费，减少因施肥除虫对环境造成的污染。

6. 娱乐消遣

随着 GPS 接收机的小型化以及价格的降低，GPS 逐渐走进了人们的日常生活，成为人们旅游、探险的好帮手。通过 GPS，人们可以在陌生的城市里迅速地找到目的地，并且可以以最优的路径行驶；野营者带着 GPS 接收机，可以快捷地找到合适的野营地点，不必担心迷路；甚至一些高档的电子游戏，也使用了 GPS 仿真技术。

7. 现代军事

美国提出 GPS 现代化的基本目的是满足和适应 21 世纪美国国防现代化发展的需要，这是 GPS 现代化的首要目标。具体地说，GPS 现代化是为了更好地支持和保障军事行动。

4.5 GIS 技术

4.5.1 GIS 的概念

地理信息系统(geographical information system，GIS)又称为"地学信息系统"，是一种特定的十分重要的空间信息系统。它是在计算机硬/软件系统支持下，对整个或部分地球表层(包括大气层)空间中的有关地理分布数据进行采集、储存、管理、运算、分析、显示和描述的技术系统。

4.5.2 GIS 技术的特点

1. 开放性

GIS 技术具有开放式环境及很强的可扩充性和可连接性。GIS 技术支持多种数据库管理系统，如 Oracle、Sybase、SQL Server 等大型数据库；可运行多种编程语言和开发工具；支持各类操作系统平台；为各应用系统(如 SCADA、EMS、CRM、ERP、MIS、OA 等)提供标准化接口；可嵌入非专用编程环境。

2. 先进性

GIS 平台采用与世界同步的计算机图形技术、数据库技术、网络技术以及地理信息处理技术。系统设计采用目前最新技术,支持远程数据和图纸查询,利用系统提供的强大图表输出功能,可以直接打印地图、统计报表、各类数据等。系统具备完善的测量工具,可现场勘查数据,进行线路、杆塔等设备的初步设计,并可直接进行线路设备迁移与相关计算等,实现线路辅助设计与设备档案修改。具有线路的方位或区域分析判断功能,为用户提供可靠的辅助决策,综合统计分析,为管理决策人员提供依据。特别是把可视化技术和移动办公技术纳入 GIS 的总体设计范围。地图精度高,省级地图的比例尺达到 1∶10 000 或 1∶5 000,市级地图比例尺达到 1∶1 000 或 1∶500,地图能分层显示山川、水系、道路、建筑物、行政区域等。

3. 发展性

在应用开发过程中,考虑系统成功后的进一步发展,包括维护性扩展功能和与其他应用系统的衔接与整合的方便,开发工具一般采用 J2EE、XML 等。

4.5.3　GIS 技术在物流领域的应用

GIS 应用于物流分析,主要是指利用 GIS 强大的地理数据功能来完善物流分析技术。

(1) GIS 能成为电子商务的基础平台。GIS 集地理学、计算机科学和管理科学等为一体,是多学科集成。这使 GIS 具有很好的适应性,能对各种信息进行处理、融合和应用,为用户提供信息服务和管理决策依据。

(2) GIS 能提供准确的信息支持。GIS 具有强大的数据管理功能,所存储的信息不仅包括属性和时序特征,还具有统一的地理定位基础。在电子商务的物流管理中,涉及物质实体空间位置的转移、运输路线的合理选择等,都属于空间信息的管理,这正是 GIS 的强项。

(3) GIS 能完善物流分析技术。空间分析是 GIS 的重要标志。在物流管理中,GIS 可将空间数据和企业的业务数据与业务流程相结合,提供如市场分析、选址分析等空间分析,提高决策分析的能力和准确度。

4.6　物联网技术

4.6.1　物联网概述

1. 物联网的概念

物联网(internet of things,IoT)是指通过二维码识读设备、射频识别(RFID)、红外感应器、全球定位系统和激光扫描器等信息传感设备,按约定的协议,将物品与互联网相连接,进行信息交换和通信,以实现智能化识别、定位、跟踪、监控和管理的一种网络。

2. 物联网的技术体系框架

物联网的技术体系框架包括感知层技术、网络层技术和应用层技术。

1) 感知层

数据采集与感知主要用于采集物理世界中发生的物理事件和数据,包括各类物理量、标识、音频和视频数据。物联网的数据采集涉及传感器、射频识别、多媒体信息采集、二维码和实时定位等技术。传感器网络组网和协同信息处理技术实现数据的短距离传输、自组织组网以及多个传感器对数据的协同信息处理过程。

2) 网络层

实现更加广泛的互联功能，能够把感知到的信息无障碍、高可靠性、高安全性地进行传送，需要传感器网络与移动通信技术、互联网技术相融合。经过十余年的快速发展，移动通信、互联网等技术已比较成熟，基本能够满足物联网数据传输的需要。

3) 应用层

应用层主要包含应用支撑平台子层和应用服务子层。其中，应用支撑平台子层用于支撑跨行业、跨应用、跨系统之间的信息协同、共享、互通的功能，应用服务子层包括智能交通、智能医疗、智能家居、智能物流和智能电力等行业应用。

3. 物联网的特点

1) 全面感知

物联网是各种感知技术的广泛应用。物联网上部署了海量的多种类型传感器，每个传感器都是一个信息源，不同类别的传感器所捕获的信息内容和信息格式不同。传感器获得的数据具有实时性，按一定的频率周期性地采集环境信息，不断更新数据。

2) 可靠传输

物联网是一种建立在互联网上的泛在网络。物联网技术的重要基础和核心仍旧是互联网，通过各种有线和无线网络与互联网融合，将物体的信息实时准确地传递出去。在物联网上的传感器定时采集的信息需要通过网络传输，由于其数量极其庞大，形成了海量信息，在传输过程中，为了保障数据的正确性和及时性，必须适用于各种异构网络和协议。

3) 智能处理

物联网不仅提供了传感器的连接，其本身也具有智能处理的能力，能够对物体实施智能控制。物联网将传感器和智能处理相结合，利用云计算、模式识别等各种智能技术，扩充其应用领域。从传感器获得的海量信息中分析、加工和处理有意义的数据，以适应不同用户的不同需求，发现新的应用领域和应用模式。

4.6.2 物联网的关键技术

1. 传感器技术

传感器技术是计算机应用中的关键技术。到目前为止绝大部分计算机处理的是数字信号。自从有计算机以来，就需要传感器把模拟信号转换成数字信号，计算机才能处理。

2. RFID 标签

RFID 标签也是一种传感器技术。RFID 技术是融合了无线射频技术和嵌入式技术的综合技术，RFID 在自动识别、物品物流管理方面有着广阔的应用前景。

3. 嵌入式系统技术

嵌入式系统技术是一种综合了计算机软/硬件、传感器技术、集成电路技术、电子应用技术的复杂技术。经过几十年的演变，以嵌入式系统为特征的智能终端产品随处可见，小到人们身边的 MP3，大到航天航空的卫星系统。嵌入式系统正在改变着人们的生活，推动着工业生产以及国防工业的发展。如果把物联网用人体作一个简单比喻，传感器相当于人的眼睛、鼻子、皮肤等感官，网络就是用来传递信息的神经系统，嵌入式系统则是人的大脑，在接收到信息后要进行分类处理。这个例子很形象地描述了传感器、嵌入式系统在物联网中的地位与作用。

4.6.3 物联网在物流中的应用

1. 货物仓储

在传统的仓储中，往往需要人工进行货物扫描以及数据录取，工作效率低下；同时仓储货位有时候划分不清晰，堆放混乱，缺乏流程跟踪。将物联网技术应用于传统仓储中，形成智能仓储管理系统，能提高货物进出效率，扩大存储的容量，减少人工的劳动力强度以及人工成本，且能实时显示、监控货物进出情况，提高交货准确率，完成收货入库、盘点调拨、拣货出库，以及整个系统的数据查询、备份、统计、报表生产与报表管理等任务。

2. 运输监测

通过物流车辆管理系统对运输的货车以及货物进行实时监控，可完成车辆及货物的实时定位跟踪，监测货物的状态及温/湿度情况，同时监测运输车辆的速度、胎温胎压、油量油耗、车速等车辆行驶行为以及刹车次数等驾驶行为。在货物运输过程中，将货物、司机以及车辆驾驶情况等信息高效地结合起来，可提高运输效率，降低运输成本，降低货物损耗，清楚地了解运输过程中的一切情况。

3. 智能快递柜

智能快递柜基于物联网技术，能够对物体进行识别、存储、监控和管理等，与 PC 服务器一起构成了智能快递投递系统。PC 服务端能够将智能快递终端采集到的信息数据进行处理，并实时在数据后台更新，方便使用人员进行查询、调配以及维护快递终端等操作。

快递员将快件送达指定的地点，将其存入快递终端后，智能系统就可以自动给用户发送一条短信，包括取件地址以及验证码等信息，用户可以在 24h 内随时去智能终端取件，简单快捷地完成取件服务。

4.7 新型物流信息技术

4.7.1 大数据

"大数据"(big data)一词自 20 世纪 90 年代出现，是一个体量庞大、数据类别特别多的数据集，并且这样的数据集无法用传统数据库工具对其内容进行抓取、管理和处理。麦肯锡全球研究所指出，大数据是一种规模大到在获取、存储、管理、分析方面大大超出了传统数据库软件工具能力范围的数据集合。IBM 提出，大数据具有大量(volume)、高速(velocity)、多样(variety)、低价值密度(value)、真实性(veracity)等特点。大数据包括结构化、半结构化和非结构化数据。其中，非结构化数据越来越成为数据的主要部分，其数据来源主要是物联网、云计算、移动互联网、车联网、手机、平板电脑、个人电脑及遍布各个角落的各种各样的传感器。大数据的技术支持主要包括 Hadoop 平台、Map-reduce 分析。目前，大数据被广泛运用于天气预测、智能交通、医疗行业和物流行业中。

大数据的产生与运用对物流行业的发展有深远的意义。在物流决策方面，企业为了实现利润最大化，需要与合适的物流、电商等企业合作，进而对其竞争对手进行全面的分析，预测其行为和动向，以期了解某个区域或某个特殊时期应选择的恰当的合作伙伴。在物流的供给与需求匹配方面，企业需要分析特定时期、特定区域的物流供给与需求情况，从而进行合理的配送管理。供需情况也需要采用大数据技术，从大量的半结构化网络数据，或企业已有的结构化数据(即二维表类型的数据)中获得。在物流资源的配置与优化方面，主要涉及运输资源、存储资源等。由于物流市场有很强的动态性和随机性，需要实时分析市场变化情况，从海量的数据中提取当前的物流需求信息，同时对已配置和将要配置的资源进行优化，从而实现对物流资源的合理利用。在物流客户管理方面，大数据的应用主要表现在客户对物流服务的满意度分析、老客户的忠诚度分析、客户的需求分析、潜在客户分析、客户的评价与反馈分析等方面。在物流智能预警方面，由于物流业务具有突发性、随机性、不均衡性等特点，通过大数据分析，可以有效了解消费者偏好，预判消费者的消费可能性，提前做好货品调配，合理规划物流路线方案等，从而提高物流高峰期间物流的运送效率。

4.7.2 云计算

2006 年 8 月，"云计算"(cloud computing)一词首次在搜索引擎会议上被提出。云计算，又称网格计算，是分布式计算的一种，是指通过网络"云"将巨大的数据计算处理程序分解成无数个小程序，然后，通过多部服务器组成的系统进行处理和分析这些小程序得到结果并返回给用户。云计算不是一种全新的网络技术，而一种全新的网络概念，其核心是以互联网为中心，在网站上提供快速且安全的云计算服务与数据存储，让每一个使用互联网的人都可以使用网络上的庞大计算资源与数据中心。通过这项技术，可以在很短的时间(几秒)内完成对数以万计的数据的处理，从而形成强大的网络服务。现阶段的云计算已不再是一种简单的分布式计算，而是分布式计算、效用计算、负载均衡、并行计算、网络存储、热备份冗杂和虚拟化等计算机技术混合演进并跃升的结果。

云计算具有可扩展性、灵活性高、可靠性高、性价比高等特点，其服务类型主要包括基础设施即服务(IaaS)、平台即服务(PaaS)和软件即服务(SaaS)三类。而实现云计算的关键技术则包含了体系结构、资源监控及自动化部署。云计算可分为存储云，以数据存储和管理为核心的云计算系统；医疗云，结合医疗技术，使用"云计算"来创建医疗健康服务云平台，实现了医疗资源的共享和医疗范围的扩大；金融云，将信息、金融和服务等功能分散到庞大分支机构构成的互联网"云"中，旨在为银行、保险和基金等金融机构提供互联网处理和运行服务，同时共享互联网资源，从而解决现有问题并且达到高效、低成本的目标；教育云，是教育硬件资源的虚拟化，以向教育机构和学生、老师提供一个方便快捷的平台。

云计算被广泛运用于智慧物流中。首先，云计算有利于各个物流企业在智慧物流平台上实现信息共享。其次，云技术可以帮助企业在智慧物流平台上按需为客户提供物流服务，客户只需在该平台发布需求信息，平台就能够动态地对客户需求作出回应，为其提供所需服务。再次，云计算能够协助物流企业针对多个物流服务环境进行协同，实现一体化的物流服务。最后，云计算等智能信息技术的运用，贯穿于客户物流需求的全过程，能够保证物流服务链的实现。

4.7.3 人工智能

人工智能(artificial intelligence，AI)是一个以计算机科学(computer science)为基础，由计算机、心理学、哲学等多学科交叉融合的交叉学科、新兴学科，研究、开发用于模拟、延伸和扩展人的智能的理论、方法、技术及应用系统的一门新的技术科学，企图了解智能的实质，并生产出一种新的能以人类智能相似的方式作出反应的智能机器，该领域的研究包括机器人、语言识别、图像识别、自然语言处理和专家系统等。人工智能不是人的智能，但能像人那样思考，也可能超过人的智能。其研究的主要目标之一就是使机器能够胜任一些通常需要人类智能才能完成的复杂工作。人工智能目前被广泛运用于机器翻译、智能控制、专家系统、机器人学、语言和图像理解、遗传编程机器人工厂、自动程序设计、航空航天、信息处理、储存与管理等方面。

人工智能随着我国物流产业的快速增长，正逐渐被运用到智慧物流系统中。从千平方米到千万平方米，物流场景的规模越来越庞大，海量 SKU、订单与即时消费、即时配送等维度叠加，导致物流履约系统更加复杂，场景内智能设备、子系统越来越多，常规的调度系统已经无法驾驭复杂的情况。在这样的趋势之下，传统的技术已经无法应对现有挑战，系统需要足够的算法和算力支持。同时，人工智能在供应链管理中也不断地占据中心地位。

【延伸阅读】

具体内容请扫描右侧二维码。

第5章 物流模式管理

【学习目标】

通过本章的学习，了解自营物流、第三方物流、第四方物流、物流联盟、逆向物流与绿色物流的概念，掌握电商物流模式，并能根据实际情况选择恰当的物流模式。能力上能够比较不同物流模式的差异并选择正确的物流模式。素养上具备一定的物流模式分析与应用能力。思政上树立正确的价值观，树立实事求是的观点并善于发现问题的本质。

【案例导入】

冷链物流——风云起

长期以来，由于投入门槛高、运营成本高、回报周期长等与生俱来的行业属性，冷链物流一直不温不火，2016年冷链物流收入甚至不到社会物流业总收入的3%。然而，眼下的冷链物流却摇身一变成为各路商家热捧的对象，苏宁、顺丰、万科、新希望甚至国家铁路局都纷纷开始进军冷链物流。以苏宁为例，现已形成了一张拥有40座冷链仓、覆盖173座城市的全国冷链网。得益于在冷链物流上的持续发力，苏宁"818"发烧购物节期间，消费者不仅接收到的生鲜商品有品质保证，还体验到了更为高效、精准的物流配送。是什么让冷链物流越来越被重视？

1. 居民消费升级与食品安全意识的提高

随着国民经济的发展与人们收入水平的不断提高，人们对食品安全愈加重视，也更注重食材的新鲜程度，生鲜食品市场的火爆便是佐证。然而，我国食品的保质保鲜状况并不乐观。根据光大证券的研究报告，在我国的农产品中，仅果蔬类每年的损失额就有1 000亿元以上，这不仅影响农户与商家的多方利益，而且难以满足消费者的需求。此外，我国目前综合冷链流通率仅为19%，而欧美的冷链流通率可达95%以上。因此，我国大力发展冷链物流已是大势所趋。

2. "毒疫苗"事件倒逼冷链物流的发展

2016年3月，山东省"数亿元疫苗未冷藏流入18省"的消息霸屏朋友圈，事件的不断发酵引发了国民对疫苗与其他药品运输的高度关注，而其中解决问题的关键便在于冷链。

近年来，国家对冷链物流的支持力度不断提高，各相关职能部门发布的多个文件中都提出了健全冷链物流体系，支持冷链物流基础设施建设等要求，督导冷链物流行业的快速完善。

也正因为如此，冷链物流行业开始了迅速发展进程，且蕴含着巨大的潜在商业价值。

(资料来源：苏宁财富资讯)

思考：冷链物流黄金十年已至，我国的冷链物流企业当务之急是什么？

5.1 自营物流

5.1.1 自营物流的概念

自营物流是指企业自身经营物流业务,建设全资或是控股物流子公司,完成企业物流配送业务,即企业自己建立一套物流体系,但它主要的经济来源不在于物流。

5.1.2 自营物流的优点

1. 掌握控制权

企业自营物流,可以根据掌握的资料对物流活动的各个环节进行有效的调节,能够迅速地取得供应商、销售商以及最终顾客的第一手信息,解决管理物流活动中出现的问题,以便随时调整自己的经营策略。通过自营物流,企业可以全程地有效控制物流系统的运作。

2. 避免商业秘密泄露

企业为了维持正常的运营,对某些特殊运营环节必须采取保密措施,如原材料的构成、生产工艺等。当企业将物流业务外包,特别是引入第三方物流来经营其生产环节中的内部物流时,其基本的运营情况就不可避免地要向第三方公开。企业物流外包,企业经营中的商业秘密就可能会通过第三方物流泄露给竞争对手,动摇企业的市场竞争力。

3. 降低交易成本

企业依靠自己完成物流业务,就不必对相关的运输、仓储、配送和售后服务的费用问题和物流企业进行谈判,避免了交易结果的不确定性,降低了交易风险,减少了交易费用。

4. 盘活企业原有资产

企业选择自营物流的模式,可以在改造企业经营管理结构和机制的基础上使原有物流资源得到充分的利用,盘活原有的企业资产,为企业创造利润空间。

5. 提高企业品牌价值

企业自营物流能够更好地控制市场营销活动,一方面企业可以为顾客提供优质的服务;另一方面,企业可以最快地掌握顾客信息和市场发展动向,从而根据顾客需求和市场信息制定和调整战略,提高企业的市场竞争力。

5.1.3 自营物流的缺点

1. 企业投资成本大

企业为了建立物流系统,要投入仓存设备、运输设备以及相关的人力资本,这必然会减少企业其他重要环节的投入,削弱企业的市场竞争能力,不利于企业抵御市场风险。

2. 企业配送效率低下，管理难以控制

对于绝大部分企业而言，物流并不是企业所擅长的活动。在这种情况下，企业自营物流就等于迫使自己从事不专长的业务活动，企业的管理人员往往需要花费过多的时间、精力和资源去从事物流工作，结果可能是辅助性的工作没有做好，又没有发挥关键业务的作用。

3. 规模有限，物流配送的专业化程度非常低，成本较高

对规模较小的企业来说，企业产品数量有限，采用自营物流，不足以形成规模效应，一方面导致物流成本过高，促使产品成本升高，降低了市场竞争力；另一方面，由于规模的限制，物流配送的专业化程度较低，企业的需求无法得到满足。

4. 无法进行准确的效益评估

许多自营物流的企业内部各职能部门独立地完成各自的物流活动，没有将物流费用从整个企业分离出来进行独立核算，因此，企业无法准确地计算出产品的物流成本，无法进行准确的效益评估。

5.2 第三方物流

5.2.1 第三方物流的概念

第三方物流是相对于"第一方"发货人和"第二方"收货人而言的，是由第三方物流企业来承担企业物流活动的一种物流形态。第三方物流既不属于第一方，也不属于第二方，而是通过与第一方或第二方的合作来为其提供专业化的物流服务，它不拥有商品，不参与商品的买卖，而是为客户提供以合同为约束、以结盟为基础的系列化、个性化、信息化的物流代理服务。随着信息技术的发展和经济全球化的加深，越来越多的产品在世界范围内流通、生产、销售和消费，物流活动日益庞大和复杂，而第一方、第二方物流的组织和经营方式已不能完全满足社会需要；同时，为参与世界性竞争，企业必须确立核心竞争力，加强供应链管理，降低物流成本，把不属于核心业务的物流活动外包出去。于是，第三方物流应运而生。

第三方物流(third-party logistics，3PL)，也称作委外物流(logistics outsourcing)或是合约物流(contract logistics)，一直是物流和供应链管理中最容易被误解的名词。第三方物流是指一个具有实质性资产的公司对其他公司提供与物流相关的服务，如运输、仓储、存货管理、订单管理、资讯整合及附加价值等，或与相关物流服务的行业者合作，提供更完整的专业物流服务。

5.2.2 第三方物流的特征

1. 关系契约化

首先，第三方物流是通过契约形式来规范物流经营者与物流消费者之间关系的。物流经营者根据契约规定的要求，提供多功能直至全方位一体化物流服务，并以契约来管理所有提供的物流服务活动及其过程。其次，第三方物流发展物流联盟也是通过契约的形式来明确各物流联盟参加者之间权责利相互关系的。

2. 服务个性化

首先，不同的物流消费者存在不同的物流服务要求，第三方物流需要根据不同物流消费者在企业形象、业务流程、产品特征、顾客需求特征、竞争需要等方面的不同要求，提供针对性强的个性化物流服务和增值服务。其次，从事第三方物流的物流经营者也因为市场竞争、物流资源、物流能力的影响需要形成核心业务，不断强化所提供物流服务的个性化和特色化，以增强物流市场竞争能力。

3. 功能专业化

第三方物流所提供的是专业的物流服务。从物流设计、物流操作过程、物流技术工具、物流设施到物流管理必须体现专门化和专业水平，这既是物流消费者的需要，也是第三方物流自身发展的基本要求。

4. 管理系统化

第三方物流应具有系统的物流功能，这是其产生和发展的基本要求，只有建立现代管理系统才能满足运行和发展的基本要求。

5. 信息网络化

信息技术是第三方物流发展的基础。在物流服务过程中，信息技术的发展实现了信息实时共享，促进了物流管理的科学化，极大地提高了物流效率和物流效益。

5.2.3 第三方物流的优点

1. 使企业致力于从事自己所熟悉的业务，将资源配置在核心事业上

企业将精力集中于核心业务。由于资源有限，企业很难成为业务上面面俱到的专家。为此，企业应把资源集中于擅长的主业，而把物流等辅助功能留给第三方物流公司。

2. 灵活运用新技术，实现以信息换库存，降低成本

第三方物流能以一种快速、更具成本优势的方式满足这些需求，而这些服务如果单靠制造商则难以实现。同样，第三方物流还具有可以满足制造企业的潜在客户需求的能力，从而起到促进生产商与零售商沟通的作用。

3. 减少固定资产投资，加速资金周转

企业自建物流需要投入大量的资金购买物流设施，建设仓库和信息网络等专业物流设施。这些资源对于缺乏资金的企业特别是中小企业来说是沉重的负担。如果使用第三方物流，不仅可以减少设施的投入，还可以避免仓库和车队方面的资金占用，加速资金周转。

4. 提供灵活多样的客户服务，为客户创造更多的价值

假如你是原材料供应商，而你的原材料需求客户需要迅速补充货源，你就要有地区仓库。通过第三方物流的仓库服务，就可以满足客户需求，而不必因为建造新设施或长期租赁而调拨资金并使经营灵活性上受到限制。如果你是最终产品的供应商，利用第三方物流还可以向最终客户提供超过自己提供给他们的更多样的服务品种，为客户带来更多的附加价值，使客户满意度提高。

5.3 第四方物流

5.3.1 第四方物流的概念

第四方物流(fourth-party logistics，4PL)是1998年由美国埃森哲咨询公司率先提出的，专门为第一方、第二方和第三方提供物流规划、咨询、物流信息系统、供应链管理等活动。第四方物流并不实际承担具体的物流运作活动。

第四方物流是一个供应链的集成商，一般情况下政府为促进地区物流产业发展，会领头搭建第四方物流平台，提供共享及发布信息服务，是供需双方及第三方物流的领导力量。它不仅是物流的利益方，而且通过拥有的信息技术、整合能力以及其他资源提供一套完整的供应链解决方案，以此获取一定的利润。它可以帮助企业降低成本和有效整合资源，并且依靠优秀的第三方物流供应商、技术供应商、管理咨询以及其他增值服务商，为客户提供独特的和广泛的供应链解决方案。

5.3.2 第四方物流的特征

1. 第四方物流提供一整套完善的供应链解决方案

第四方物流集成了管理咨询和第三方物流服务商的能力，为客户提供一整套最佳的供应链解决方案。需要指出的是，第四方物流服务商领导下的供应链将是一个前所未有的、使客户价值最大化的统一的技术方案，其设计、实施和运作需要管理咨询公司、物流技术公司和第三方物流公司齐心协力才能够实现。第四方物流的供应链解决方案共有四个层次，即执行、实施、变革和再造。

(1) 执行。在供应链的执行层，第四方物流服务商主要负责供应链职能和流程的正常运行。其工作范围远远超出了传统外包运输管理和仓储管理的运作，包括制造、采购、库存管理、供应链信息技术、需求预测、网络管理、客户服务管理和行政管理等。企业可以把整条供应链都外包给第四方物流运作，但一般的第四方物流只负责供应链功能和流程的一些关键部分。

(2) 实施。在供应链的实施层，第四方物流负责供应链流程一体化、系统集成和运作的衔接。第四方物流服务商可以帮助客户实施新的业务方案，包括业务流程优化，客户公司和物流服务供应商之间的系统集成，以及将业务运作转交给第四方物流的项目运作小组。供应链实施过程中要重视组织变革，"人"的因素往往是第四方物流管理具体业务成功的关键。管理成败的关键是避免把一个设计得非常好的策略和流程实施得非常无效，因而局限了方案的有效性，影响了供应链实施的预期效果。

(3) 变革。在供应链的变革层，第四方物流服务商主要负责通过技术开发和设备改造加强各个供应链的职能。变革的努力集中在优化供应链中的具体职能，包括销售和运作计划、分销管理、采购策略和客户支持等。在这一层次上，供应链管理技术对方案的成败至关重要。领先和高明的技术，加上战略思维、流程再造和卓越的组织变革管理，共同组成最佳方案，对供应链活动和流程进行整合与改善。

(4) 再造。在供应链的再造层，第四方物流服务商主要负责供应链流程再造和供应链过程的再设计。再造是第四方物流最高层次方案的最高境界，流程再造是通过供应链中企业的通力合作，将各个环节的计划与运作协调一致来实现；供应链过程再造是基于供应链管理咨询技巧，使客户企业及其他供应链企业的业务策略和供应链策略协调一致。供应链再造改变了供应链管理的传统模式，整合和优化了供应链内部和与之交叉的供应链运作，将商贸战略与供应链战略协调一致，创造性地重新设计了参与者之间的供应链，使之达到一体化标准。通过再造，使整个供应链流程更合理，效率更高，供应链各环节更协调，从而使每个环节的企业客户受益。

2. 第四方物流通过对供应链产生影响的能力来增加价值

第四方物流充分利用一批服务提供商的能力，包括第三方物流、信息技术供应商、呼叫中心、电信增值服务商等，再加上客户的能力和第四方物流商自身的能力，提供全方位供应链解决方案来满足企业的复杂需求，并为整个供应链的客户带来收益，具体表现在以下几个方面。

(1) 增加利润。利润增长取决于服务质量的提高、实用性的增加和物流成本的降低。第四方物流关注的是整条供应链，而非仓储或运输等单方面的效益，因此为客户及自身带来的综合效益会出现惊人的提高。

(2) 降低运营成本。第四方物流服务商可以通过提高运作效率，强化流程协同性和降低采购成本来降低运营成本，即通过整条供应链外包功能达到节约的目的。还可以通过产供销流程一体化、供应链规划改善，使运营成本和销售成本降低。

(3) 降低工作成本。采用现代信息技术、科学的管理流程和标准化的管理，使存货和现金流转次数减少以降低工作成本。

(4) 提高资产利用率。客户通过第四方物流减少了固定资产占用，提高了资产利用率，并集中精力于投资研究设计、产品开发、销售与市场拓展，由此获得经济效益的提高。

5.3.3 第四方物流的运作模式

第四方物流结合自身的特点可以有三种运作模式，虽然它们之间略有差别，但都突出了第四方物流的特点。

1. 协同运作模式

该运作模式下，第四方物流只与第三方物流有内部合作关系，即第四方物流服务供应商不直接与企业客户接触，而是通过第三方物流服务供应商将其提出的供应链解决方案、再造的物流运作流程等来实施。这就意味着，第四方物流与第三方物流共同开发市场，在开发的过程中，第四方物流向第三方物流提供技术支持、供应链管理决策、市场准入能力以及项目管理能力等，它们之间的合作关系可以采用合同方式绑定或采用战略联盟方式形成。

2. 方案集成商模式

该运作模式下，第四方物流作为企业客户与第三方物流的纽带，将企业客户与第三方物流连接起来，这样企业客户就不需要与众多第三方物流服务供应商接触，而是直接通过第四方物流服务供应商来实现复杂的物流运作管理。在这种模式下，第四方物流作为方案集成商除了提出供应链管理的可行性解决方案外，还要对第三方物流资源进行整合，统一规划，为企业客户服务。

3. 行业创新者模式

行业创新者模式与方案集成商模式有相似之处：都是作为第三方物流和客户沟通的桥梁，将物流运作的两个端点连接起来。两者的不同之处在于：行业创新者模式的客户是同一行业的多个企业，而方案集成商模式只针对一个企业客户进行物流管理。在这种模式下，第四方物流提供行业整体物流的解决方案，这样可以使第四方物流运作的规模最大限度地得到扩大，使整个行业在物流运作上获得收益。

第四方物流无论采取哪一种模式，都突破了单纯发展第三方物流的局限性，能真正的低成本运作，实现最大范围的资源整合。因为第三方物流缺乏跨越整个供应链运作以及真正整合供应链流程所需的战略专业技术，第四方物流则可以不受约束地将每一个领域的最佳物流提供商组合起来，为客户提供最佳物流服务，进而形成最优物流方案或供应链管理方案。而第三方物流要么独自提供服务，要么通过与自己有密切关系的转包商来为客户提供服务，它不太可能提供技术、仓储与运输服务的最佳结合。

5.3.4 第四方物流的基本功能

(1) 供应链管理功能，即管理从货主、托运人到用户、顾客的供应全过程。

(2) 运输一体化功能，即负责管理运输公司、物流公司之间在业务操作上的衔接与协调问题。

(3) 供应链再造功能，即根据货主/托运人在供应链战略上的要求，及时改变或调整战略战术，使其经常处于高效率的运作状态。第四方物流的关键是以"行业最佳的物流方案"为客户提供服务与技术。

5.3.5 与第三方物流的异同

与第三方物流相比，第四方物流服务的内容更多，覆盖的地区更广。

第三方物流对从事货运物流服务的公司要求更高，要求它们必须开拓新的服务领域，提供更多的增值服务。第四方物流最大的优越性，是它能保证产品得以"更快、更好、更廉"地送到需求者手中。当今经济形势下，货主、托运人越来越追求供应链的全球一体化以适应跨国经营的需要，由于跨国公司要集中精力于其核心业务，必须更多地依赖物流外包，基于此理，它们不只是在操作层面上进行外部协调，而且在战略层面上也需要借助外界的力量，以期能得到"更快、更好、更廉"的物流服务。

第三方物流要么独自提供服务，要么通过与自己有密切关系的转包商来为客户提供服务，它不大可能提供技术、仓储和运输服务的最佳整合。因此，第四方物流成了第三方物流的"协助提高者"，也是货主的"物流方案集成商"。

"第三方物流供应商"为客户提供所有的或一部分供应链物流服务，以获取一定的利润。第三方物流公司提供的服务范围很广：它可以简单到只是帮助客户安排一批货物的运输，也可以复杂到设计、实施和运作一家公司的整个分销和物流系统。第三方物流有时也被称为"承包物流""第三方供应链管理"等。第三方物流公司和典型的运输或其他供应链服务公司的关键区别在于：第三方物流最大的附加值是基于自身特有的信息和知识，而不是靠提供最低价格的一般性的无差异的服务。第三方物流的主要利润来自"效率的提高"及"货物流动时间的减少"。

然而，在实际的运作中，由于大多数第三方物流公司缺乏对整个供应链进行运作的战略性专长和真正整合供应链流程的相关技术，于是第四方物流正日益成为一种帮助企业实现持续运作、降低成本和区别于传统的外包业务的真正不同之处。第四方物流依靠业内最优秀的第三方物流供应商、技术供应商、管理咨询顾问和其他增值服务商，为客户提供独特的和广泛的供应链解决方案。这是任何一家公司都不能单独提供的。

5.3.6　第四方物流存在的问题

1. 受第三方物流发展水平的限制

发展与提高第三方物流的服务功能和地位是发展第四方物流的关键。在我国，第三方物流企业有的是由传统物流企业转变来的，有的来源于国外独资和合资企业，还处在转型发展时期。第三方物流在我国仍处于初步发展阶段。因此，真正成为第四方物流企业的角色是缺位的。

2. 基础设施建设落后

我国物流基础设施和装备条件与第四方物流的发展要求存在一定差距。目前，我国初步形成了由铁路、公路、水路、民用航空及管道五种运输方式组成的运输体系，基础设施、技术装备、管理水平、运输市场等方面都取得了巨大的发展，但是还不能满足第四方物流发展的需要。

3. 管理体制不完善

在我国，由于体制没有理顺，各部门之间分工存在交叉，造成了物流行业管理中存在部门分割、重复建设等种种问题。

4. 供应链管理技术不成熟

我国供应链管理技术尚未发育成熟，企业组织变革管理的能力较差，同时整个物流的基础设施落后，客户的规模较小，还承担不起第四方物流的服务。第四方物流的发展必须在第三方物流高度发达和业务外包极为流行的基础上才能发展起来。

5. 物流信息化程度低

信息化是物流的灵魂，而强大的物流信息网络是第四方物流开展的前提条件。利用信息网络技术可以掌控物流供应链的各环节，最有效地整合全国的物流资源，提高物流的运作效率，降低物流成本。由于信息技术不成熟、投资费用偏高等问题使得信息化程度低，缺少能够实现供应链上所有企业和第三方物流企业信息共享的公共信息平台。

6. 现代物流人才缺乏

物流业之间的竞争，不仅需要有先进的技术和雄厚的资金，还要有一批高素质的物流人才。第四方物流的发展要求物流人才不仅要具备物流的基础知识和丰富的实战经验，还要具备 IT、人力资源管理、技术集成等全方位的知识和能力，我国严重缺少这类高素质的物流人才。

5.3.7 第四方物流的解决方案

1. 加强物流基础设施的规划和建设

政府应该统筹规划，整合物流资源，加强协调，加大物流基础设施的投资力度，并积极引导社会各方力量涉足物流业的投资建设，为物流和配送打好基础。同时，在政策上应该制定规范的物流产业发展政策，在全国范围内合理地建立具有一定规模和区位优势的物流园区、物流基地和物流中心，加快物流产业标准化、规范化进程。

2. 大力发展第三方物流

大力发展第三方物流是当前提高我国物流产业发展水平最重要的措施。在整个物流供应链中，第四方物流是第三方物流的管理者和集成者，第四方物流是通过第三方物流整合社会资源的。只有大力发展第三方物流企业，第四方物流才有发展的基础。

3. 加速物流产业信息化，建立全国物流公共信息平台

发展第四方物流是解决整个社会物流资源配置问题的最有力手段。目前，我国正在推进信息化进程，利用先进的 RFID、EDI、GPS 等信息技术对当前蓬勃发展的现代物流产业进行信息化改造，利用网络技术建立物流行业的公共信息平台，通过信息技术和网络技术整合物流资源，这样可以使我国物流产业得到质的提高，从容应对跨国物流企业的竞争。

4. 加快物流人才培养

人才是企业的灵魂，第四方物流企业特别需要大量的物流人才。当前的物流人才远远不能满足第四方物流发展的需要，因此，我们要通过高等院校和专业物流咨询机构在实践中培养、锻炼人才，培养一支适应现代物流产业发展的企业家队伍和物流经营骨干队伍。要大量吸收信息技术、人力资源管理、网络技术等方面的人才，激励这些人才把自己具备的知识和物流知识融合在一起，促进第四方物流的发展。大力引进和培育掌握现代知识的物流复合型人才，形成一支适应现代物流产业发展的高素质人才队伍，以促进和保障未来第四方物流在我国的发展，提升我国物流产业的整体水平。

5.4 物流联盟

5.4.1 物流联盟的概念

物流联盟是介于独立的企业与市场交易关系之间的一种组织形态，是企业间由于自身某些方面发展的需要而形成的相对稳定的、长期的契约关系。

物流联盟是以物流为合作基础的企业战略联盟，是指两个或多个企业之间为了实现自己的物流战略目标，通过各种协议、契约而结成的优势互补、风险共担、利益共享的松散型网络组织。物流联盟模式是介于物流自营和物流外包之间的一种模式，可以降低前两种模式的风险。物流联盟是生产企业、销售企业、物流企业基于正式的相互协议而建立的一种物流合作关系，参加联盟的企业汇集、交换或统一物流资源以谋取共同利益；同时，合作企业仍保持各自的独立性。物流联盟为了取得比单独从事物流活动更好的效果，企业间由过去的业务关系逐步变成相互信任、共担风险、共享收益的物流伙伴关系。企业间不完全采取导致自身利益最大化的行为，也不完全采取导致共同利益最大化的行为，只是在物流方面通过契约形成优势互补、要素双向或多向流动的中间组织。联盟是动态的，合同结束，双方又变成追求自身利益最大化的单独个体。

在现代物流中，是否组建物流联盟，作为企业物流战略的决策之一，其重要性是不言而喻的。在我国，物流水平还处于初级阶段，组建联盟便显得尤为重要。

5.4.2 物流联盟的优势

(1) 从建立物流联盟的费用看，物流联盟的建立最明显的效果就是在物流合作伙伴之间减少了相关交易费用。由于物流合作伙伴之间经常沟通与合作，可使得搜寻交易对象信息方面的费用大为降低；提供个性化的物流服务建立起来的相互信任与承诺，可减少各种履约的风险；物流契约一般签约时间较长，可通过协商来减少在服务过程中产生的冲突。

(2) 从构建物流联盟的过程看，联盟企业可以寻找合适的合作伙伴，能够有效地维持物流联盟的稳定性。双方出于自身的利益选择有效的长期合作是最优策略，进而双方可以充分依靠建立联盟机制协调形成的内部环境，减少交易的不确定性和交易频率，降低交易费用，实现共同利益最大化。

(3) 从建立物流联盟的绩效看，稳定、长期的合作会激励双方把共同的利润做大，从而获得稳定的利润率。

(4) 从物流发展的角度看，物流联盟是企业与专业物流服务商建立的一种现代物流合作形式。在物流联盟中，随着物流组织的发展，供应链中各企业的联系会进一步加深。同时，也会通过协作加强与用户的联系进而提升物流需求，双方开展持续、诚信的合作，可以相互学到对方的优点，如技术优势、丰富的经验等。

5.4.3 物流联盟的组建方式

(1) 纵向一体化物流联盟。该方式是指上游企业和下游企业发挥各自的核心能力，发展良好的合作关系，从原材料采购到产品销售的全过程实施一体化合作，形成物流战略联盟。

(2) 横向一体化物流联盟。该方式是由处于平行位置的几家物流企业结成联盟。目前，国内真正能提供物流全方位服务的大型物流企业尚不存在，因此，横向一体化物流联盟能够弥补现有物流市场条块分割的现状。

(3) 混合模式。该方式是以一家物流企业为核心，联合一家或几家处于平行位置的物流企业和处于上下游位置的中小物流企业加盟组成。这些物流企业通过签订联盟契约，共同采购，共同配送，构筑物流市场，形成相互信任、共担风险、共享收益的集约化物流伙伴关系。物流联盟在国外的发展不过六七年，在国内出现的时间更短，目前，尽管国内外的物流联盟在组织构成上存在着显著的不同，但都显示出了强大的生命力。从国内外物流联盟形成特点及其运作方式来看，它是物流企业间为提高运作效率而在职能分工的基础上进行优势互补的一种融合，是一种基于各自不同的核心竞争力的物流资源整合。

(4) 以项目为中心的联盟模式。该方式是以项目为中心，由各个物流企业合作，形成一个联盟。这种联盟方式只限于一个具体的项目，使联盟成员之间合作的范围不广泛，优势不明显。

(5) 基于 Web 的动态联盟。由于市场经济条件下竞争激烈，为了占据市场的领导地位，供应链应成为一个动态的网络结构，以适应市场变化的需要，不能适应供应链需求的企业将会被淘汰，并从外部选择优秀的企业进入供应链，从而成为一个能快速重构的动态组织，实现供应链的动态联盟，但这种联盟方式缺乏稳定性。

5.5 绿色物流

5.5.1 绿色物流的概念

绿色物流(environmental logistics)是指通过充分利用物流资源、采用先进的物流技术，合理规划和实施运输、储存、装卸、搬运、包装、流通加工、配送、信息处理等物流活动，降低物流活动对环境影响的过程。随着环境资源恶化程度的加深，对人类生存和发展的威胁越来越大，因此，人们对环境的利用和环境的保护越来越重视，现代物流的发展必须优先考虑环境问题，需要从环境角度对物流体系进行改进，即需要形成一个环境共生型的物流管理系统。这种物流管理系统建立在维护全球环境和可持续发展的基础上，改变了原来发展与物流、消费生活与物流的单向作用关系，在抑制物流对环境造成危害的同时，形成了一种能促进经济与消费健康发展的物流系统，即向绿色物流转变。因此，现代绿色物流管理强调全局性和长远的利益，强调全方位对环境进行关注，体现了企业绿色形象，是一种新的物流管理趋势。

5.5.2 绿色物流的内涵

(1) 集约资源。这是绿色物流的本质内容，也是物流业发展的主要指导思想之一。通过整合现有资源，优化资源配置，企业可以提高资源利用率，减少资源浪费。

(2) 绿色运输。运输过程中的燃油消耗和尾气排放，是物流活动造成环境污染的主要原因之一。因此，要想打造绿色物流，首先要对运输线路进行合理布局与规划，通过缩短运输路线，提高车辆装载率等措施，实现节能减排的目标。另外，还要注重对运输车辆的养护，使用清洁燃料，减少能耗及尾气排放。

(3) 绿色仓储。绿色仓储一方面要求仓库选址要合理，有利于节约运输成本；另一方面，仓储布局要科学，使仓库得以充分利用，实现仓储面积利用的最大化，减少仓储成本。

(4) 绿色包装。包装是物流活动的一个重要环节，绿色包装可以提高包装材料的回收利用率，有效控制资源消耗，避免环境污染。

(5) 废弃物物流。废弃物物流是指在经济活动中失去原有价值的物品，根据实际需要对其进行搜集、分类、加工、包装、搬运、储存等，然后分送到专门处理场所形成的物品流动活动。

5.5.3　绿色物流的特点

与传统的物流相比，绿色物流在理论基础、行为主体、活动范围及其目标四个方面都有自身的一些显著的特点。

(1) 绿色物流的理论基础更广，包括可持续发展理论、生态经济学理论和生态伦理学理论。

(2) 绿色物流的行为主体更多，它不仅包括专业的物流企业，还包括产品供应链上的制造企业和分销企业，同时，还包括不同级别的政府和物流行政主管部门等。

(3) 绿色物流的活动范围更宽，它不仅包括商品生产的绿色化，还包括物流作业环节和物流管理全过程的绿色化。

(4) 绿色物流的最终目标是可持续性发展，实现该目标的准则不仅是经济利益，还包括社会利益和环境利益，并且是这些利益的统一。

5.5.4　绿色物流的实施与应用

1. 企业应做好绿色物流发展规划

绿色物流战略要求在整个物流网络的组织规划上不仅要充分满足常规物流的需要，还要实现循环物流。这一完整的物流战略，要求企业规划好绿色物流的管理模式、实施方案、组织规划等方面的战略设计和安排。企业应采取绿色供应链方式来开展绿色物流，通过供应链上、中、下游的共同协作来减少整个供应链对环境的影响，提高经济效益。企业在选择供应商和销售商时，要提出实施绿色物流的相关要求，能够满足此要求的才准许进入整个供应链。采取这种模式来发展绿色物流，让供应链上的众多企业参与其中，不仅可以降低管理的难度，还大大分散了企业所担负的风险。

2. 提高企业绿色物流运作水平

1) 运输环节

实施联合一贯制运输方式，利用单元装载系统，运用各种绿色运输工具，在运输过程中始终保持货物的单元装载状态，这种运输方式可削减总行车量，提高运输效率。适当降低库存可减少一次性运输，尽量避免二次运输。有条件的企业，可开展共同配送，减少污染。从货主的角度来说，通过共同配送可以提高物流效率。从物流企业角度来说，特别是一些中小物流企业，由于受资金、人才、管理等方面的制约，运量少、效率低、使用车辆多，在物流合理化及效率上受到了限制。

2) 装卸环节

装卸搬运是伴随运输和储存而附带产生的物流活动，贯穿物流的始终。企业一定要对装卸环节进行规范化运作，杜绝野蛮装卸，避免不必要的浪费和污染。

3) 保管环节

采用先进的保质保鲜技术，保障存货的数量和质量，在实现零货损的同时，消除对环境的污染。尤其是一些商品需要进行特殊保管时，更要谨慎地操作和处理，以免发生环保事故。

4) 流通加工环节

流通加工是生产性加工在流通过程中的延续，各项工作比较分散，要求细致。需要进行合理的加工流程设计，变分散加工为规模化的专业集中加工，以提高资源利用效率，减少污染；对包装材料进行套裁，减少浪费，对加工中产生的边角废料，可以作为企业内部逆向物流的一部分加以集中处理；合理选择流通加工中心，减少费用和有效资源的浪费。

5) 包装环节

中国消费者协会明确提出，只要包装体积超过商品本身的10%和包装费用超出商品的30%，就可判定为"商业欺诈"。因此，企业要在适度减少产品的包装上下大功夫，使包装不仅有助于降低本企业成本，还有助于减少下游企业对包装物的拆装和处理费用，将绿色包装供应链化，实现"多赢"局面。要认真选择包装材料，注明包装物的材质和回收处理方法，让绿色包装透明化，方便社会对包装物的处理，提高包装废弃物的回收再生利用率。

6) 物流信息

在实施绿色物流的过程中，企业要充分利用物流信息来实施绿色物流活动，以减少绿色物流的成本和代价，实现绿色物流的信息化。

3. 政府为绿色物流发展营造优良环境

1) 控制物流污染发生源

政府应采取有效措施，从源头上控制物流活动对环境的污染。由于物流活动的日益增加以及配送服务的发展，引起在途运输车辆的增加，必然导致大气污染加重，需要采取措施对发生源进行控制。例如，制定相应的环境法规，对废气排放量及车种进行限制；采取措施促进使用符合限制条件的车辆；普及使用低公害车辆；对车辆产生的噪声进行限制；限制城区货车行驶路线，收取车辆排污费；推广使用绿色交通运输工具等。

2) 限制交通量

政府要发挥指导作用，推动企业从自用车运输向营业用货车运输转化，促进企业选择合适的运输方式，发展共同配送，统筹建立现代化的物流中心，建立现代化的物流管理信息网络等，实现物流效益化，特别是要提高中小企业的物流效率。通过这些措施来减少货流，有效地消除交错运输，缓解交通拥挤状况，最终通过有限的交通量来提高物流配送效率。

3) 控制交通流

政府要投入相应的资金，通过道路与铁路的立体交叉发展，建立都市中心环状道路，制定道路停车规则以及实现交通管制系统的现代化等措施，减少交通阻塞，提高配送效率。

4) 制定绿色物流法律法规

为了推进企业实施绿色物流，政府要在严格实施《中华人民共和国环境保护法》《中华人民共和国固体废物污染环境防治法》以及《中华人民共和国环境噪声污染防治法》等现有法律法规的基础上，加快绿色物流相关法规的制定，制定相关优惠政策以鼓励企业实施绿色物流活动，如对公路运输提价、鼓励铁路运输；在税收、贷款等方面，要向实施绿色物流的企业进行适当倾斜；建立专门的绿色物流管理监督机构，来对全社会的绿色物流活动进行有效的管理；要倡导建设绿色物流型园区，加快物流配送。

4. 绿色物流在其他方面的应用

(1) 对发生源的管理：制定相应的环境法规，对废气排放量及车种进行限制；采取措施促进使用符合限制条件的车辆。

(2) 绿色包装管理：促进生产部门采用尽量简化的及由可降解材料制成的包装；在流通过程中，应采取措施实现包装的合理化与现代化。

(3) 绿色流通加工：变消费者加工为专业集中加工，以规模作业方式提高资源利用效率，减少环境污染；集中处理消费品加工中产生的边角废料，以减少消费者分散加工所造成的废弃物的污染。

(4) 废弃物物流的管理：降低废弃物物流，需要实现资源的再使用(回收处理后再使用)、再利用(处理后转化为新的原材料使用)，为此应建立一个包括生产、流通、消费的废弃物回收利用系统。

5.6　再生资源物流

5.6.1　再生资源物流的概念

再生资源物流是指将有一定使用价值的废旧物资进行回收，通过分拣、加工、分解，重新进入生产和消费领域的物品实体流动过程。

5.6.2　再生资源物流的特点

1. 企业再生资源物流种类繁多

再生资源种类繁多，是由于它的产生渠道多，方式复杂，这就决定了再生资源物流方式的多样性。企业再生资源种类繁多，是由以下几个因素决定的。

(1) 几乎所有的生产企业都可能产生再生资源，企业类型不同，则产生的再生资源不同。

(2) 几乎每个生产企业的每一道工序、每个阶段的生产过程都会产生再生资源。

(3) 社会各行业，几乎所有的人类成果，最终都可能产生再生资源。

2. 企业再生资源的物流数量大

企业再生资源数量一般较大，不仅总量大，而且许多再生资源的单独处理数量也较大。这就决定了再生资源物流会消耗很大的物化劳动，需要有一个庞大的物流系统来支撑。

3. 企业再生资源物流的粗放运作

企业再生资源中除少数特别有价值外，绝大多数价值低且数量大。一般经过一次生产或消费之后，主要使用价值已耗尽，因而在纯度、精度、质量、外观等方面都不是很好，这就决定了采取粗放运作的物流方式处理企业再生资源是很有必要的。这样可以使再生资源在重新使用形成新的价值中，物流成本不至于太高。

4. 企业再生资源物流的路程较短

企业再生资源物流的路程一般很短，这是由于企业在处理再生资源时，承受的去留费用较高。企业一般会尽可能在企业内部解决或由相关企业消化。企业再生资源的主要使用价值已丧失，新的使用价值需要承受物流费用和研究费用等，决定了就近利用的性质，因而企业再生资源的物流路程不会太长。

5.6.3　再生资源物流的种类

1. 以废旧汽车为代表的拆卸及破碎分选流通加工

废旧汽车再生资源的物流主要有两类不同的流通加工形式：一是拆卸，即通过拆卸将汽车上可以再利用的物资拆选下来，分别送至不同应用领域再投入新一轮的利用；二是破碎分选，即通过破碎分选方式将汽车破碎后，将不同部分区分开，分选出可用的资源，进入新的循环中去。

2. 以玻璃瓶为代表的回送物流

以玻璃瓶为代表的回送物流有一个回送复用的运输系统，依靠这个运输系统，可以将用完的玻璃瓶再回运生产企业，而不使其成为废弃物。这种回送复用的运输系统是配送运输的逆运输。在实践中，配送运输和回送复用的运输系统是一个完整的双向配送系统。这种双向配送系统的主要优点是，回送复用运输不需要专门安排运力，只是配送回程的连带运输，因此，并不增加多少投入便解决了空瓶回运问题。这种回运系统只适合汽车运输方式。除了玻璃瓶外，采用这种方式的还有包装箱等。

3. 以废纸为代表的收集、集货物流

收集、集货物流系统有一个收集废纸的收集物流系统，这种收集物流系统是集货系统的一种。与上述两种资源不同，废纸需要收集、集中，才能批量提供给再生产加工企业。金属加工碎屑、不复用玻璃器皿、碎废布等再生资源也采用这种物流方式。

4. 以粉煤灰为代表的联产供应物流系统

电厂排放的粉煤灰通过管道可直接输送给建筑材料生产企业，使这种再生资源成为建筑材料生产企业的主要原料。这个物流系统既是电厂的排放系统，又是建材厂的供应系统。此外，化工石膏、冶金矿渣也采用这种物流方式。

5. 以碎玻璃为代表的复用物流

无论哪个工序产生的碎玻璃，都可回运至配料端，由于其成分与本厂所生产的玻璃成分一致，无须进行成分的化验和组成的计算，就可按照一定的配料比例与混合料一起投入炉内重新熔制。陶瓷工业的泥料，冶金工业的金属块、渣，机械工业中的边角料等再生资源均可采取这种物流方式。

5.6.4　再生资源物流的作用

再生资源的回收利用，在国民经济中占有重要的地位，它是我国社会主义市场经济的

一个组成部分。做好再生资源的回收利用工作，对于支援工农业生产，挖掘物资潜力，增加社会资源，创造社会财富，推动社会节约，保护环境卫生，促进国民经济发展等方面有着重要的意义和作用。

(1) 做好再生资源的回收利用工作，可以减少对原生资源的开采，使社会资源相对增加。物质资源在任何一个国家都是有限的，资源开发得越多，留存量就越少。随着生产规模的不断扩大，资源的紧张和短缺现象会越来越严重。即使是较丰富的资源，也存在一个合理开发和利用的问题。废旧物资的回收和利用的数量越多，社会资源也就越丰富，这就是社会的潜在资源。

(2) 做好再生资源的回收利用工作，可以节约能源并能开辟新能源，它有着广阔的发展天地。

(3) 做好再生资源的回收利用工作，有利于减少污染，保护生态环境。再生资源的再生利用对于解决威胁人类生存的生态环境恶化问题有重大作用。这是由于再生资源作为生产及消费中排放的废弃物，在没有利用之前，只能消极地排放，向空气中排放废气，向水中排放废液及在陆地上堆存废渣和垃圾，是现代社会根本的环境污染源。排放需要费用，也是降低企业效益、影响整个宏观经济效益的因素。仅我国，由于"三废"污染所造成的经济损失每年要超过500亿元。

(4) 再生资源产业的发展壮大有助于增加就业机会。我国目前正处于经济社会转型时期，人口和就业的压力很大。再生资源利用是一个吸纳劳动力就业比重相对较高的产业部门。在我国，目前大约有近千万劳动力在再生资源产业内从业。因此，大力发展再生资源产业，将对我国拓展城乡劳动力的就业渠道产生重要的积极影响。

5.7 冷链物流

5.7.1 冷链物流的概念

冷链物流(cold chain logistics)泛指冷藏冷冻类食品在生产、贮藏、运输、销售，到消费前的各个环节中始终处于规定的低温环境下，以保证食品质量，减少食品损耗的一项系统工程。它是随着科学技术的进步、制冷技术的发展而建立起来的，是以冷冻工艺学为基础、以制冷技术为手段的低温物流过程。冷链物流的要求比较高，相应的管理和资金方面的投入也比普通的常温物流要大。

5.7.2 冷链物流的适用范围

冷链物流的适用范围包括以下三个方面。
(1) 初级农产品：蔬菜、水果，肉、禽、蛋，水产品、花卉产品。
(2) 加工食品：速冻食品，禽、肉、水产等包装熟食，冰激凌、奶制品和巧克力，快餐原料。
(3) 特殊商品：药品等。

5.7.3 冷链物流的特点

冷链物流对时间、品质、温度、湿度和卫生环境方面有特殊要求,作业较为复杂,主要有以下三个特点。

(1) 时效性。由于冷链物流承载的产品一般易腐或不易储藏,因此,要求冷链物流必须迅速完成作业,保证时效性。

(2) 复杂性。与常温物流相比,冷链物流涉及制冷、保温、温/湿度检测、信息系统和产品变化机理研究等技术,有的产品甚至涉及法律法规的约束,且每种产品均有其对应的温/湿度和储藏时间要求,一旦断链将会使前面的努力白费,因此大大增加了冷链物流的复杂性。

(3) 高成本性。冷链物流的成本远比常温物流投入要高。首先是设备成本较高,冷链物流中心仓库和冷链车辆的成本一般是常温仓库和车辆的数倍,而且因涉及食品等需要特殊的设施与设备,需要大量的资金投入。其次冷链物流运营成本较高,冷库需要不间断地打冷才能保证温度处于恒定状态,因此造成冷库的电力成本居高不下;冷藏车也需要不间断打冷才能保证产品的温度恒定,需要更多的油费。冷链物流资本回收期较长,不是一般的企业所能承担的。

5.7.4 冷链物流的发展趋势

冷链物流一直是一个要求很高的物流细分领域,不仅需要资本密集的设备投入,严格的温度要求,对能源的依赖,而且还需要面临不断增加的挑战,如产品的敏感性、质量标准以及数量的提升和日益增加的法规。同时,在管理要求严格的冷链贵重货物时(主要是食品和医药产品),也面临着许多问题,挑战着整个供应链。

(1) 全球化。消费者对健康食品越来越感兴趣,不断壮大的中产阶级,比如在我国,正在推动冷链的全球化。消费者现在需求的高端产品,如阿拉斯加三文鱼,为确保新鲜度和质量,必须历经更长的距离,更快捷地运输到消费者手中。

(2) 关注质量和产品的敏感性。在食品行业,大的趋势是更加注重质量、健康和完整性。为了满足要求苛刻且反复多变的消费者的重复购买需求,生产商必须确保最佳的品牌体验。对于冷链产品,这意味着避免货物偏离指定的温度,导致产品质地和味道发生变化,以及减少蛋白质的处理,如鱼类产品。

越来越多的优质产品进入市场,这些产品货架期更短,对温度的敏感性更强,还有很多不同级别的需求。对质量的关注和消费者体验的强化,也就意味着整个食品冷链冷藏仓库必须保持多达五个不同的温度区域。

(3) 法规监管力度不断加大。全球化、食品安全以及假冒伪劣药品事故的频发正促进各国政府不断加大生产和供应链环节的法规监管力度。在食品和药品行业建立有效的预防措施和协调机制是关键。当市场要求严格遵守全程冷链时,执行精益供应链显得更为必要。

(4) 生产商正在向第三方物流外包更多的作业流程。托运人对效率、可视化和产品新鲜度的要求正不断推动着冷链去提供更广泛的增值服务。

(5) 冷链正在经历模式转变。燃油价格波动和全球化正驱使一部分冷链供应商转变他们的经营模式：多式联运代替卡车运输，或者海运代替空运。卡车司机、卡车运输能力、可持续发展等要求也是驱动这一转变的因素。新模式下运营可能需要更长的运输时间，但商品需要快速进入市场，因此，冷藏冷冻货物制造商必须在两者间作出权衡。

(6) 可持续性倡议拉动投资。冷链运营商正在寻找新的方法来平衡易腐产品的高能耗和他们对降低资源消耗的意愿。以某物流为例，他们正与众多公用事业公司合作，严格监视各个设备的能量消耗并计算出等效二氧化碳消耗量。

(7) 包装正在不断发展，以满足新的需求。食品生产商正趋向使用更先进的包装，以确保更多敏感性食物的完整性。同时，在食品和药品物流领域，为减少浪费，可重复使用的周转箱也被越来越多地使用。一些公司也在使用更环保的包装材料。

(8) 技术投资依然是关键。与所有的供应链一样，冷链运营商必须不断提升技术能力以确保高效、完整和安全地提供服务。这些技术包括后端的 IT 基础设备，以及前端实时收集和报告关键运输数据的设备。

(9) 客户习惯仍然是冷链的薄弱环节。对于许多冷链运营商来说，最大的阻碍就是在供应链中他们无法控制的环节：从消费者将产品放进购物车中的那一刻开始，尽管生产商耗费了相当大的成本和努力，历经多次交接把货物发往数百公里外，但由于消费者将产品放在闷热的车里的时间太长，没有冷藏措施，导致产品质量降低，这种情况消费者往往还会责备生产商。

5.8 逆向物流

5.8.1 逆向物流的概念

逆向物流(reverse logstics)是指商家客户委托第三方物流公司将物品从用户指定所在地送达商家客户所在地的过程。逆向物流过程由商家客户推动，物流费用采取商家客户与第三方物流公司统一集中结算的方式。整个过程需要商家客户与物流公司双方强大的 ERP 对接系统支持。

逆向物流的表现是多样化的，包含从使用过的包装到经过处理的电脑设备，从未售商品的退货到机械零件，等等。也就是说，逆向物流包含来自客户手中的产品及其包装品、零部件、物料等物资的流动。简而言之，逆向物流就是从客户手中回收用过的、过时的或者损坏的产品和包装开始，直至最终处理环节的过程。

5.8.2 逆向物流的主要环节

(1) 回收。回收是将顾客所持有的产品通过有偿或无偿的方式返回销售方。这里的销售方可能是供应链上的任何一个节点，如来自顾客的产品可能返回到上游的供应商、制造商，也可能是下游的分销商、零售商。

(2) 检验与处理决策。对回收品的功能进行测试分析，并根据产品结构的特点以及产品和各零部件的性能确定可行的处理方案，包括直接再销售、再加工后销售、分拆后零部件再利用和产品或零部件报废处理等。然后对各方案进行成本效益分析，确定最优处理方案。

(3) 分拆与再加工。按产品结构的特点将产品分拆成零部件，对回收产品或分拆后的零部件进行加工，恢复其价值。

(4) 报废处理。对那些没有经济价值或严重危害环境的回收品或零部件，通过机械处理、地下掩埋或焚烧等方式进行销毁。

5.8.3 逆向物流的特点

逆向物流作为企业价值链中特殊的一环，与正向物流相比，既有共同点，也有各自不同的特点。二者的共同点在于都具有包装、装卸、运输、储存、加工等物流功能，但是，逆向物流与正向物流相比又具有其鲜明的特殊性，主要表现在以下几个方面。

(1) 分散性。换言之，逆向物流产生的地点、时间、质量和数量是难以预见的。废旧物资流可能产生于生产领域、流通领域或生活消费领域，涉及任何领域、任何部门、任何个人，在社会的每个角落都在日夜不停地发生。正是这种多元性使其具有分散性，这是由于逆向物流发生的原因通常与产品的质量或数量的异常有关。而正向物流则不然，按量、准时和指定发货点是其基本要求。

(2) 缓慢性。人们发现，开始的时候逆向物流数量少、种类多，只有在不断汇集的情况下才能形成较大的流动规模。废旧物资的产生也往往不能立即满足人们的某些需要，它需要经过加工、改制等环节，甚至只能作为原料回收使用，这一系列过程的时间是较长的。同时，废旧物资的收集和整理也是一个较复杂的过程。这一切都决定了废旧物资的物流性质具有缓慢性。

(3) 混杂性。回收的产品在进入逆向物流系统时往往难以划分为产品，因为不同种类、不同状况的废旧物资常常是混杂在一起的。当回收产品经过检查、分类后，逆向物流的混杂性随着废旧物资的产生而逐渐衰退。

(4) 多变性。由于逆向物流的分散性及消费者对退货、产品召回等回收政策的滥用，有的企业很难控制产品的回收时间与空间，这就导致了多变性。

5.8.4 逆向物流的分类

1. 按回收物品的特点划分

按照回收物品的特点，逆向物流可分为退货逆向物流和回收逆向物流两部分。退货逆向物流是指下游顾客将不符合订单要求的产品退回给上游供应商，其流程与常规产品的流向正好相反。回收逆向物流是指将最终顾客所持有的废旧物品回收到供应链上各节点企业的物流活动。

2. 按材料的物理属性划分

按照材料的物理属性，逆向物流可分为钢铁和有色金属制品逆向物流、橡胶制品逆向物流、木制品逆向物流和玻璃制品逆向物流等。

3. 按成因、途径和处置方式及产业形态划分

按成因、途径和处置方式及产业形态的不同，逆向物流被学者们区分为投诉退货、终端使用退回、商业退回、维修退回、生产报废与副品以及包装六大类别。

5.9 物流模式的选择

每种物流模式各有利弊,企业应根据各自所处环境下物流的特点和企业自身的情况合理选择物流模式。具体来讲,应重点考虑以下几个方面的因素。

1. 战略及管理能力

物流对企业成功的重要度和企业对物流的管理能力,是影响企业物流采取自营模式还是外包模式的最重要因素。当物流对企业成功的重要度高且企业对物流的管理能力也强时,应采取自营物流;当物流对企业成功的重要度高但企业对物流的管理能力相对较弱时,应采用第三方物流;当物流对企业成功的重要度较低且企业对物流的管理能力也较弱时,则应采用外购物流服务。

2. 供应链控制要求

越是市场竞争激烈的行业,企业越是要强化对供应和分销渠道的控制,此时企业应该自营物流,这样企业可以将物流管理纳入企业的整体管理规划中,体现整个企业的系统性,同时,也可以加大企业对物流的控制力度。如果企业将物流业务外包,将会削弱企业对物流的控制力度。

3. 产品物流的特点

对于大宗工业品原料的回运或鲜活产品的分销,应利用相对固定的专业物流服务供应商和短渠道物流;对全球市场的分销,宜采用地区性的专业第三方物流;对产品线单一的企业,应在龙头企业统一下自营物流;对技术性较强的物流服务,如口岸物流,应采用委托代理方式;对非标准设备的制造商来说,应该交给专业第三方物流企业去做。

4. 企业自身能力

企业自身能力包括企业的规模和企业可以为物流活动提供的资金、技术、人员,以及可以为其花费的时间和精力。资金充裕的大中型企业有能力建立自己的物流配送体系,"量体裁衣",制订合适的物流需求计划,保证物流服务的质量。同时,过剩的物流网络资源还可以外供给其他企业。而中小企业则受人员、资金和管理资源的限制,物流管理效率难以提高,企业为把资源用于核心业务上,应交给第三方物流公司。

5. 对企业的柔性要求

外包可使企业具有较大的柔性,能够比较容易地对企业业务方面的内容、重点、数量等进行必要的调整。因此,企业物流商品种类、数量比较不稳定,变动较多,需要根据情况较快调整其经营管理模式及业务时,为保证企业具有足够的柔性,采用外购物流服务比较合适。反之,对柔性要求较低、商品种类稳定且数量大的企业则更适合采用自营物流。

6. 物流系统总成本

如果企业选择自营物流,那么企业要为自建物流系统进行资金投入,包括车辆费用、仓库场地和建设费用以及人力成本等,这些投入对于大企业来说,资金占用不是很多,影响不是很大。但对于中小企业来说，这一部分固定资产的投入及维护费用将给企业带来沉重的压力。而如果企业选择物流外包，企业也要花费诸如交易成本在内的物流费用，因此，企业在选择物流模式时，需要在自营和外包的成本之间进行权衡，弄清两种模式物流系统总成本的情况，选择成本最小的物流系统。

7. 客户服务能力

在选择物流模式时，外包物流为本企业及企业客户提供服务的能力是至关重要的，即应把第三方物流在满足客户企业对原材料及时需求的能力和可靠性，以及对客户企业的零售商和最终顾客需求的反应能力等方面作为首要的因素来考虑。

8. 自营、外包风险

无论企业选择的是自营物流还是外包物流，都会产生相应的风险，例如，选择自营物流时，会有货物丢失等风险；而选择外包物流时，又会有服务质量下降、企业信息泄露等风险。因此，企业选择物流模式时，还需要权衡各种风险综合考虑。

【延伸阅读】

具体内容请扫描右侧二维码。

第6章 供应链管理

【学习目标】

通过对本章的学习，了解供应链、供应链管理的概念，理解供应链的分类、供应链管理的特点、供应链管理的作用，掌握供应链管理的内容、供应链战略的原则、供应链管理的方法和模式。能力上能够根据所学知识，选择恰当的供应链管理方法，能够熟练运用各种模式。素养上具有供应链与供应链管理的相关能力。思政上培养"活到老，学到老"的思想。

【案例导入】

优衣库如何以"周"为单位，构架"零库存"营运体系

零库存是企业管理的一种追求，但这并不是说一定要求库存为零件。在实际操作中，由于供应和需求的不确定性，加上生产的连续性，企业的库存不可能真正为零，却可以通过有效的运作和管理，使原材料、半成品及产成品等一直处于周转的状态，而不以仓储形式存在，从而最大限度地逼近零库存。

优衣库在实现"零库存"运营方面颇有成就。品牌几乎每一款产品都能在市场上热销，平均库存周转天数不到85天，而国内很多企业对应的天数高达130天甚至更多。

优衣库在库存管理方面的经验也成为同行们争相模仿的对象。下面就让我们来揭开优衣库"零库存"背后的秘密。

1. 以"周"为单位的门店管理

"周"即一星期的7天，是优衣库管理的基本单位。在优衣库，无论是在总部还是在门店，每一天的工作安排都是极其精确的。店长每天、每周都会对产品库存进行严格的追踪，对于销量好、库存不多的产品向工厂追加订单，对于销量一般、库存较多的产品则考虑打折销售。店长还会将每周的销售和库存数据反馈给总部，设计部门在进行下一阶段的商品企划时就可以充分考虑顾客的需求等。店长向总部汇报情况，得到回复的时间通常也不会超过1周，这样就使得每家店铺都能根据本周的销售和库存情况迅速调整下周的经营计划。

2. 以"周"为单位的产品周期

在周度管理下，商品基本不会出现积压的情况。据测算，每款商品在优衣库的生命周期一般为18周：在第1~3周，主要是铺货并初步检验商品销量，看看是否能受到顾客的欢迎；在第4~7周，店长对商品的销售情况已经大致"心中有数"，对于热销产品可以追加订单，对于滞销产品开始减少生产，做降价处理；到了第8~13周，滞销产品经过处理库存已无压力，而热销产品则通过加大宣传等方式追求销量最大化；在第14~18周，滞销产品基本处理完毕，热销品部分SKU卖空，也开始进入处理期，同时下季度的新产品进入试销期，以弥补空缺。

3. 适时适量的生产方式

优衣库在安排代工厂生产时，采用了适时适量(JIT)的生产方式，即"在需要的时候，按需要的量生产所需的产品"。在这种生产方式下，代工厂在接到优衣库的订单后才开始生产，一切生产原料、半成品、产成品都是按照订单来采购、制造和配送的，制造计划、采购计划、供应计划基本同步进行，效率极高。

仓库不再是传统意义上的储物单位，而是变成了企业与工厂物资流通的一个"中转站"，商品数量因为优衣库的精心规划而极为精确，不存在额外的浪费，也就不会出现过多的库存。

4. 控制产品品种及数量

优衣库每一季度投放的新产品数量不超过 500 种，不论哪种类型店面，其中的商品数量都会维持在 500 种以下，这个数字只有约 ZARA 1/10 的水平，虽然优衣库的品种较少，会给顾客留下产品单一的印象，但是库存管理却更为容易。在预定当年的产量时会根据各种商品上年的销售业绩作决定，但是考虑到库存风险，优衣库往往会将产量计划定为上年的 80%，在此基础上再根据销售情况随时对产量进行短期调节，由此实现库存"少品种，零库存"的良性循环。

此外，由于优衣库主要销售基本款服饰，时装性较弱，营业额变化较小，生产和库存量趋于均衡，有助于减小库存风险。而且优衣库的商品企划部门能够保持 80%的正确率，也就是说，打算生产和销售的商品中有 80%都会成为市场热销品。

总之，优衣库通过合理的经营做到了"让每一款产品大卖，统统卖光，不产生任何机会损失，也不产生任何库存损失"。

(资料来源：https://new.qq.com/omn/20210526/20210526A01CHI00.html)

思考：结合案例，试分析供应链管理在优衣库实现零库存管理过程中的作用。

6.1 供应链概述

6.1.1 供应链的概念

供应链的概念是 20 世纪 80 年代提出的，译自英文 supply chain。它将企业的生产活动进行了前伸和后延。日本丰田(TOYOTA)公司的精益协作方式就将供应商的活动视为生产活动的有机组成部分而加以控制和协调。哈理森(Harrison)将供应链定义为："供应链是执行采购原材料，将它们转换为中间产品和成品，并且将成品销售到用户的功能网链。"美国的史蒂文斯(Stevens)认为："通过增值过程和分销渠道控制从供应商到用户的流就是供应链，它开始于供应的源点，结束于消费的终点。"因此，供应链就是通过计划(plan)、获得(obtain)、存储(store)、分销(distribute)、服务(serve)等这样一些活动而在顾客和供应商之间形成的一种衔接(interface)，从而使企业能满足内外部顾客的需求。

我国国家标准《物流术语》(GB/T 18354—2021)将供应链定义为："生产及流通过程中，围绕核心企业的核心产品或服务，由所涉及的原材料供应商、制造商、分销商、零售商直到最终用户等形成的网链结构。"

综上所述，供应链是指围绕核心企业，从配套零件开始，制成中间产品以及最终产品，最后由销售网络把产品送到消费者手中的，将供应商、制造商、分销商直到最终用户连成一个整体的功能网链结构。

6.1.2　供应链的发展

1. 物流管理阶段

早期的观点认为，供应链是指将采购的原材料和收到的零部件，通过生产转换和销售等活动传递到用户的一个过程。因此，供应链仅仅被视为企业内部的一个物流过程，它所涉及的主要是物料采购、库存、生产和分销诸部门的职能协调问题，最终目的是优化企业内部的业务流程，降低物流成本，从而提高经营效率。

2. 价值增值阶段

进入 20 世纪 90 年代，人们对供应链的理解又发生了新的变化。由于需求环境的变化，原来被排斥在供应链之外的最终用户、消费者的地位受到了前所未有的重视，从而被纳入了供应链的范围。这样，供应链就不再只是一条生产链了，而是一个涵盖整个产品运动过程的增值链。

3. 网链阶段

随着信息技术的发展和产业不确定性的增加，今天的企业间关系正在呈现日益明显的网络化趋势。与此同时，人们对供应链的认识也正在从线性的单链转向非线性的网链，供应链的概念更加注重围绕核心企业的网链关系，即核心企业与供应商、供应商的供应商的一切向前关系，与用户、用户的用户及一切向后的关系。供应链的概念已经不同于传统的销售链，它跨越了企业界限，从扩展企业的新思维出发，并从全局和整体的角度考虑产品经营的竞争力，使供应链从一种运作工具上升为一种管理方法体系、一种运营管理思维和模式。

6.1.3　供应链的分类

根据不同的划分标准，可以将供应链分为以下几种类型。

1. 根据范围不同划分

根据供应链的范围不同，可以将供应链分为内部供应链和外部供应链。内部供应链是指企业内部产品生产和流通过程中涉及的采购部门、生产部门、仓储部门、销售部门等组成的供需网络。外部供应链则是指企业外部的，与企业相关的产品生产和流通过程中涉及的原材料供应商、生产厂商、储运商、零售商以及最终消费者组成的供需网络。内部供应链和外部供应链的关系：二者共同组成了企业产品从原材料到成品，再到消费者的供应链。可以说，内部供应链是外部供应链的缩小化。例如，对于制造厂商，其采购部门就可看作外部供应链中的供应商。它们的区别只在于外部供应链范围大，涉及企业众多，企业间的协调更困难。

2. 根据复杂程度不同划分

根据供应链的复杂程度不同，可以将供应链分为直接型供应链、扩展型供应链和终端型供应链。直接型供应链是指产品、服务、资金和信息在往上游和下游的流动过程中，由公司、此公司的供应商和此公司的客户组成。扩展型供应链把直接供应商和直接客户的客户包含在内，左右这些成员参与产品、服务、资金和信息往上游和下游的流动过程。终端型供应链包括参与产品、服务、资金、信息从终端供应商到终端消费者的所有往上游和下游的流动过程中的所有组织。

3. 根据稳定性不同划分

根据供应链存在的稳定性不同，可以将供应链分为稳定的供应链和动态的供应链。基于相对稳定、单一的市场需求而组成的供应链，其稳定性较强；而基于相对频繁变化、复杂的需求而组成的供应链，其动态性较强。在实际管理运作中，需要根据不断变化的需求，相应地改变供应链的组成。

4. 根据容量需求不同划分

根据供应链容量的不同，可以将供应链划分为平衡的供应链和倾斜的供应链。一个供应链具有一定的、相对稳定的设备容量和生产能力(所有节点企业能力的综合，包括供应商、制造商、运输商、分销商、零售商等)，但用户需求处于不断变化的过程中，当供应链的容量能满足用户需求时，供应链处于平衡状态；而当市场变化加剧，造成供应链成本、库存、浪费增加等现象时，企业不是在最优状态下运作，供应链则处于倾斜状态。平衡的供应链可以实现各主要职能(采购/低采购成本、生产/规模效益、分销/低运输成本、市场/产品多样化和财务/资金运转快)之间的均衡。

5. 根据功能性不同划分

根据供应链的功能模式(物理功能、市场中介功能和客户需求功能)不同，可以将供应链划分为三种：有效性供应链、反应性供应链和创新性供应链。有效性供应链主要体现供应链的物理功能，即以最低的成本将原材料转化成零部件、半成品、成品，以及在供应链中的运输等；反应性供应链主要体现供应链的市场中介功能，即把产品分配到满足用户需求的市场，对未预知的需求作出快速反应等；创新性供应链主要体现供应链的客户需求功能，即根据最终消费者的喜好或时尚的引导，进而调整产品内容与形式来满足市场需求。

6. 根据企业地位不同划分

根据供应链中企业地位的不同，可以将供应链分为盟主型供应链和非盟主型供应链。盟主型供应链是指供应链中某一成员的节点企业在整个供应链中占据主导地位，对其他成员具有很强的辐射能力和吸引能力，通常称该企业为核心企业或主导企业。例如：以生产商为核心的供应链——奇瑞汽车有限公司；以中间商为核心的供应链——中国烟草系统、香港利丰公司；以零售商为核心的供应链——沃尔玛、家乐福。

非盟主型供应链是指供应链中企业的地位彼此差距不大，对供应链的重要程度相同。

【阅读材料】

物流与供应链专家杨达卿根据东西方企业文化和商业模式的差异，在《供应链为王》一书中把全球供应链协同模式分为以下三类。

一是美国和欧洲等西方发达国家狮式供应链，即以基金等金融资本主导的企业群所建立的"1+N"供应链模式。其中，"1"代表基金和银团等金融资本链主(1是资本化的自然人或法人，下面亦同)，"N"是供应链上的各环节。"1"的角色冲在前面，往往是强势的，个人英雄主义比较明显，也被称为狮式企业，其供应链模式也被称为狮式供应链模式。这类企业的代表如微软公司、苹果公司、大众汽车公司等，背后基金分别是梅琳达-盖茨基金、伊坎合作基金、保时捷家族基金。

二是日本和韩国等东方发达国家狼式供应链，即以商社等商业资本主导的企业群所建立的"N+1"供应链模式。其中，"N"是供应链上的各环节，"1"代表商社等商业资本链主。"1"的角色隐身在后面，往往是低调的，群英主义比较明显。这类企业也被称为狼式企业，其供应链模式也被称为狼阵供应链模式。这类企业的代表如日本三井财团、三菱财团、一劝财团，分别拥有商社三井物产、三菱商事、伊藤忠商事，韩国的三星财团、现代财团，分别拥有商社三星物产、现代商社。

三是以中国为代表的羊式供应链，即以国有资本主导的企业群组成的"1+1+N"供应链模式。其中，第一个"1"是国有资本的代表党委书记，国有资本往往是企业的真正链主；第二个"1"是国家聘请的高端职业经理人或董事长；"N"是供应链各环节的企业，代表企业如一汽集团、广汽集团、中储粮集团、中粮集团、中石油集团等。

(资料来源：供应链百科)

6.1.4 供应链的主要流程

供应链一般包括物资流通、商业流通、信息流通和资金流通四个流程，它们有各自不同的功能以及不同的流通方向。

1. 物资流通

这个流程主要是物资(商品)的流通过程，这是一个发送货物的程序。该流程的方向是由供货商经由厂家、批发与物流、零售商等指向消费者。由于长期以来企业理论都是围绕产品实物展开的，因此，物资流程被人们广泛重视。许多物流理论都涉及如何在物资流通过程中在短时间内以低成本将货物送出去。

2. 商业流通

这个流程主要是买卖的流通过程，这是接受订货、签订合同等的商业流程。该流程的方向是在供货商与消费者之间双向流动的。商业流通形式趋于多元化：既有传统的店铺销售、上门销售、邮购的方式，又有通过互联网等新兴媒体进行购物的电子商务形式。

3. 信息流通

这个流程是商品及交易信息的流程。通过该流程的方向也是在供货商与消费者之间双向流动的。过去人们往往把重点放在看得到的实物上,因而信息流通一直被忽视。甚至有人认为,国家的物流落后同它们把资金过分投入物质流程而延误对信息的把握不无关系。

4. 资金流通

这个流程就是货币的流通,为了保障企业的正常运作,必须确保资金的及时回收,否则企业就无法建立完善的经营体系。该流程的方向是由消费者经由零售商、批发与物流、厂家等指向供货商。

6.2 供应链管理概述

6.2.1 供应链管理的概念

供应链管理虽有许多不同的定义,但基本都认为其是通过计划和控制实现企业内部和外部之间的合作,实质上在一定程度上都集成了供应链和增值链两个方面的内容。供应链管理的最根本目的就是增强企业竞争力,提高顾客的满意程度,是一种集成的管理思想和方法,把供应链上的各个企业作为一个不可分割的整体,使供应链上各企业分担的采购、生产、分销和销售的职能成为一个协调发展的有机体,以顾客满意度为目标,改革和优化供应链中各环节,达到在提高顾客满意度的同时实现销售的增长、成本的降低以及投资的更加有效运用的目的,从而全面提高企业的竞争力。

马士华在其《供应链管理》一书中认为:供应链管理是用系统的观点通过对供应链中的物流、信息流和资金流进行设计、规划、控制与优化,整合供应链的上、中、下游,最大限度地减少内耗与浪费,实现供应链整体效率的最优化,并保证供应链中的成员取得相应的绩效和利益,来快速满足顾客需要的整个管理过程。也就是在恰当的时机以合理的价格将合适的产品投放到正确的地点。

我国国家标准《物流术语》(GB 18354—2021)中对供应链管理的定义为:从供应链整体目标出发,对供应链中采购、生产、销售各环节的商流、物流、信息流及资金流进行统一计划、组织、协调、控制的活动和过程。

本书对供应链管理的定义为:基于系统的观点和方法,对供应链上的企业进行管理,以协调供应链上各企业的活动,加强链上各企业之间的合作,避免和减少链上各企业协作的延误或浪费,以达到整个供应链的优化,最终使供应链上各企业都受益。

6.2.2 供应链管理的发展

从产品时代到市场时代,再到现在的智慧时代,供应链管理行业经历了三个不同的发展阶段。在智慧时代阶段,供应链管理开始进行全面整合。

1. 产品时代:供应链管理以自主为主

20 世纪八九十年代,企业以工厂为主,以产品为导向。在这个阶段,供应链管理以企业为主,甚至很多是在做垂直整合。

2. 市场时代：供应链管理采用局部外包的形式

2000 年以后，市场以客户需求为导向，企业根据市场需求生产产品，竞争逐步产生，但并不非常激烈。在这个阶段，很多企业对供应链的管理采用局部外包的形式，将供应链上的部分环节外包给其他企业。

3. 智慧时代：供应链管理全面整合

现在，企业发展进入智慧时代。智慧时代的格局以竞争为核心，面对产品的同质化、技术的同质化、产品的供大于求，企业唯有依靠产品创新、市场营销、客户管理、资源整合以及商业模式来赢得竞争优势。

6.2.3 供应链管理的内容

1. 供应链管理的重点内容

作为供应链中各个节点企业相关运营活动的协调平台，供应链管理应把重点放在以下几个方面。

1) 战略管理

供应链管理本身属于企业战略层面的问题，因此，在选择和参与供应链时，必须从企业发展战略的高度考虑问题。它涉及企业经营思想，企业文化发展战略、组织战略、技术开发与应用战略、绩效管理战略等，以及这些战略的具体实施。

2) 信息管理

信息以及对信息的处理质量和速度是企业能否在供应链中获益的关键，也是实现供应链整体效益的关键。因此，信息管理是供应链管理的重要方面之一。信息管理的基础是构建信息平台，实现供应链的信息共享，通过 ERP 和 VIM 等系统的应用，将供求信息及时、准确地传递到相关节点企业，从技术上实现与供应链其他成员的集成化和一体化。

3) 客户管理

客户管理是供应链的起点。如前所述，供应链源于客户需求，同时也终于客户需求，因此，供应链管理是以满足客户需求为核心来运作的。通过客户管理，详细地掌握客户信息，从而预先控制，在最大限度地节约资源的同时，为客户提供优质的服务。

4) 库存管理

供应链管理就是利用先进的信息技术，收集供应链各方以及市场需求方面的信息，减少需求预测的误差，用实时、准确的信息控制物流，减少甚至取消库存(实现库存的"虚拟化")，从而降低库存的持有风险。

5) 关系管理

通过协调供应链各节点企业，改变传统的企业间进行交易时的"单向有利"意识，使节点企业在协调合作关系的基础上进行交易，从而有效地降低供应链整体的交易成本，实现供应链的全局最优化，使供应链上的节点企业增加收益，进而达到双赢的目的。

6) 风险管理

信息不对称、信息扭曲、市场不确定性，以及其他政治、经济、法律等因素，会导致供应链上的节点企业产生运作风险，必须采取一定的措施尽可能地规避这些风险。例如，通过提高信息透明度和共享性，优化合同模式，建立监督控制机制，在供应链节点企业间合作的各个方面、各个阶段，建立有效的激励机制，促使节点企业间诚信合作。

2. 供应链管理的具体运作内容

从供应链管理的具体运作看，供应链管理主要涉及供应管理、生产计划、物流管理和需求管理四个领域。具体而言，包含以下管理内容。

(1) 物料在供应链上的实体流动管理；
(2) 战略性供应商和客户合作伙伴关系管理；
(3) 供应链产品的需求预测和计划；
(4) 供应链的设计(全球网络的节点规划与选址)；
(5) 企业内部与企业之间物料供应与需求管理；
(6) 基于供应链管理的产品设计与制造管理、生产集成化计划、跟踪和设计；
(7) 基于供应链的客户服务和物流(运输、库存、包装等)管理；
(8) 企业间资金流管理(汇率、成本等问题)；
(9) 基于 Internet/Intranet 的供应链交互信息管理。

6.2.4 供应链管理的特点

供应链管理是一种先进的管理理念，它的先进性体现在是以顾客和最终消费者为经营导向的，以满足顾客和消费者的最终期望来生产和供应的。除此之外，供应链管理还有以下几个方面的特点。

1. 供应链管理把所有节点企业看作一个整体，实现全过程的战略管理

传统的管理模式往往以企业的职能部门为基础，但由于各企业之间以及企业内部职能部门之间的性质、目标不同，造成相互的矛盾和利益冲突，各企业之间以及企业内部职能部门之间无法完全发挥其职能效率，因而很难实现整体化。

供应链是由供应商、制造商、分销商、销售商、客户和服务商组成的网状结构，链中各环节不是彼此分割的，而是环环相扣的一个有机整体。供应链管理把物流、信息流、资金流、业务流和价值流的管理贯穿于供应链的全过程。它覆盖了整个物流，从原材料和零部件的采购与供应、产品制造、运输与仓储到销售各种职能领域。它要求各节点企业之间实现信息共享、风险共担、利益共存，并从战略的高度来认识供应链管理的重要性和必要性，从而真正实现整体的有效管理。

2. 供应链管理是一种集成化的管理模式

供应链管理的关键是采用集成的思想和方法。它是一种从供应商开始，经由制造商、分销商、零售商直到最终客户的全要素、全过程的集成化管理模式，是一种新的管理策略，它把不同的企业集成起来以提高整个供应链的效率，注重企业之间的合作，以达到全局最优。

3. 供应链管理提出了全新的库存观念

传统的库存思想认为：库存是维系生产与销售的必要措施，是一种必要的成本。因

此，供应链管理使企业与其上下游企业之间在不同的市场环境下实现了库存的转移，降低了企业的库存成本。这也要求供应链上的各个企业成员建立战略合作关系，通过快速反应降低库存总成本。

4. 供应链管理以最终客户为中心，这也是供应链管理的经营导向

无论构成供应链节点的企业数量有多少，也无论供应链节点企业的类型、层次有多少，供应链的形成都是以客户和最终消费者的需求为导向的。正是由于有了客户和最终消费者的需求，才有了供应链的存在。而且也只有让客户和最终消费者的需求得到满足，供应链才能有更大的发展空间。

6.2.5 供应链管理的基本要求

(1) 信息资源共享。信息是现代竞争的强大后盾。供应链管理采用现代科技方法，以最优流通渠道使信息迅速、准确地传递，在供应链上和企业间实现资源共享。

(2) 提高服务质量，扩大客户需求。供应链管理中，一直围绕"以客户为中心"的理念动作。消费者大多要求提供产品和服务的前置时间越短越好，为此供应链管理通过生产企业内部、外部及流程企业的整体协作，大大缩短产品的流通周期，加快物流配送的速度，从而使客户个性化的需求在最短的时间内得到满足。

(3) 实现双赢。供应链管理把供应链的供应商、分销商、零售商等联系在一起，并对其进行优化，使各个相关企业形成了一个融合、贯通的网络整体。在这个网络中，各企业仍保持着个体特性，但它们为整体利益的最大化共同合作，以实现双赢发展。在供应链管理的发展中，有人预测，在未来的生产和流通中将看不到企业，而只能看到供应链。生产和流通的供应链化将成为现代生产和流通的主要方式。

6.2.6 供应链管理的作用

1. 减少库存，降低成本

一个企业的一笔业务流程主要是下订单、生产、交货、结算。在 ERP 系统中，首先在订货模块中输入订单，然后在生产模块中产生生产计划及物料需求计划，接着转入采购模块。在采购模块中根据库存情况及需求计划产生采购计划，然后供应商那里会接收到采购订单，并及时送货。在这个过程中，由于 ERP 系统可快速地将信息在供应商与生产商之间传递，因此，制造商不需要准备大量的库存来保证生产，这样大大降低了库存的费用，减少了生产成本。

有效的供应链管理及 ERP 系统优化了流程的各个环节。除了库存方面，由于供应商与制造商建立了战略合作伙伴关系，签订供应合同的手续大大简化，交易成本也因此大大降低。

2. 快速响应顾客需求，缩短整个流程的时间

供应链的建立以及 ERP 系统在企业中的运用使得信息传递更快速、更准确。当销售商得到顾客的需求信息后，可以通过 ERP 系统等软件将信息传递给制造商，制造商根据顾客的需求生产产品，并根据有效的配送方案将产品送到顾客手中，不会因为信息的不对称造成产品积压或失去市场机会，能够及时满足顾客的需求，增加利润，减少损失。ERP 系统还使供应链中企业之间的手续变得简单易行，极大地缩短了整个流程的时间。例如，在采购的过程中，由于信息的透明化和及时化，提高了供应链上企业同步运作的效率。

3. 降低风险

信息的快速传递以及信息的透明化使企业在面对机会和问题时可以尽快地作出相应的决策和计划，能够有效地控制业务的流程，防止出现问题。同时，企业将自己不擅长的部分交给其他企业来做，降低了企业运营的风险。

4. 提高企业的核心竞争力

在整个供应链中，每个企业都只做自己最擅长的部分，即自己的核心部分，而自己不擅长的部分则由供应链中的合作伙伴来做，这样使得企业可以将有限的资源集中使用到企业的核心部分，使企业更加具有核心竞争力。

供应链管理是对现代流通方式的创新，能加速现代生产方式的产生和发展，改变现代社会竞争的方式，促进现代信息技术的应用，对企业的发展具有重大意义。

6.3 供应链管理战略

6.3.1 供应链管理的原理

供应链管理具有八大基本原理：资源横向集成原理、系统原理、多赢互惠原理、合作共享原理、需求驱动原理、快速响应原理、同步运作原理和动态重构原理。

1. 资源横向集成原理

资源横向集成原理揭示的是新经济形势下的一种新思维。该原理认为，在经济全球化迅速发展的今天，企业仅靠原有的管理模式和自己有限的资源，已经不能满足快速变化的市场对企业所提出的要求。企业必须放弃传统的基于纵向思维的管理模式，朝着新型的基于横向思维的管理模式转变。企业必须横向集成外部相关企业的资源，形成"强强联合，优势互补"的战略联盟，结成利益共同体去参与市场竞争，以实现提高服务质量的同时降低成本，快速响应顾客需求的同时给予顾客更多选择的目的。

不同的思维方式对应着不同的管理模式以及企业发展战略。纵向思维对应的是"纵向一体化"的管理模式，企业的发展战略是纵向扩展；横向思维对应的是"横向一体化"的管理模式，企业的发展战略是横向联盟。该原理强调的是优势资源的横向集成，即供应链各节点企业均以其能够产生竞争优势的资源来参与供应链的资源集成，在供应链中以其优势业务的完成来参与供应链的整体运作。

该原理是供应链管理最基本的原理之一，表明了人们在思维方式上所发生的重大转变。

2. 系统原理

系统原理认为，供应链是一个系统，是由相互作用、相互依赖的若干组成部分结合而成的具有特定功能的有机整体。供应链是围绕核心企业,通过对信息流、物流、资金流的控制,把供应商、制造商、销售商、物流服务商直到最终用户连成一个整体的功能网链结构模式。

供应链是一个复杂的大系统,其系统特征主要体现在其整体功能上,这一整体功能是组成供应链的任何一个成员企业都不具有的特定功能,是供应链合作伙伴间的功能集成,而不是简单叠加。供应链系统的整体功能集中表现在供应链的综合竞争能力上,这种综合竞争能力是任何一个单独的供应链成员企业所不具有的。

3. 多赢互惠原理

多赢互惠原理认为,供应链是相关企业为了适应新的竞争环境而组成的一个利益共同体,其密切合作建立在共同利益的基础之上,供应链各成员企业之间通过一种协商机制,来谋求一种多赢互惠的目标。供应链管理改变了企业的竞争方式,将企业之间的竞争转变为供应链之间的竞争,强调核心企业通过与供应链中的上下游企业之间建立战略伙伴关系,以强强联合的方式,使每个企业都发挥各自的优势,在价值增值链上达到多赢互惠的效果。

4. 合作共享原理

合作共享原理具有两层含义,一是合作,二是共享。

合作原理认为,由于任何企业所拥有的资源都是有限的,它不可能在所有的业务领域都获得竞争优势,因而企业要想在竞争中获胜,就必须将有限的资源集中在核心业务上。与此同时,企业必须与全球范围内的在某一方面具有竞争优势的相关企业建立紧密的战略合作关系,将本企业中的非核心业务交由合作企业来完成,充分发挥各自独特的竞争优势,从而提高供应链系统整体的竞争能力。

共享原理认为,实施供应链合作关系意味着管理思想与方法的共享、资源的共享、市场机会的共享、信息的共享、先进技术的共享以及风险的共担。其中,信息共享是实现供应链管理的基础,准确可靠的信息可以帮助企业作出正确的决策。供应链系统的协调运行是建立在各个节点企业高质量的信息传递与共享基础之上的,信息技术的应用有效地推动了供应链管理的发展,提高了供应链的运行效率。

5. 需求驱动原理

需求驱动原理认为,供应链的形成、存在、重构,都是基于一定的市场需求,在供应链的运作过程中,用户的需求是供应链中信息流、产品/服务流、资金流运作的驱动源。在供应链管理模式下,供应链的运作是以订单驱动方式进行的,商品采购订单是在用户需求订单的驱动下产生的,然后商品采购订单驱动产品制造订单,产品制造订单又驱动原材料(零部件)采购订单,原材料(零部件)采购订单再驱动供应商。这种逐级驱动的订单驱动模式,使供应链系统得以准时响应用户的需求,从而降低了库存成本,提高了物流配送的速度和库存周转率。

6. 快速响应原理

快速响应原理认为,在全球经济一体化的大背景下,随着市场竞争的不断加剧,经济活动的节奏也越来越快,用户在时间方面的要求也越来越高。用户不但要求企业按时交货,而且要求的交货期越来越短。因此,企业必须能对不断变化的市场作出快速反应,必须有很强的产品开发能力和快速组织产品生产的能力,源源不断地开发出满足用户多样化需求的、定制的个性化产品去占领市场,以赢得竞争。

在当前的市场环境里,一切都要求能够快速响应用户需求,而要达到这一目的,仅靠一个企业的努力是不够的。供应链管理强调准时,即准时采购、准时生产、准时配送,强调供应商的选择应少而精等,均体现了快速响应用户需求的思想。

7. 同步运作原理

同步运作原理认为,供应链是由不同的企业组成的功能网络,其成员企业之间的合作关系存在着多种类型,供应链系统运行业绩的好坏取决于供应链合作伙伴关系是否和谐,只有和谐而协调的系统才能发挥最佳的效能。供应链管理的关键就在于供应链上各节点企业之间的密切合作以及相互之间在各方面良好的协调。

供应链的同步化运作,要求供应链各成员企业之间通过同步化的生产计划来解决生产的同步化问题,只有供应链各成员企业之间以及企业内部各部门之间保持步调一致,供应链的同步化运作才能实现。供应链形成的准时生产系统,要求上游企业准时为下游企业提供必需的原材料(零部件),如果供应链中任何一个企业不能准时交货,那么都会导致供应链系统的不稳定或者运作中断,进而导致供应链系统对用户的响应能力下降,因此,保持供应链各成员企业之间生产节奏的一致性是非常重要的。

8. 动态重构原理

动态重构原理认为,供应链是动态的、可重构的。供应链是在一定的时期内针对某一市场机会为了适应某一市场需求而形成的,具有一定的生命周期。当市场环境和用户需求发生较大的变化时,围绕着核心企业的供应链必须能够快速响应,以及进行动态快速重构。

市场机遇、合作伙伴选择、核心资源集成、业务流程重组以及敏捷性等是供应链动态重构的主要因素。从发展趋势来看,组建基于供应链的虚拟企业将是供应链动态快速重构的一种表现形式。

6.3.2 供应链管理的支点

供应链管理的实现,是把供应商、生产厂家、分销商、零售商等在一条供应链上的所有节点企业都联系起来进行优化,使生产资料以最快的速度,通过生产、分销环节变成增值的产品,到达有消费需求的消费者手中。这不仅可以降低成本,减少社会库存,而且可以使社会资源得到优化配置。更重要的是,通过信息网络、组织网络,实现了生产及销售的有效连接和物流、信息流、资金流的合理流动,最终把产品以合理的价格,及时送到消费者手上。构造高效的供应链可以从四个方面入手。

1. 以顾客为中心

供应链管理本身就是以顾客为中心的"拉式"营销推动的结果,其出发点和落脚点都是为顾客创造更多的价值,都是以市场需求的拉动为原动力。顾客价值是供应链管理的核心，企业根据顾客的需求来组织生产；以往供应链的起始动力来自制造环节，先生产物品，再推向市场，在消费者购买之前是不会知道销售效果的。在这种"推式系统"里，存货不足和销售不佳的风险同时存在。现在产品从设计开始企业就让顾客参与，以使产品能真正符合顾客的需求。这种"拉式系统"的供应链是以顾客的需求为原动力的。

供应链管理始于最终用户，其架构包括三个部分：客户服务战略决定企业如何从利润最大化的角度对客户的反馈和期望作出反应；需求传递战略则是企业以何种方式将客户需求与产品服务的提供相联系；采购战略决定企业在何地、怎样生产产品和提供服务。

2. 客户服务战略

第一步是对客户服务市场进行细分，以确定不同细分市场的客户期望的服务水平。第二步是分析服务成本，包括企业现有的客户服务成本结构和为达到不同细分市场服务水平所需的成本。第三步是销售收入管理，这一步非常重要，但常被企业忽视。企业必须对客户作出正确反应，以使利润最大化。

3. 需求传递战略

企业采取何种销售渠道组合把产品和服务送达客户，这一决策对于客户服务水平和分销成本有直接影响。而需求规划（即企业如何根据预测和分析，制订生产和库存计划来满足客户需求）是大多数企业最为重要的职能之一。良好的需求规划是成功地满足客户需求、使成本最小化的关键。

4. 采购战略

关键决策是自产还是外购，这直接影响企业的成本结构和所承担的劳动力、汇率、运输等风险。此外，企业的产能如何规划布置，以及企业如何平衡客户满意度和生产效率之间的关系，都是很重要的内容。

6.3.3 供应链管理的方法

1. 快速反应

1) 快速反应的定义

快速反应(quick response，QR)是指在物流管理中对消费者需求作出快速反应的供应链管理方法。QR 是从美国纺织服装业发展起来的，是指在供应链中，为实现共同目标，零售商和制造商建立战略伙伴关系，利用 EDI 等信息技术进行销售时点的信息、订货信息等交换，用高频率、小数量的配送方式连续补充商品，以缩短交货周期，减少库存，提高客户服务水平，对消费者需求作出快速反应，从而最大限度地提高供应链管理的运作效率。物流企业面对多品种、小批量的买方市场，不是储备"产品"，而是准备了各种"要素"，在获知用户要求后，能以最快的速度抽取"要素"及时"组装"，提供所需的服务或产品。

2) 快速反应的三个阶段

(1) 对所有的商品单元条码化，利用 EDI 传输订购单文档和发票文档。

(2) 增加内部业务处理功能，采用 EDI 传输更多的文档，如发货通知、收货通知等。

(3) 与贸易伙伴密切合作，采用更高级的策略(如联合补库系统等)，以对客户的需求作出迅速的反应。

3) 快速反应的作用

快速反应关系到一个厂商是否能及时满足顾客服务需求的能力。信息技术提高了在最近的可能时间内完成物流作业和尽快地交付所需存货的能力，这样就可减少传统上按预期的顾客需求过度地储备存货的情况。快速反应的能力把作业的重点从根据预测和对存货储备的预期，转移到以从原料装到成品装运的方式对顾客需求作出反应方面上来。不过，由于在还不知道货主需求和尚未承担任务之前，存货实际上并没有发生移动，因此，必须仔细安排作业，不能存在任何缺陷。

这里需要指出的是，虽然应用 QR 的初衷是为了对抗进口商品，但是实际上并没有出现这样的结果。相反，随着竞争和企业经营业务的全球化，QR 系统管理迅速在各国企业界扩展。航空运输为国际上的快速供应提供了保证。现在，QR 方法成为零售商实现竞争优势的有力工具。同时，随着零售商和供应商结成战略联盟，竞争方式也从企业与企业间的竞争转变为战略联盟与战略联盟之间的竞争。

2. 有效客户反应

1) 有效客户反应的定义

20 世纪 90 年代初，日本的食品加工和日用品加工开始模仿美国服装业的"快速反应"，并形成自己的体系，称为"有效客户反应"(efficient consumer response，ECR)。ECR 系统是指为了给消费者提供更高利益，以提高商品供应效率为目标，广泛应用信息技术和沟通工具，在生产厂商、批发商、零售商相互协作的基础上而形成的一种新型流通体制。由于 ECR 系统是通过生产厂商、批发商、零售商的联盟来提高商品供应效率，因而又可以称为连锁供应系统。

欧洲执行董事会对 ECR 的定义是："ECR 是一种通过制造商、批发商和零售商各自经济活动的整合，以最低的成本，最快、最好地实现消费者需求的流通模式。"ECR 强调供应商和零售商的合作，尤其是在企业间竞争加剧和需求多样化发展的今天，产销之间迫切需要建立相互信赖、相互促进的协作关系，通过现代化的信息和手段，协调彼此的生产、经营和物流管理活动，进而在最短的时间内应对客户需求变化。

ECR 是一种观念，不是一种新技术。它重新检讨上、中、下游企业间生产、物流、销售的流程，其主要目的在于消除整个供应链运作流程中没有为消费者增值的成本，将供给推动的"push"(推)式系统，转变成更有效率的需求拉动的"pull"(拉)式系统，并将这些效率化的成果回馈给消费者，期望能以更快、更好、更经济的方式把商品送到消费者的手中，满足消费者的需求。因此，ECR 的实施重点包括需求面的品类管理改善、供给面的物流配送方式改进等。

ECR 的推广对象主要以快速转移消费产品以及食品杂货为主，未来我们期望 ECR 概念能够推广到其他产业体系。

2) 有效客户反应的特点

(1) ECR 系统重视采用新技术、新方法。

首先，ECR 系统采用了先进的信息技术，在生产企业与流通企业之间开发了一种利用计算机技术的自动订货系统(CAO)。CAO 通常与电子收款系统 (POS)结合使用，利用 POS 提供的商品销售信息把有关订货要求自动传向配送中心，由该中心自动发货，这样就可能使零售企业的库存降至为零状态，并缩短了从订货至交货的周期，提高了商品新鲜程度，减少了商品破损率，还可使生产商以最快捷的方式得到自己的商品在市场上是否适销对路的信息。

其次，ECR 系统还采用了两种新的管理技术和方法，即种类管理和空间管理。①种类管理的基本思想不是从特定品种的商品出发，而是从某一种类的总体上考虑收益率最大化。就软饮料而言，不考虑其品牌，而是从软饮料这一大类上考虑库存、柜台面积等要素，按照投资收益率最大化原则去安排品种结构。其中，一些品种能赢得购买力，另一些品种能保证商品收益，通过相互组合，既满足了顾客需要，又提高了店铺的经营效益。②空间管理是指促使商品布局、柜台设置最优化。过去许多零售商也注意到此类问题，不同点在于 ECR 系统的空间管理是与种类管理相结合的，通过两者的结合实现单位销售面积的销售额和毛利润的提高，因而可以取得更好的效果。

(2) ECR 系统建立了稳定的伙伴关系。在传统的商品供应体制上，生产者、批发商、零售商的联系不紧密，发生的每一次订货都有很大的随机性，这就造成生产与销售之间商品流动的极不稳定性，增加了商品的供应成本。而 ECR 系统恰恰克服了这些缺点，在生产者、批发商、零售商之间建立了一个连续的、闭合式的供应体系，改变了它们之间相互敌视的心理，使它们结成了相对稳定的伙伴关系，避免了商业交易中的钩心斗角，实现了共存共荣，是一种新型的产销同盟和产销合作形式。

(3) ECR 系统实现了非文书化。ECR 系统充分利用了信息处理技术，使产、供、销各环节的信息传递实现了非文书化。无论是企业内部的传票处理，还是企业之间的订货单、价格变更、出产通知等文书，都通过计算机间的数据交换(EDI)进行自动处理。由于利用了电子数据交换技术，生产企业在出产的同时就可以把出产的内容电传给进货方，作为进货方的零售企业只要在货物运到后扫描集运架或商品上的条码就可以完成入库验收等处理工作。由于全面采用了电子数据交换技术，可以根据出产明细自动地处理入库，从而使处理时间近似为零，这对于迅速补充商品，提高预测精度，大幅度降低成本起了很大作用。

3) 有效客户反应的注意事项

ECR 系统自提出以来，在美国得到了较为广泛的采用。欧洲许多国家也纷纷引用该系统的技术，来改变本国陈旧的商品供应系统，并已出现了许多成功事例。因此，利用 ECR 系统使流通过程合理化是今后不容回避的课题，但在实施过程中应注意以下问题。

(1) 高层决策者的作用至关重要。ECR 系统是改善企业经营管理工作的大工程，系统涉及产、供、销多个企业部门，任何部门出现错误都会对整个系统的启动产生很大影响。因此，各部门高层决策者的热情和决心对于推动这项工作非常重要，其积极支持和倡导有利于明确目标，提高业务改革速度，排除浪费，提升 ECR 系统的应用质量。

(2) 正确地把握顾客的价值和需求。ECR 系统自始至终以增加消费者的利益和满足消费者的需求为根本宗旨，所有的业务改善和效率提高都是围绕这一宗旨展开的。只有正确地把握顾客的价值和需求，才能制定出 ECR 系统的工作目标，满足顾客的需求。正确判断消费者的利益追求，把消费者的利益放在何种位置是开展 ECR 工作的第一步。当前超市消费趋向于商品品质、鲜度、营养、包装、价格等方面，在品种结构上，顾客大多带有一次购妥的愿望。掌握了这些信息，ECR系统才能真正发挥其优越性。

(3) 制定明确的目标和标准。作为一项系统改善工作，ECR要有明确的目标和工作标准。通过这些目标和标准，可以对照成果进行正确的评价。同时，有了目标和标准，员工才能明确需要完成的任务和达到的尺度。

(4) 积极改革组织机构。ECR系统的有效开展必须获得相应的组织和机构保障。ECR系统的基本思想是从流通过程和业务活动中寻求改革方案，因而传统职能划分的组织形式是不适应的，应构筑起新型的组织形式。ECR系统可视为一种广泛的连锁系统，因而可按照连锁的模式来建立组织机构。

3. 电子订货系统

1) 电子订货系统的定义

电子订货系统(electronic ordering system，EOS)是指将批发、零售商场所发生的订货数据输入计算机，即通过计算机通信网络连接的方式将资料传送至总公司、批发商、商品供货商或制造商处的一种订货系统。因此，EOS能处理从新商品资料的说明直到会计结算等所有商品交易过程中的作业，可以说EOS涵盖了整个物流系统。在寸土寸金的今天，零售业已没有许多空间用于存放货物，在要求供货商及时补足售出商品的数量且不能有缺货的前提下，更应该采用EOS。EOS因含有许多先进的管理手段，所以在国际上的使用范围非常广泛，并且越来越受到商业界的青睐。

2) 电子订货系统的组成

电子订货系统采用电子技术完成供应链上从零售商到供应商的产品交易过程，因此，一个电子订货系统必须由以下四个部分构成。

(1) 供应商：商品的制造者或供应者(生产商、批发商)。

(2) 零售商：商品的销售者。

(3) 网络：用于传输订货信息(订单、发货单、收货单、发票等)。

(4) 计算机系统：用于产生和处理订货信息。

3) 电子订货系统的特点

电子订货系统具有以下几个方面的特点。

(1) 商业企业内部计算机网络应用功能完善，能及时产生订货信息。

(2) POS与EOS高度结合，产生高质量的信息。

(3) 满足零售商和供应商之间的信息传递需求。

(4) 通过网络传输信息订货。

(5) 信息传递及时、准确。

4) 电子订货系统的结构、类型与配置

(1) 结构。电子订货系统包括订货系统、通信网络系统和接单电脑系统。就门店而言，只要配备了订货终端机和货价卡(或订货簿)，再配上电话和数据机，就可以说是一套完整的电子订货配置。就供应商来说，凡能接收门店通过数据机的订货信息，并可利用终端设备系统直接作订单处理，打印出出货单和检货单，就可以说已具备电子订货系统的功能。但就整个社会而言，标准的电子订货系统绝不是"一对一"的格局，即并非由单个的零售店与单个的供应商组成的系统，而是"多对多"的整体运作，即由许多零售店和许多供货商组成的大系统的整体运作方式。

(2) 类型。根据电子订货系统的整体运作程序来划分，大致可以分为以下三种类型。

① 连锁体系内部的网络型，即连锁门店有电子订货配置，连锁总部有接单电脑系统，并以即时、批次或电子信箱等方式传输订货信息。这是"多对一"与"一对多"相结合的初级形式的电子订货系统。

② 供应商对连锁门店的网络型，其具体形式有两种：一种是直接的"多对多"，即众多的不同连锁体系下属的门店对供应商，由供应商直接接单发货至门店；另一种是以各连锁体系内部的配送中心为中介的间接的"多对多"，即连锁门店直接向供应商订货，并告知配送中心有关订货信息，供货商按商品类别向配送中心发货，并由配送中心按门店向门店送货，这可以说是中级形式的电子订货系统。

③ 众多零售系统共同利用的标准网络型，其特征是利用标准化的传票和社会配套的信息管理系统完成订货作业。其具体形式有两种：一是地区性社会配套的信息管理系统网络，即成立由众多的中小型零售商、批发商构成的区域性社会配套的信息管理系统营运公司和地区性的咨询处理公司，为本地区的零售业服务，支持本地区 EOS 的运行；二是专业性社会配套信息管理系统网络，即按商品的性质划分专业，从而形成各个不同专业的信息网络。这是高级形式的电子订货系统，必须以统一的商品代码、统一的企业代码、统一的传票和订货的规范标准的建立为前提条件。

(3) 配置。无论采用何种形式的电子订货系统，皆以门店订货系统的配置为基础。门店订货系统配置包括硬件设备配置与电子订货方式确立两个方面。

① 配置硬件设备。硬件设备一般由三个部分组成：一是电子订货终端机。它的功能是将所需订货的商品和条码及数量，以扫描和输入的方式暂时储存到记忆体中，当订货作业完毕时，再将终端机与后台电脑连接，取出储存在记忆体中的订货资料，存入电脑主机。电子订货终端机与手持式扫描器的外形有些相似，但功能有很大差异，其主要区别是：电子订货终端机具有存储和运算等电脑基本功能，而扫描器只有阅读及解码功能。二是数据机。它是传递订货主与接单主电脑信息资料的主要通信装置，其功能是将电脑内的数据转换成线性脉冲资料，通过专有数据线路，将订货信息从门店传递给商品供方，供方以此为依据来发送商品。三是其他设备。如个人电脑、价格标签及店内码的印制设备等。

② 确立电子订货方式。EOS 的运作除硬件设备外，还必须有记录订货情报的货架卡和订货簿，并确立电子订货方式。常用的电子订货方式有三种：一是利用电子订货簿订货。电子订货簿是记录包括商品代码/名称、供应商代号/名称、进/售价等商品资料的书面表示。利用电子订货簿订货就是由订货者携带订货簿及电子订货终端机直接到现场巡视缺货状况，再用订货簿寻找商品，对条码进行扫描并输入订货数量，然后直接接上数据机，通过电话线传输订货信息。二是电子订货簿与货架卡并用。货架卡就是装设在货架槽上的一张商品信息记录卡，显示内容包括名称、商品代码、条码、售价、最高订量、最低订量和厂商名称等。利用货架卡订货，无须携带订货簿，而只要手持电子订货终端机，一边巡货一边订货，订货手续完成后再直接接上数据机将订货信息传输出去。三是低于安全存量订货法。即将每次进货数量输入电脑，销售时电脑会自动将库存扣减，当库存量低于安全存量时，会自动打印货单或直接传输出去。

5) 电子订货系统的操作流程

(1) 在零售店的终端利用条码阅读器获取准备采购的商品条码，并在终端机上输入订货资料，利用数据线通过调制解调器传到批发商的计算机中。

(2) 批发商开出提货传票，并根据传票开出拣货单，实施拣货，然后根据送货传票进行商品发货。

(3) 送货传票上的资料便成为零售商店的应付账款资料及批发商的应收账款资料，并接到应收账款的系统中。

(4) 零售商对送到的货物进行检验后，就可以陈列出售了。

4. 企业资源计划系统

1) 企业资源计划系统的定义

企业资源计划(enterprise resource planning，ERP)是由美国高德纳(Gartner Group)公司于1990年提出的。企业资源计划是企业制造资源计划(manufacturing resource planning，MRP II)下一代的制造业系统和资源计划软件。除了 MRP II 已有的生产资源计划、制造、财务、销售、采购等功能外，还有质量管理，实验室管理，业务流程管理，产品数据管理，存货、分销与运输管理，人力资源管理和定期报告系统。目前，在我国 ERP 所代表的含义已经被扩大，用于企业的各类软件已经统统被纳入 ERP 的范畴。它跳出了传统企业边界，从供应链范围去优化企业的资源，是基于网络经济时代的新一代信息系统，主要用于改善企业业务流程以提高企业核心竞争力。

企业资源计划系统是指建立在信息技术基础上，以系统化的管理思想，为企业决策层及员工提供决策运行手段的管理平台。企业资源计划系统为企业提供了一个统一的业务管理信息平台，将企业内部以及企业外部供需链上所有的资源与信息进行统一的管理，这种集成能够消除企业内部因部门分割造成的各种信息隔阂与信息孤岛。

2) 企业资源计划系统的特点

企业资源计划系统主要有以下几个方面的特点。

(1) 实用性。企业资源计划系统作为一种企业管理系统，是一个管理工具，是对企业的人力、财力、物流、信息、时间以及空间进行合理的优化管理。它的实用性体现在关联了企业内部的各个部门，简化了各个繁杂的流程，从而提高了工作效率。

(2) 整合性。整合性是整个企业资源计划系统最具特色的一个功能，可以直接将企业内部的所有信息进行整合加工，且非常完整，与其他系统相比，完整度以及准确率都得到了提升，更具功能性。

(3) 弹性。弹性是指将企业划分为几个模块，采用模块化的管理方式，既可以注意到一些细节，又能支持信息整合，在一定程度上提高了企业处理事务的应变能力。

(4) 数据存储。在企业资源计划系统中处理过的各项数据系统都会将其存储下来，而且会自动将其进行分类整合，使得数据的准确性以及可用性得到提升。后续要找数据的话，也非常简单，可直接读取。

(5) 便利性。企业资源计划系统不仅能在公司使用，只要有电脑以及进入系统的权限，任何地方都能进行资料录入和提取，使用方便、快捷。

(6) 管理绩效。员工通过企业资源计划系统进行工作，每一工作流程都被详细地记录下来，管理者可以直观地看到员工的具体工作表现，并进行纵向、横向的比较，管理绩效得到全面的提升。

(7) 实时性。企业资源计划系统强调企业内部信息的整合管理，体现整体性。很多时候各部门都是各管各的，相互之间的交流不多，导致工作效率低下。企业资源计划系统就要求各个部门进行动态的配合，各项流程都是具有实时性的。

3) 企业资源计划系统的发展阶段

(1) 管理信息系统(management information system，MIS)阶段。企业的管理信息系统可以记录大量原始数据，支持查询、汇总等方面的工作。

(2) 制造资源计划(MRP)阶段。企业的管理信息系统对产品构成进行管理，借助计算机的运算能力及系统对客户订单、在库物料、产品构成的管理能力，依据客户订单，按照产品结构清单展开并制订物料需求计划，实现减少库存、优化库存的管理目标。

(3) 制造资源计划 II(MRP II)阶段。在 MRP 管理系统的基础上，系统增加了对企业生产中心、加工工时、生产能力等方面的管理，以实现通过计算机进行生产排程的功能，同时也将财务的功能囊括进来，在企业中形成以计算机为核心的闭环管理系统，这种管理系统已能动态监察到产、供、销的全部生产过程。

(4) 企业资源计划(ERP)阶段。进入 ERP 阶段后，以计算机为核心的企业级的管理系统更为成熟，系统增加了包括财务预测、生产能力、调整资源调度等方面的功能，配合企业实现准时化管理、全面管理、质量管理和生产资源调度管理及辅助决策的功能，成为企业进行生产管理及决策的平台工具。

(5) 电子商务时代的 ERP 阶段。Internet 技术的成熟为企业信息管理系统增加了与客户或供应商实现信息共享和直接的数据交换的能力，从而强化了企业间的联系，形成共同发展的生存链。ERP 系统响应实现这方面的功能，使决策者及业务部门实现跨企业的联合作战。

4) 企业资源计划系统的核心管理思想

企业资源计划系统的核心管理思想就是实现对整个供应链的有效管理，主要体现在以下三个方面。

(1) 对整个供应链资源进行管理的思想。在知识经济时代，仅靠自己企业的资源已不足以在市场竞争中取得优势地位，只有把经营过程中的有关各方(如供应商、制造工厂、分销网络、客户等)纳入一个紧密的供应链中，才能有效地安排企业的产、供、销活动，满足企业利用全社会一切市场资源快速高效地进行生产经营的需求，以期进一步提高效率和在市场上获得竞争优势。换句话说，现代企业竞争不是单一企业与单一企业间的竞争，而是一个企业供应链与另一个企业供应链之间的竞争。ERP 系统实现了对整个企业供应链的管理，适应了企业在知识经济时代市场竞争的需要。

(2) 精益生产和敏捷制造的思想。企业资源计划系统支持对混合型生产方式的管理，其管理思想表现在以下两个方面。

① 精益生产(lean production, LP)思想，它是由美国麻省理工学院(MIT)提出的一种企业经营战略体系，即企业按大量生产方式组织生产时，把客户、销售代理商、供应商、协作单位纳入生产体系，企业同其销售代理、客户和供应商的关系，已不再是简单的业务往来关系，而是利益共享的合作伙伴关系，这种合作伙伴关系组成了一个企业的供应链，这即是精益生产的核心思想。

② 敏捷制造(agile manufacturing, AM)思想。当市场发生变化，企业遇到特定的市场

和产品需求时,企业的基本合作伙伴不一定能满足新产品开发、生产的要求,这时企业会组织一个由特定的供应商和销售渠道组成的短期或一次性供应链,形成"虚拟工厂",把供应和协作单位看成是企业的一个组成部分,运用"同步工程"(simultaneous engineering, SE)组织生产,用最短的时间将新产品打入市场,时刻保持产品的高质量、多样化和灵活性,这即是敏捷制造的核心思想。

(3) 集成管理思想。如果企业资源计划系统能够将客户关系管理(customer relationship management,CRM)软件、供应链管理(supply chain management,SCM)软件集成起来,则构成了企业电子商务的完整解决方案。企业资源计划系统将企业业务明确划分为由多个业务节点联结而成的业务流程,通过各个业务节点明晰了各自的权责范畴,而各个节点之间的无缝联结,实现了信息的充分共享及业务的流程化运转。

企业实施 ERP 系统,根本的目的不在于引进一套现代化信息系统,更重要的是运用 ERP 系统对企业的业务进行重新梳理与优化,实现生产经营的精细化与集约化,而带来的好处就是降低成本,缩短生产周期,更快地响应客户的需求,为客户提供更好的服务。

5) 企业资源计划系统的功能

企业资源计划系统主要有以下几个方面的功能。

(1) 生产控制管理。生产控制管理是一个以计划为导向的先进的生产、管理方法。企业首先确定一个总生产计划,再经过系统层层细分后,下达到各部门去执行。它将企业的整个生产过程有机地结合在一起,使企业能够有效地降低库存,提高效率。同时各个原本分散的生产流程的自动连接,使生产流程前后连贯地进行,不会出现生产脱节的情况,耽误生产交货时间。

(2) 物流管理。物流活动贯穿商品产、供、销的全过程,物流管理不管是对企业内部的管理还是企业外部的沟通都有很大的作用,实现了物质资源在空间上的高效流动,可以为企业带来巨大经济效益。

(3) 库存控制。库存管理是企业中的一个小模块,经常会被企业管理者忽视,但是如果疏于管理也会对企业造成不小的影响。ERP 系统的库存控制会结合其他模块的数据对企业的库存进行合理的控制。在保证生产所需的物资供应充足的同时,避免企业的库存积压。

(4) 采购管理。采购是企业控制成本的一个重要方面,ERP 系统的采购管理可以为企业确定合理的订货量、优秀的供应商和保持最佳的安全储备;能够随时提供订购和验收的相关信息,跟踪和催促外购或委托加工的物料,保证货物及时到达;可以建立供应商的档案,用最新的成本信息来调整库存成本。

(5) 分销管理。销售是企业实现利润的重要环节,ERP 系统的分销管理是从产品的销售计划开始,对其销售产品、销售地区、销售客户等各种信息进行管理和统计,并可对销售数量、单价、金额、利润、绩效、客户服务作出全面的分析。分销管理大致分为对客户信息的管理、对销售订单的管理、对销售的统计管理等。

(6) 会计核算。传统的会计核算是通过人工记录来实现的,这样不仅对准确率和记录速度有影响,而且在查找某一数据的时候也不太方便。ERP 系统的会计核算结合信息技术,对企业的会计相关数据进行统一管理并自动整合,减少了人工记录的环节,可以实现整个企业供应链的有效管理。

(7) 财务管理。企业的财务管理人员可通过 ERP 系统中的决策支持智能系统全面了解并掌握企业的经营状况，准确地分析和制定企业的发展方向，有效地控制和降低企业的运作成本。同时，企业的中层管理者可以通过 ERP 系统安排好相应的采购计划、生产计划、销售计划和资金计划；而企业的基层管理者则可以通过 ERP 系统下达日常的工作指令。

5. 供应商管理库存方法

1) 供应商管理库存方法的产生背景及内涵

VMI(vendor managed inventory，供应商管理库存)是一种在供应链环境下的库存运作模式。本质上，它是将多级供应链问题变成单级库存管理问题，相对于按照传统用户发出订单进行补货的做法，VMI 方法是以实际或预测的消费需求和库存量，作为市场需求预测和库存补货的解决方法，即由销售资料得到消费需求信息，供货商可以更有效地制订库存计划，更快速地反映市场变化和满足消费需求。

2) 实施供应商管理库存方法的好处

(1) 供应商受益表现在：①通过销售点(POS)数据透明化，简化了配送预测工作；②结合当前存货情况，使促销工作易于实施；③供应商更专注地提升物流服务水平；④需求拉动透明化，提高配送效率——以有效补货避免缺货；⑤有效的预测使生产商能更好地安排生产计划。

(2) 分销商和消费者受益表现在：①提高了供货速度；②减少了缺货情况；③降低了库存；④将计划和订货工作转移给供应商，降低了运营费用；⑤在恰当的时间适量补货——提升了总体物流绩效；⑥减少分销商的订货偏差，减少退货。

(3) 共同的利益表现在：①通过计算机互联通信，减少了数据差错；②提高了供应链整体处理速度；③各方更专注于提供优质的用户服务；④避免缺货，使所有供应链成员受益；⑤真正意义上的供应链合作伙伴关系得以确立。

6. 准时生产方式

1) 准时生产方式的产生背景及内涵

在 20 世纪后半期，整个汽车市场进入了一个市场需求多样化的新阶段，而且对质量的要求也越来越高，随之给制造业提出的新课题即是，如何有效地组织多品种、小批量生产，否则的话，生产过剩所引起的只是设备、人员、库存费用等一系列浪费，从而影响企业的竞争能力以至于生存状况。在这种历史背景下，1953 年，日本丰田公司的副总大野耐一综合了单件生产和批量生产的特点与优点，创造了一种在多品种、小批量混合生产条件下高质量、低消耗的生产方式，即准时(just in time，JIT)生产。JIT 生产方式在推广应用过程中，经过不断发展完善，为日本汽车工业的腾飞插上了翅膀，提高了生产效率。这一生产方式亦为世界工业界所瞩目，被视为当今制造业中理想且具有生命力的新型生产系统之一。

JIT 生产方式，其实质是保持物质流和信息流在生产中的同步，实现以恰当数量的物料，在恰当的时候进入恰当的地方，生产出恰当质量的产品。这种方法可以减少库存，缩短工时，降低成本，提高生产效率。

JIT 生产方式的基本思想是"只在需要的时候，按需要的量，生产所需的产品"，也就是追求一种无库存或库存达到最小的生产系统。JIT 生产方式以准时生产为出发点，首先暴露出生产过量和其他方面的浪费，然后对设备、人员等进行淘汰、调整，达到降低成本，简化计划和加强控制的目的。在生产现场控制技术方面，JIT 生产的基本原则是在正确的时间，生产正确数量的零件或产品，即准时生产。它将传统生产过程中前道工序向后道工序送货，改为后道工序根据"看板"向前道工序取货，看板系统是 JIT 生产现场控制技术的核心，但 JIT 生产不仅仅是看板管理。JIT 生产的基础之一是均衡化生产，即平均制造产品，使物流在各作业之间、生产线之间、工序之间、工厂之间平衡、均衡地流动。为达到均衡化，在 JIT 生产中采用月计划、日计划，并根据需求变化及时对计划进行调整。

JIT 生产提倡采用对象专业化布局，以减少排队时间、运输时间和准备时间。在工厂一级采用基于对象的专业化布局，以使各批工件能在各操作间和工作间顺利流动，减少通过时间；在流水线和工作中心一级采用微观对象专业化布局和工作中心形布局，可以减少通过时间。JIT 生产可以使生产资源合理利用，包括劳动力柔性和设备柔性。当市场需求波动时，要求劳动力资源也作相应调整。当需求量增加不大时，可通过适当调整具有多种操作技能的人员来完成；当需求降低时，可减少生产班次，解雇临时工，分配多余的操作工去参加维护和维修设备，这就是劳动力柔性的含义。而设备柔性是指在产品设计时就考虑加工问题，开发多功能设备。JIT 生产强调全面质量管理，目标是消除不合格产品，消除可能引起不合格产品的根源，并设法解决问题。JIT 生产中还包含许多有利于提高质量的因素，如批量小，零件很快移到下一道工序，质量问题可以及早发现等。JIT 生产以订单驱动，通过"看板"，采用拉动方式把供、产、销紧密地衔接起来，使物资储备、成本库存和在制品大为减少，提高了生产效率。

2) 准时生产方式的特征

JIT 生产作为一种现代管理技术，能够为企业降低成本，改进企业的经营水平，它有以下两个方面的主要特征。

(1) 以消除非增值环节来降低成本。JIT 生产方式是力图通过另一种方法来增加企业利润，那就是彻底消除浪费，即排除不能给企业带来附加价值的各种因素，如生产过剩，在制品积压、废品率高、人员利用率低、生产周期长等。

(2) 强调持续地强化与深化。JIT 生产强调在现有基础上持续地强化与深化，不断地进行质量改进工作，逐步实现不良品为零、库存为零、浪费为零的目标。

7. 联合计划、预测与补给方法

1) 联合计划、预测与补给方法的产生背景及内涵

联合计划、预测与补给(collaborative planning forecasting and replenishment，CPFR)的形成始于沃尔玛所推动的协同预测与补货(collaborative forecast and replenishment，CFAR)，CFAR 是利用 Internet 通过零售企业与生产企业的合作，共同作出商品预测，并在此基础上实行连续补货的系统。后来，在沃尔玛的不断推动之下，基于信息共享的 CFAR 系统开始向 CPFR 发展。

该系统是在 1995 年由沃尔玛(Walmart)与其供应商 Warner-Lambert、管理信息系统供应商 SAP、供应链软件商 Manugistics、美国咨询公司 Benchmarking Partners 等 5 家公司联合成立的工作小组进行研究和探索的，1998 年美国召开零售系统大会时又加以倡导，目前，试验的零售企业有沃尔玛、凯马特(Kmart)和韦格曼斯(Wegmans)，生产企业有宝洁(P&G)、金佰利(JBL)、惠普(HP)等 7 家企业，可以说，这是目前供应链管理在信息共享方面的最新发展。从 CPFR 实施后的绩效看，Warner-Lambert 公司零售商品满足率从 87%提

高到 98%，新增销售收入 800 万美元。在 CPFR 取得初步成功后，组成了由零售商、制造商和方案提供商等 30 多个实体参加的 CPR 委员会，与美国产业共同商务标准(Voluntary Interindustry Commerce Solutions，VICS)协会一起致力于 CPFR 的研究、标准制定、软件开发和推广应用工作。美国商业部资料表明，1997 年美国零售商品供应链中的库存约为 1 万亿美元，CPFR 理事会估计，通过全面成功实施 CPFR 可以将库存减少 15%～25%，即 1 500 亿～2 500 亿美元。由于 CPFR 巨大的潜在效益和市场前景，一些著名的企业软件商[如思爱普(SAP)、同步供应链管理解决方案供应商(Manugistics)等]正在开发 CPFR 软件系统和从事相关服务。

CPFR 是在 CFAR 共同预测和补货的基础上，进一步推动共同计划的制订，即不仅合作企业实行共同预测和补货，同时将原来属于各企业内部事务的计划工作(如生产计划、库存计划、配送计划、销售规划等)也让供应链各企业共同参与，利用互联网实现跨越供应链的成员合作，更好地预测、计划和执行货物流通。CPFR 是一种协同式的供应链库存管理技术，它在降低销售商的存货量的同时，也增加了供应商的销售额。

2) 联合计划、预测与补给方法的特点

(1) 协同。从 CPFR 的基本思想看，供应链上下游企业只有确立共同的目标，才能使双方的绩效都得到提升，取得综合性的效益。CPFR 这种新型的合作关系要求双方长期承诺公开沟通、信息分享，从而确立其协同性的经营战略。尽管这种战略的实施必须建立在信任和承诺的基础上，但这是买卖双方取得长远发展和良好绩效的唯一途径。正是因为如此，协同的第一步就是保密协议的签署、纠纷机制的建立、供应链计分卡的确立以及共同激励目标的形成(例如，不仅包括销量，也同时确立双方的盈利率)。应当注意的是，在确立这种协同性目标时，不仅要建立起双方的效益目标，更要确立协同的盈利驱动性目标，只有这样，才能使协同性能体现在流程控制和价值创造的基础之上。

(2) 规划。1995 年沃尔玛与 Warner-Lambert 的 CFAR 为消费品行业推动双赢的供应链管理奠定了基础，此后，当 VICS 定义项目公共标准时，认为需要在已有的结构上增加"P"，即合作规划(如品类、品牌、分类、关键品种等)以及合作财务(如销量、订单满足率、定价、库存、安全库存、毛利等)。此外，为了实现共同的目标，还需要双方协同制订促销计划、库存政策变化计划、产品导入和中止计划以及仓储分类计划。

(3) 预测。任何一个企业或双方都能作出预测，但是 CPFR 强调买卖双方必须作出最终的协同预测，像季节因素和趋势管理信息等，无论是对服装或相关品类的供应方还是销售方，都是十分重要的，基于这类信息的共同预测能大大减少整个价值链体系的低效率、死库存，更好地促进产品销售，节约使用整个供应链的资源。与此同时，最终实现协同促销计划是实现预测精度提高的关键。CPFR 所推动的协同预测还有一个特点，即它不仅关注供应链双方共同作出最终预测，同时强调双方都应参与预测反馈信息的处理和预测模型的制定与修正，特别是如何处理预测数据的波动等问题，只有把数据集成、预测和处理的所有方面都考虑清楚，才有可能真正实现共同的目标，使协同预测落在实处。

(4) 补货。销售预测必须利用时间序列预测和需求规划系统转化为订单预测，并且供应方约束条件(如订单处理周期、前置时间、订单最小量、商品单元以及零售方长期形成的购买习惯等)都需要供应链双方加以协商解决。根据 VICS 的 CPFR 指导原则，协同运输计划也被认为是补货的主要因素。此外，例外状况的出现也需要转化为存货的百分比、预测精度、安全库存水准、订单实现的比例、前置时间以及订单批准的比例，所有这些都需要在双方公认的计分卡基础上定期协同审核。潜在的分歧(如基本供应量、过度承诺等)双方应事先及时加以解决。

8. 敏捷制造方法

1) 敏捷制造方法的产生背景及内涵

敏捷制造(agile manufacturing，AM)是美国国防部为了指导 21 世纪制造业发展而支持的一项研究计划。该计划始于 1991 年，有 100 多家公司参加，由通用汽车公司、波音公司、IBM、得州仪器公司、AT&T、摩托罗拉等 15 家著名大公司和国防部代表共 20 人组成了核心研究队伍。此项研究历时三年，于 1994 年年底提出了《21 世纪制造企业战略》，在这份报告中，提出了既能体现国防部与工业界各自的特殊利益，又能获取它们共同利益的一种新的生产方式，即敏捷制造。

敏捷制造是在具有创新精神的组织和管理结构、先进制造技术(以信息技术和柔性智能技术为主导)、有技术有知识的管理人员三大类资源支柱支撑下得以实施的，也就是将柔性生产技术、有技术有知识的劳动力与能够促进企业内部和企业之间合作的灵活管理集中在一起，通过所建立的共同基础结构，对迅速改变的市场需求和市场进度作出快速响应。敏捷制造比起其他制造方式具有更灵敏、更快捷的反应能力。

2) 敏捷制造方法的特点

敏捷制造的核心思想是：要提高企业对市场变化的快速反应能力，满足顾客的要求，除了充分利用企业内部的资源外，还可以充分利用其他企业乃至社会的资源来组织生产。敏捷制造方法的特点如下。

(1) 从产品开发开始的整个产品生命周期都是为满足用户需求的。
(2) 采用多变的动态的组织结构。
(3) 着眼于长期获取经济效益。
(4) 建立新型的标准体系，实现技术、管理和人的集成。
(5) 最大限度地调动、发挥人的作用。

6.3.4 供应链管理模式

1. 推动式供应链

推动式供应链是以制造商为核心企业，根据产品的生产和库存情况，有计划地把商品推销给客户，其驱动力源于供应链上游制造商的生产，其模式如图 6-1 所示。在这种运作方式下，供应链上各节点比较松散，追求降低物理功能成本，属于卖方市场下供应链的一种表现。由于不了解客户需求变化，这种运作方式的库存成本高，对市场变化的反应迟钝。

图 6-1 制造商推动的供应链

在一个推动式供应链中，生产和分销的决策都是根据长期预测的结果作出的。准确地说，制造商是利用从零售商处获得的订单进行需求预测。事实上，企业从零售商和仓库那里获取订单的变动要比顾客实际需求的变动大得多，这就是通常所说的"牛鞭效应"，这种现象会使企业的计划和管理工作变得很困难。例如，制造商不清楚应当如何确定它的生产能力，如果根据最大需求确定，就意味着大多数时间里制造商必须承担高昂的资源闲置成本；如果根据平均需求确定生产能力，在需求高峰时期需要寻找昂贵的补充资源。同样，对运输能力的确定也面临这样的问题：是以最高需求还是以平均需求为准呢？因此，在一个推动式供应链中，经常会发现由于紧急的生产转换引起的运输成本增加、库存水平变高或生产成本上升等情况。

供应链发展前期，多以"推动型"为主。推动式供应链示例如图 6-2 所示。

推动式供应链对市场变化作出反应需要较长的时间，可能会导致一系列不良反应。例如，在需求高峰时期，难以满足顾客需求，导致服务水平下降；当某些商品需求消失时，会使供应链生产大量的过时库存，甚至出现产品过时等现象。

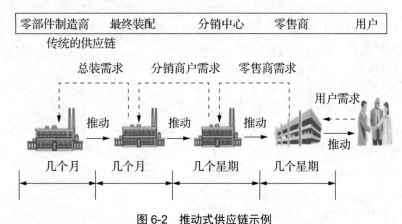

图 6-2　推动式供应链示例

2. 拉动式供应链

拉动式供应链是以客户为中心，比较关注客户需求的变化，并根据客户需求组建生产，如图 6-3 所示。在这种运作方式下，供应链各节点集成度较高，有时为了满足客户的差异化需求，不惜追加供应链成本，属于买方市场下供应链的一种表现。这种运作方式对供应链整体素质要求较高，从发展趋势来看，拉动式供应链运作方式是发展的主流。

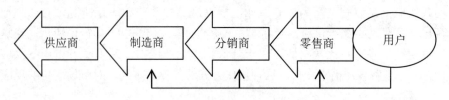

图 6-3　用户需求牵引的供应链

在拉动式供应链中，生产和分销是由需求驱动的，这样生产和分销就能与真正的顾客需求而不是预测需求相协调。在一个真正的拉动式供应链中，企业不需要持有太多库存，只需对订单作出反应。拉动式供应链示例如图 6-4 所示。

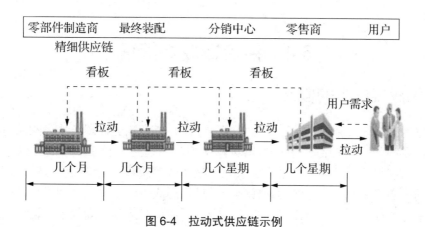

图 6-4　拉动式供应链示例

拉动式供应链有以下优点。
(1) 通过更好地预测零售商订单的到达情况，可以缩短提前期。
(2) 由于提前期缩短，零售商的库存可以相应减少。
(3) 由于提前期缩短，系统的变动性减小，尤其是制造商面临的变动性变小了。
(4) 由于变动性减小，制造商的库存水平将降低。
(5) 在一个拉动式的供应链中，系统的库存水平有了很大的下降，从而提高了资源利用率。

3. 推—拉式供应链

对一个特定的产品而言，企业是应该采用推动式还是拉动式战略，从市场需求变化的角度出发，考虑的是供应链如何处理需求不确定的运作问题。在实际的供应链管理过程中，不仅要考虑来自需求端的不确定性问题，还要考虑来自企业自身生产和分销规模经济的重要性。

在其他条件相同的情况下，需求不确定性越高，就越应采用根据实际需求管理供应链的模式——拉动战略；相反，需求不确定性越低，就越应采用根据长期预测管理供应链的模式——推动战略。同样，在其他条件相同的情况下，规模效益对降低成本起着重要的作用。组合需求的价值越高，就越应采用推动战略；如果规模经济不那么重要，组合需求也不能降低成本，则应采用拉动战略。

在推—拉组合战略中，供应链的某些层次，如最初的几层以推动的形式经营，其余的层次采用拉动式战略。推动式与拉动式的接口处被称为推—拉边界。虽然一个产品(如计算机)需求具有较高的不确定性，规模效益也不十分突出，理论上应当采取拉动战略，但实际上计算机厂商并不完全采取拉动战略。以戴尔为例，戴尔计算机的组装完全是根据最终顾客订单进行的，此时它执行的是典型的拉动战略。但戴尔计算机的零部件是按预测进行生产和分销决策的。此时它执行的却是推动战略。也就是说，供应链的推动部分是在装配之前，而供应链的拉动部分则从装配之后开始，并按实际的顾客需求进行，是一种前推后拉的混合供应链战略，推—拉边界就是装配的起始点。推—拉组合战略的另一种形式是采取前拉后推的供应链组合战略，其适用于那些需求不确定性高，但生产和运输过程中规模效益十分明显的产品和行业。

6.4 供应链成本管理

6.4.1 供应链成本的概念

供应链是围绕核心企业,通过对信息流、物流、资金流的控制,从采购原材料开始,制成中间产品以及最终产品,最后由销售网络把产品送到消费者手中的将供应商、制造商、分销商、零售商,直到最终用户连成一个整体的功能网络结构。供应链管理就是使以核心企业为中心的供应链运作达到最优化,以最低的成本,令供应链从采购开始,满足最终客户的所有过程,包括工作流、实物流、资金流和信息流等均高效率地运作,把合适的产品以合理的价格,及时、准确地送到消费者手上。

供应链成本是指供应链在整个运作过程和周期内所花费的所有物化劳动和活劳动的货币表现。供应链成本是供应链管理研究中的核心问题之一。

6.4.2 供应链成本的构成

供应链成本一般包括物流成本和交易成本,也有的学者认为直接成本也是供应链成本中的一部分。直接成本就是传统意义上的产品成本,包括产品的生产成本、研发费用、制造费用等,一般可以直接归入各产品之中。为发生的直接成本由企业自身的生产活动而形成,但与供应链管理水平的高低无关的,可以不将直接成本列入供应链成本的构成中。

供应链物流成本是指货物在供应链体系中从事物流活动所耗费的物化劳动和活劳动的货币表现,它包括运输成本、仓储成本、库存持有成本、订单处理成本和缺货成本等。

(1) 运输成本。运输成本是物流成本中最重要的一部分,主要包括运输、装卸和搬运成本等。无论是制造商从上游供应商采购原材料,还是向下游分销商销售产品,只要涉及物品的位移,就会有运输成本。运输成本包括将原材料从供应商那里运送到生产商、搬运原材料入库、运送原材料至生产车间、半成品入库、产成品入库、将产成品运输至分销商等发生的费用。

(2) 仓储成本。仓储成本包括仓库的租金或者自建仓库的折旧费以及在仓储运作过程中的入库、出库、现场管理、盘点及根据订单拣选作业等仓储作业费用。

(3) 库存持有成本。库存持有成本是为保持存货而发生的成本,与库存货物数量有关,主要包括存货资金的计利息、存货破损和变质损失费用等。

(4) 订单处理成本。订单处理成本包括两部分,一是当企业库存低于保险储备量时向上游企业取得订单的成本,包括采购人员的人工费用、采购机构的基本开支及管理费用;二是仓库对于下游企业采购订单的处理成本。

(5) 缺货成本。缺货成本是由于存货供应中断而造成的损失,包括材料供应中断造成的停工损失、产品库存缺货造成的延迟发货损失和丧失销售机会的损失。

(6) 供应链交易成本。供应链交易成本是指供应链合作伙伴形成过程中发生的成本以及为维持供应链合作伙伴关系所发生的成本。供应链交易成本大致分为信息费用、交易谈判费用、签约费用、监督履约成本和交易变更成本等。根据交易成本的构成,可以将其分为事前交易成本和事后交易成本。为了促进交易的进行，交易者首先要选择合适的合作伙伴，寻找供应商或者寻找客户，要获取交易有关信息，所耗费的前期费用包括人工费用、材料费用、咨询费用等；交易谈判签约过程中所发生的费用等也构成了事前交易成本。另外，事前成本还包括供应链信息流、资金流的衔接等问题所发生的相关成本。供应链合作伙伴关系建立之后，需要进行相关的关系维护，如由于契约不完全所导致的道德风险成本和解决契约纠纷引起的成本等，可以把这些成本归为事后交易成本。事后交易成本可以用常见方法进行预测并控制。

6.4.3　供应链成本的核算

成本的发生存在于一定的时间和空间内，并构成了成本核算与控制的时空域。与传统的成本相比，供应链成本具有将成本核算的时间和空间统一起来的优点。从时间上看，成本的产生和控制与产品的生命周期一致，即经历了从研发、设计，最终到配送、售后服务以及回收等过程，这个过程包括了企业内部完整的供应链，而且跨越了企业边界，涉及供应商、制造企业、分销商、顾客以及社会公众，成本核算只有将范围扩展到整个时间链条，才能真正完整地核算和控制成本。从成本控制的空间来看，成本的发生地与引起成本发生的主体往往不一致。比如，供应商的行为会引起制造商成本的改变，或者相反，制造商的行为改变也能引起供应商成本的增加，即成本发生的原因和结果不仅在时间上产生滞后或提前，而且在空间上相互分离。

6.4.4　供应链成本的控制

制造业都是根据客户或市场的需求，开发产品，购进原料，加工制造出产品，以商品的形式销售给顾客，并提供售后服务。物料从供方开始，沿着各个环节(原材料—在制品—半成品—成品—商品)向需方移动。每个环节都存在"需方"和"供方"的对应关系，形成一条首尾相连的长链，即供应链。各种物料在供应链上移动，是一个不断增加其市场价值或附加值的增值过程。因此，供应链从另一个角度来看也就是一条价值链。在供应链上，除了物料的流动外，还有资金的流动和信息的流动。资金流和信息流在供应链中产生作用，也就相应会产生成本。在供应链中，各链节成员企业间的交易成本和各链节成员企业内部的作业成本的管理是供应链中成本管理的主要对象。其一，交易成本。交易成本包括所有与供应商和客户处理信息及通信的所有活动而发生的费用，旨在协调、控制和适应彼此的交易关系，因此，这些成本在供应企业之间相互作用，并共同受到影响。其二，作业成本。供应链作业成本主要是供应链成员中单个企业内部为完成一定的任务所发生的费用。供应链作业成本依据成本动因，不仅可以对产品，也可以对供应商和客户进行分配。

供应链成本控制的方法有如下四种。

1. 目标成本法

目标成本法是丰田公司在20世纪60年代开发出的一种成本管理方法，这一方法目前已经得到了广泛采用。目标成本法的目的在于将客户需求转化为所有相关流程的强制性竞争约束，以此来保证将来的产品能够创造出利润。

目标成本法的流程主要包括三个部分：第一个部分，市场驱动型成本核算是确定产品的准许成本，这是产品在预期销售价格下销售，并且保证一定利润水平时所能发生的最高成本。准许成本是由目标销售价格减去目标利润得到的。第二个部分就是确定可完成的产品层次的目标成本。第三个部分就是设定产品包含的每个组件的目标成本。

购货方组件层次的目标成本决定了供应商的销售价格，从而就将它面临的市场竞争压力转嫁给了供应商。因为这种压力是通过组件转移的，所以为供应商成本降低工作的重点指明了方向。其结果就是购货方与供应商共同合作，进行成本管理工作。正是因为这种携手合作对于目标成本法效果的重要性，导致了目标成本法真正成为一种跨企业成本管理的技术。其跨企业的含义主要体现在以下三个方面：第一，购货方必须设定可完成的组件层次的目标成本。如果供应商认为组件层次的目标成本无法完成，就会降低它们努力的积极性。第二，购货方必须选择适当的方法对供应商应用目标成本法。这个问题的核心在于它们在设置成本降低目标和如何完成它们时是否给予供应商足够的自由空间。第三，购货方可以设置激励系统来激发供应商的创新能力和提高成本降低率。

2. 作业成本法

作业成本法(activity based costing)以作业为成本核算对象，基于这样的理念：作业消耗资源，产品和服务耗费作业。其目标是将成本动因引起的资源消耗更合理地分配到产品或服务中去。企业可以通过作业成本法识别出那些与最终顾客的效用无关的作业，并通过减少或完全剔除这类无增值作业来降低成本，这样企业就可以更好地对市场需求作出反应并增强自身的竞争力。

供应链成本主要包括企业内部发生的直接成本、间接成本以及企业间的交易成本。因此，供应链作业成本法应该站在供应链的视角上，以作业和交易为基础分析间接费用来优化产品或服务的总成本。企业内部的间接成本以作业为成本动因进行分析，而企业间的间接成本(交易成本)就需要以企业间发生的各种交易行为(如谈判、买卖等)为基础进行分析。

3. 生命周期成本法

在生命周期成本法系统中，产品使用者承担的成本(包括使用成本和周期结束成本)负责补充传统上由产品生产商所承担的成本，并且除了考虑实物流程及其相关物资和能源流动(LCI)的成本外，还要考虑劳动力和使用知识(如专利)的成本以及交易成本(如信息流)。例如，在生命周期中需要考虑产品的开发成本。

在采用生命周期成本法下，就可以确定产品开发、生产、使用、周期结束所产生的所有成本，并据此识别生命周期和供应链中的成本驱动因素与其悖反关系，以开发和生产最小总成本的产品。

4. 改善成本法

改善成本法(kaizen costing)是供应链上各企业在产品生产阶段的最主要的成本约束机制。改善成本法也是一种前馈型的成本管理方法，它是通过预期的成本降低需要来制定产品成本的降低目标，而不是当成本超标已经发生后才作出反应。并且通过改善成本法的实施，可以使成本降低压力贯穿整个的产品生命周期。

将改善成本法局限于某个企业内部，将忽视供应链上游和下游企业进一步节约成本的潜力。改善成本法在供应链上各企业间的跨组织应用是通过大量的信息共享和合作机制，挖掘所有的成本降低机会。改善成本法可以看作目标成本法在产品生产阶段的延伸。在跨组织成本管理中，改善成本法的应用与目标成本法有一些相似之处。

首先，改善成本法同样是一种需要购货商和供应商共同合作的成本管理方法。在产品生产过程中，供应链上的所有成员企业都将共同实施改善成本法。这种合作使得企业可以实现在单独进行成本管理时所不能达到的成本节约。改善成本法的跨组织应用既可以由购货商发起，也可以由供应商发起。例如，购货商可以向供应商委派设计工程师或提供技术支持；供应商可以在购货商的配合下寻求新的部件设计方法。

价格传递机制在改善成本法中依然有效。购货商的改善成本管理体系同样可以通过确定供应商的改善成本降低目标，将市场压力传递给它的供应商。因此，制定合理的改善成本降低目标至关重要，否则价格传递机制将失去效用。但是，在改善成本法中，购货商并不是针对降低某一特定产品的成本，而是对所有的外包部件规定一个统一的成本降低比率。因此，供应链的改善成本管理在企业之间是相关联的，而不是像目标成本管理那样在相关企业间实现首尾连接。

【延伸阅读】

具体内容请扫描右侧二维码。

第7章 供应链采购管理

【学习目标】

通过对本章的学习，了解采购、采购管理的基本概念，理解采购管理的作用及内涵，重点掌握采购的流程及采购方式。能力上能够根据所学知识及实际情况，选择恰当的供应链采购方式。素养上具备坚持原则、可守底线的能力，具有统筹规划的能力。思政上培养正直、敬业、坚持、耐心和虚心的思想。

【案例导入】

海航冷链"商物流"模式

2017年11月11日的活动结束后，以天猫和京东为首的电商平台，再次用神话般的数字交出了亮眼的成绩单。其中，除了家电、3C这样的传统强项，生鲜的全面飘红也非常引人注目。据统计，天猫生鲜频道(现为盒马运营)在4小时内卖出加拿大北极甜虾超过270万只，阿根廷红虾超过160万只；在京东生鲜海产频道，截至11月11日第1分钟，共卖出超过10 000吨生鲜产品，订单量同比增长220%。

十九大报告中提到，现阶段我国社会主要矛盾已经转化为人民日益增长的美好生活需要和不平衡不充分的发展之间的矛盾。民以食为天，中国人对于美好生活的追求，吃无疑是当先的，而打破时间和空间的限制，足不出户品尝到来自世界各地最鲜活的美食，无疑是对美好生活的最好阐释。美国牛肉、法国红酒、智利车厘子、澳大利亚的乳制品，现在只要轻轻一点，便可实现产地直采极速送达，大饱口福。数据显示，2016年我国生鲜电商市场交易规模达到913.9亿元人民币，同比增长68.6%，增速相对前几年有所放缓。

在这样的大潮下，以及人们对食品安全和生命健康的进一步关注，伴随着国家互联网+、工业4.0、中国制造等国家战略的实施，使得冷链行业的总体发展趋势一路高走。根据行业统计数据，十年间，我国冷链物流行业年均增长20.4%，冷库总量增长了325%；其中冷链园区冷库增长了484%，我国冷库容量达到3609万吨，约1亿立方米，冷藏车保有量为10万余台，冷库容量连续10年保持15%以上的增长率，但是在这样的增速下，不论与国外相比还是与国内存量市场对比，都仍有较大差距。

传统冷链物流行业存在小、散、乱等问题，不能将采、运、储、配进行有效关联，导致"断链""空链"问题严重，加之行业规范和标准化、信息化发展缓慢，严重影响了生鲜冷链的服务品质和发展。近年来，国家对物流尤其是冷链物流行业愈发重视，2017年8月交通运输部发布《关于加快发展冷链物流保障食品安全促进消费升级的实施意见》，明确到2020年初步形成全程温控、标准规范、运行高效、安全绿色的冷链物流服务体系，全面提升冷链物流服务品质，有效保障食品流通安全。党的十九大报告中把深化供给侧结构性改革摆在贯彻新发展理念、建设现代化经济体系这一重要部署的第一位，并提出在现代供应链等领域培育新增长点，形成新动能。

为加速推动冷链物流供应链的转型升级，作为国内冷链行业的标杆企业，海航现代物流集团旗下的海航冷链，率先提出了"商物流"模式，以全新的现代供应链概念，整合冷链物流行业的各个环节。通过原产地采购、跨境运输、通关检疫、仓储加工、配送分销、金融增值等服务，实现商流、物流、信息流和资金流的有效整合，形成"买全球、卖全球、运全球"的"商物流"新模式，打造全新冷链生态体系。据悉，海航冷链境外直采产地已经遍布全球五大洲的多个国家和地区，涵盖了水果、肉类、奶制品及酒类等生鲜产品，运用"商物流"模式打造"全球生鲜供应链"及"异国异品"产地直供品牌。

举例来说，通过海航冷链供应链服务，可以将境外接货、境外报关/报检、区域地面冷链运输、分拣加工的全流程服务时长降低到 36 小时以下，大幅提升了效能。同时，海航冷链近年来持续发力冷链物流、冷链仓储、冷链装备、冷链金融及冷链科技领域，冷链物流产业基金、全国范围内的冷链物流中心布局、冷链物流数据平台等项目相继落地，形成全方位、系统的业务集成配套体系，为冷链物流全程提供强有力的保障和优质服务。

海航冷链"全球生鲜供应链"的打造，是其所属的海航现代物流集团物流 4.0 的重要组成部分。2017 年 5 月，海航现代物流集团落户古城西安，在"一带一路"倡议大背景下，与陕西省政府联手打造中国"孟菲斯"，以航空货运、机场管理、智慧物流、物流金服、仓储投资五大业态为抓手，围绕"天网+地网+数字网"的核心快速推进物流 4.0 建设，打造贯穿现代物流全程的物流生态体系。

"一带一路"沿线国家有着多种多样的资源优势，特别是在农产品及生鲜产品等方面。如何让国内消费者享受这些优质产品，就成为新的课题及市场机遇。凭借海航现代物流集团的资源集群优势，海航冷链致力于运用"商物流"创新模式，发掘优势资源，提供产业物流解决方案等全程供应链服务，助力丝路繁荣。这是一个最好的时代，我国物流业已经迎来了黄金发展期，海航冷链将秉持发展眼光，以现代供应链的先进管理思维及模式，持续领航冷链物流行业发展，打造领先世界的冷链物流民族品牌。

(资料来源：第一物流网)

思考：在供应链管理模式下，如何构建全新冷链生态体系？

7.1 采购概述

7.1.1 采购的概念

采购是指企业在一定的条件下从供应市场获取产品或服务作为企业资源，以保证企业生产及经营活动正常开展的一项企业经营活动。采购工作的指导思想是用最合理的成本，在合适的时间和地点，向合适的供应商，以商品交易的形式进行公正的购买活动，从而满足工厂生存和发展的需要。

7.1.2 采购管理的概念

采购管理(purchasing management)是指为达到机构的日常管理与战略目标而获取供应商的商品和资源的管理活动。其目标是保证企业的物资供应，为确保在适当的质量下，能够以适当的价格，在适当的时期从适当的供应商那里采购到适当数量的物资和服务所采取的一系列管理活动。

1. 合适的供应商(right vendor)

选择供应商是采购管理的首要目标。对于采购方来讲，选择的供应商是否合适，会直接影响采购方的利益。例如，数量、质量是否有保证，价格是否降到最低，能否按时交货等。供应商的选择主要应考察供应商的整体实力、生产供应能力、信誉等，以便建立双方相互信任和长期的合作关系，实现采购与供应的双赢战略。

2. 适当的质量(right quality)

采购商进行采购的目的是满足生产需要，因而为了保证企业生产的产品质量，首先应保证所采购材料的质量能够满足企业生产的质量标准要求。保证质量应该做到"适当"：一方面，如果产品质量过高，会加大采购成本，同时也会造成功能过剩，如目前在电视、手机、电脑等产品中，就存在功能多余的问题；另一方面，如果所采购的原材料质量太差，就不能满足企业生产对原材料品质的要求，并影响最终产品的质量，甚至会危及人民生命财产安全。材料质量不合格，可能会造成楼房建筑、桥梁等"豆腐渣"工程。

3. 适当的时间(right time)

采购管理对采购时间有严格的要求，即要选择适当的采购时间，一方面，要保证供应不间断，库存合理；另一方面，又不能过早采购而出现积压，占用过多的仓库面积，加大库存成本。

4. 适当的数量(right quantity)

采购数量决策也是采购管理的一个重要目标，即要科学地确定采购数量。在采购中，要防止超量采购和少量采购。如果采购量大，易出现积压现象；如果采购量小，可能会出现供应中断，采购次数增多，使采购成本增大。因此，采购数量要适当。

5. 适当的价格(right price)

采购价格的高低是影响采购成本的主要因素。因此，采购中能够做到以"适当的价格"完成采购任务是采购管理的重要目标之一。采购价格应做到公平、合理。一方面，采购价格过高，加大了采购方的生产成本，产品将失去竞争力，供应商也将失去一个稳定的客户，这种供需关系也不能长久；另一方面，采购价格过低，供应商利润空间小，或无利可图，将会影响供应商供货的积极性，甚至出现以次充好、降低产品质量来维持供应的情况，时间稍长，采购方将失去一个供应商。

7.1.3 采购管理的作用

1. 保障供应的必要前提

供应物流是保证企业生产经营正常运行的必要前提，因此，采购为企业保证供应、维持正常生产和降低缺货风险创造了条件。物资供应是生产的前提条件，生产所需要的原材料、设备和工具都要由采购来提供；没有采购就没有生产条件，没有物资供应就不可能进行生产。

2. 保证质量的重要环节

采购供应的物资质量好坏直接决定着企业产品质量好坏。能不能生产出合格的产品，取决于采购所提供的原材料以及设备工具的质量好坏。

3. 控制成本的主要手段

采购的成本构成了生产成本的主体部分，其中包括购买费用、进货费用、仓储费用、流动资金占用费用以及管理费用等。采购的成本太高，将会大大降低生产的经济效益，甚至导致亏损。因此，加强采购和供应的组织与管理，对于节约占用资金，压缩存贮成本和加快营运资本周转起着重要的作用。

4. 企业与市场的信息接口

采购人员虽然直接和资源市场打交道，但是资源市场和销售市场是交融混杂在一起的，都处在大市场之中。因此，采购人员也可以为企业及时提供各种各样的市场信息，供企业进行管理决策。

5. 加强客户关系的有效途径

采购是企业和资源市场的关系接口，是企业外部供应链的操作点。只有通过采购部门人员与供应商的接触和业务交流，才能把企业与供应商联结起来，形成一种相互支持、相互配合的关系。

7.1.4 现代采购管理的内容及与传统采购管理的差异

1. 现代采购管理的内容

(1) 供应商管理。采用供应商投标竞价等方法选择供应商，建立供应商信息资料库，后期维护供应商关系，可外延进行供应商培训等。

(2) 采购最佳批量与采购时期的管理。根据历史统计消耗情况，建立模型，用最佳经济批量计算，在合理的提前期发出订单进行采购，保证原料的及时供应并控制冗余。

(3) 采购价格管理。采取招标竞价的方法确定合理价格；对长期供应商，可采取批量采购、打折的方法确定价格；对公司有剩余能力生产的原材料，与相关生产部门共同决定外购或自制政策。

(4) 付款时间管理。合理利用供应商的赊销期及相关现金折扣，与财务部门共同确定付款时间，按期付款。

2. 与传统采购管理的差异

(1) 传统的采购管理思想中买卖双方的关系是相互对立的，现代采购管理思想中买卖双方是合作伙伴关系。

(2) 传统的采购管理思想认为供应商的数目越多越好，现代的采购管理思想认为供应商的数目越少越好。

(3) 传统的采购是定期交货，现代的采购是及时交货。

(4) 传统采购中先设计产品后咨询价格，现代采购是供应商参与商品设计。

(5) 传统采购管理中信息交换是定期的，库存较大，现代采购管理的信息交换是及时的，库存较小。

7.1.5 采购流程

采购流程是指有生产或消费需求的企业购买所需要的各种产品的全过程。一般来说，一个完整的采购过程大体上应该包括以下几个步骤。

(1) 接受采购任务，制定采购单。采购任务是采购工作的任务来源，通常是企业各个部门把任务报到采购科，采购科给各个采购员下采购任务单。也有很多是采购科根据企业的生产销售情况，自己主动安排各种物资的采购计划，给每个采购员下采购任务单。

(2) 制订采购计划。采购员在接受采购任务后，要制订具体的采购工作计划。首先是进行资源市场调查，包括对商品、价格、供应商的调查分析，选定供应商，确定采购方法、采购日程计划，以及运输方法、货款支付方法等。

(3) 根据既定的计划联系供应商。通过各种方式，如出差、电话、E-mail 等和供应商取得联系。

(4) 与供应商洽谈，达成交易，最后签订订货合同。这是采购工作的核心步骤。要和供应商反复进行磋商谈判、讨价还价，讨论价格、质量、送货、服务及风险赔偿等各种限制条件，最后把这些条件用订货合同的形式规定下来，形成订货合同。订货合同签订以后，即意味着已经成交。

(5) 运输进货及进货控制。订货成交以后就是履行合同，开始运输进货。运输进货可以由供应商负责，也可以交给专业的运输公司负责或者自己提货。无论采取哪种方式，采购员都要监督进货进程，确保按时进货。

(6) 到货检验、入库。采购员要监督有关人员进行检验、验收和入库，包括数量和质量的检验与入库。

(7) 支付货款。货物到达后按照合同的规定支付货款。

(8) 善后处理。一次采购完成后，要进行采购直接评估，并妥善处理好一些未尽事宜。但是不同类型的企业，在采购时又有不同的特点，具体实施起来还要与企业的实际情况相结合。

7.2 采 购 方 式

物资采购原则上采用直接采购、招标采购方式。不符合直接、招标采购条件的可采用竞争性谈判采购、询价采购、单一来源采购等方式。

7.2.1 集中采购和分散采购

集中采购是指政府采购中，将集中采购目录内的货物、工程、服务集中进行采购。集中采购包括集中采购机构采购和部门集中采购，目录内属于通用的政府采购项目，应当委托集中采购机构代理采购；属于本部门、本系统有特殊要求的项目，应当实行部门集中采购。

相对于集中采购，另一种采购方式称为分散采购。分散采购在政府采购的范畴内，是指采购人对集中采购目录以外且限额标准以上的货物、工程、服务进行的非集中采购。分散采购可以由采购单位自己组织，也可以委托采购代理机构采购。分散采购是政府采购两种组织形式之一，并不是随意采购，必须按照政府采购程序实施。

7.2.2 招标采购和非招标采购

招标采购可采用公开招标、邀请招标采购两种方式进行。招标采购是由需方提出招标条件和合同条件，有许多供应商同时投标报价。通过招标，需方能够获得价格更合理、条件更为优惠的物资供应。

非招标采购是指以公开招标和邀请招标之外的方式取得货物、工程、服务所采用的采购方式。非招标方式分为询价、比价、议价等方式。

7.2.3 竞争性谈判采购

竞争性谈判采购是指采购人或代理机构通过与多家供应商(不少于 3 家)进行谈判，最后从中确定中标供应商的一种采购方式。

竞争性谈判采购由于其自身具有特殊性和灵活性的特点，经常被各集中采购机构在日常工作中运用。《中华人民共和国政府采购法》第三十八条给出了竞争性谈判采购的一个操作程序，但相对比较笼统，对一些具体细节如何操作没有明确，因此，各采购机构在具体实施过程中有很大的差异。

7.2.4 询价采购

询价采购是指采购人向有关供应商发出询价单让其报价，在报价基础上进行比较并确定最优供应商的一种采购方式。采购的货物规格、标准统一，现货货源充足且价格变化幅度小的政府采购项目，可以采用询价采购方式。

7.2.5 单一来源采购

单一来源采购也称直接采购，是指采购人向唯一供应商进行采购的方式。这种采购方式适用于达到了限购标准和公开招标数额标准，但所购商品的来源渠道单一，或属专利、首次制造、合同追加、原有采购项目的后续扩充和发生了不可预见的紧急情况不能从其他供应商处采购等情况。该采购方式的主要特点是没有竞争性。

7.3 供应链采购

7.3.1 供应链采购的概念

供应链采购作用于供应链内部之间，是供应链中企业与供应商合作，采购时只需把产品需求信息及库存信息向供应商及时传递，供应商及时安排调整自己产品的生产，并按最优方式向企业供货，使供应链成本最小。

供应链采购与传统的采购相比，物资供需关系没变，采购的概念没变，但是，由于供应链各个企业之间是一种战略伙伴关系，采购是在一种非常友好合作的环境中进行，因此，采购的观念和采购的操作都发生了很大变化。

7.3.2 供应链采购的特点

供应链管理系统模式下的采购与传统采购模式相比，有以下特点。

1. 从采购管理转变为外部资源管理

在传统的采购模式中，采购管理注重对内部资源的管理，追求采购流程的优化、采购环节的监控和与供应商的谈判技巧，缺乏与供应商之间的合作。在供应链管理模式下，转向对外部资源及对供应商和市场的管理，增加了与供应商的信息沟通和市场的分析，加强了与供应商在产品设计、产品质量控制等方面的合作，实现了超前控制及供需双方合作双赢的局面。

外部资源管理是指制造企业在采购业务活动中，通过提供信息反馈和技术教育培训等支持手段，把对供应厂商的产品由事后把关改变为事中参与、事中控制、实时监管，促进供应厂商产品质量改善和及时供货，实现供需双方长期互惠合作的一种新型供应管理方法。

外部资源管理的具体流程为：和供应商确立互惠互利的长期合作伙伴关系，以保证供需双方合作诚意和共同面对问题、解决问题的积极性；同供应商进行信息共享，并在供应商需要的时候，提供技术支持、教育培训支持，使供应商能不断提高和完善质量保障体系，按要求提供合格的产品和服务；参与供应商的产品设计和产品质量控制过程，变事后把关为事前共同商定质量标准、事中参与、事中控制和实时监管；协调供应商的计划，确保供应链正常、稳定的供应关系，维护供应链整体利益；建立具有不同层次的供应商网络，并通过实践逐步确认长期合作伙伴，减少供应商数量，致力于与少数供应商建立战略伙伴关系。

2. 从为库存采购转变为订单采购

在传统的采购模式中，采购的目的就是补充库存，即为库存而采购，采购过程缺乏主动性，采购计划较难适应需求的变化。在供应链管理模式下，采购活动紧紧围绕用户需求而发出订单，因而不仅可及时满足用户需求，而且可减少采购费用，降低采购成本。如全球最大的 PC 供应商戴尔公司认为自己没有库存，如果有库存的话，那么库存的只是信息，从来不库存具体某个产品。首先，没有订单不采购。如果顾客不下订单，戴尔就不会去采购原材料和零部件。其次，库存的只是信息。什么时候需要什么货，什么时候会断货，什么时候能够入库，把这些信息库存起来，而不是具体的产品。最后，装配时"邻居"供货。戴尔的装配不需要很多加工厂，因为现在是用 OEM 的方式来做，就是接到订单以后，去采购一些零部件，然后进行组装，它的加工厂的任务就是组装。戴尔的供应商与戴尔可以说是"隔壁邻居"，距离很近，可以就近采购。

3. 从一般买卖关系转变为战略合作关系

在传统的采购模式中，制造商与供应商的关系是一般短期买卖关系，采购理念停留在压榨供应商、频繁更换供应商上，无法共享各种信息。在供应链模式下，制造商与供应商建立长期合作伙伴关系甚至是战略协作伙伴关系，共享库存和需求信息，共同抵御市场风险，共同研究制定降低成本的策略，把相互合作和双赢关系提高到全局性、战略性的高度。它表现为制造商对供应商给予协助，帮助供应商降低成本，改进质量，加快产品开发进度；通过建立相互信任的关系提高效率，降低交易费用；长期的信任合同取代短期的合同和比较多的信息交流。

在供应链管理模式下，采购工作必须做到准时制，即供应商要按照买方所需物料的时间与数量进行供货，从而在适当的时间、地点，以适当的数量和质量提供买方所需的物料。其中，对供应商的选择和质量控制是关键。采购方式是订单驱动，用户需求订单驱动制造订单，制造订单驱动采购订单，采购订单再驱动供应商。这就使供、产、销过程一体化，采购管理由被动(库存驱动)变为主动(订单驱动)，真正做到了对用户需求的准时响应，从而使采购、库存成本得到大幅度的降低，提高了流动资金周转的速度，进而提升企业竞争力。

7.3.3 供应链采购的模式

1. 集中采购模式

集中采购即采购组织同时为多个企业实施采购，通过全面掌握多个企业的需求情况，与供应商签订统一合同，实现大规模订货，利用规模优势，提高议价能力，从而大大降低采购成本。2004 年，武钢、唐钢等中国大型钢铁企业联手与全球最大的多资源矿业公司达成合作意向，成立合资企业，并在 25 年内通过公司每年向这些钢铁企业提供约 1 200 万吨铁矿石。据估计，协议收购价格约为 25 美元/吨，到岸价格约为 59 美元/吨，比当时澳大利亚矿山的到岸价格低 50%以上，大大降低了企业的生产成本。

2. 全球采购模式

利用全球资源，以电商交易平台为基础，整合互联网技术和传统工业资源，可以在全球范围内找到质量更好、价格更合理的供应商和产品。全球采购在地理上扩大了采购范围，这也是大型企业全球化战略的必然要求。如戴尔实施全球采购，是为了通过建立全球采购中心和设立众多国际采购网点来提高采购效率，并在全球范围内采购 5 000 多种备件。这种全球采购模式充分发挥了现代物流和信息流的功能，将戴尔的采购成本降至最低。

3. 准时制采购模式

准时制生产的基本思想是只在需要的时候生产需要的产品。它是多品种、小批量混合生产条件下的高质量、低消耗的生产方式，其核心是追求无库存的生产体系或实现库存最小化。因此，准时制采购模式是基于供、需双方互利合作的战略伙伴关系。当需求方需要原材料或半成品时，有能力及时从供应商处获得可靠的材料。准时制采购模式对于降低原材料和外购件的采购价格，大幅度降低原材料和外购件的库存，提高生产率有着明显的作用。如生产复印机的施乐公司，实行准时制采购，公司采购的材料价格降低 40%～50%，库存降低 40%，劳动生产率提升了 2%。

【延伸阅读】

具体内容请扫描右侧二维码。

第8章 供应链关系管理

【学习目标】

通过对本章的学习，了解供应链合作伙伴关系的概念及供应链关系管理的基本理论，理解供应链合作伙伴关系建立的意义以及制约因素，掌握供应链合作伙伴关系的选择原则及方法。能力上能够根据所学知识，恰当地处理供应链上各企业之间的关系。素养上具备较强的沟通能力、执行力，具有灵活创新的能力。思政上培养刚正不阿的正气，加强世界观、人生观和价值观的培养。

【案例导入】

地中海航运荣获"亚欧航线最佳航运公司"殊荣

地中海航运公司(MSC)于2021年10月在中国香港举行的"2021亚洲货运物流暨供应链大奖"(Asian Freight, Logistics & Supply Chain Awards，AFLAS)颁奖礼上荣获"亚欧航线最佳航运公司"奖项。

这是继MSC在2019年和2020年连续获得"亚非航线最佳航运公司"奖项后，首次赢得"亚欧航线最佳航运公司"殊荣。

亚欧航线是全球最主要，也是最重要的贸易航线之一。MSC在亚欧航线提供全面的服务网络，采用其最大且最具能源效率的船舶。MSC还拥有强大的欧洲近海航运网络，与其亚欧航线的深海航运服务相配合，覆盖广泛的欧洲港口和内陆目的地。

MSC一直努力为客户提供亚欧航线的货运解决方案，尽可能地减少供应链挑战对其业务的影响。2021年3月，面对苏伊士运河断航事件，MSC迅速采取行动，竭其所能调整其船队和航线服务，全力保持客户的货流畅通。

"亚洲货运物流暨供应链大奖"年度评选活动由 *Asia Cargo News* 杂志主办，其提名和评选由托运人、客户、行业相关决策者，以及杂志的读者与线上订阅用户的共同投票决定。该奖项旨在表彰业界在服务水准、创新和客户关系等方面卓越如一的领先企业。

(资料来源：国际船舶网)

思考：在供应链管理模式下，如何通过优化合作伙伴关系提升企业资产？

8.1 供应链合作伙伴关系概述

8.1.1 供应链合作伙伴关系的概念

供应链合作伙伴关系(supply chain partnership，SCP)一般是指在供应链内部两个或两个以上独立的成员之间形成的一种协调关系，以保证实现某个特定的目标或效益。建立供应链合作伙伴关系的目的，在于通过提高信息共享水平，减少整个供应链产品的库存总量，降低成本和提高整个供应链的运作绩效。

8.1.2 供应链合作伙伴关系的形成

在一个企业能从实施供应链战略合作关系获益之前,首先必须认识到这是一个复杂的过程,供应链合作伙伴关系的建立不仅是企业结构上的变化,而且在观念上也必须有相应的改变。因此,必须一丝不苟地选择供应商,以确保真正实现供应链合作伙伴关系的利益。

(1) 传统关系。传统关系是指以传统的产品买卖为特征的短期合同关系。买卖关系是基于价格的关系,买方在卖方之间引起价格的竞争,并在卖方之间分配采购数量来对卖方加以控制。

(2) 物流关系。物流关系是指以加强基于产品质量和服务的物流关系为特征,实现物料从供应链上游到下游的转换过程并进行集成,注重服务的质量和可靠性。供应商在产品组合、柔性、准时等方面的要求较高。

(3) 合作伙伴关系。合作伙伴关系是企业与其合作伙伴在信息共享、服务支持、并行工程、群体决策等方面合作,强调基于时间(time-based)和基于价值(value-based)的供应链管理。

(4) 网络资源关系。网络资源关系以实现集成化战略合作伙伴关系和以信息共享的网络资源关系为特征。信息技术高度发展以及在供应链节点企业间的高度集成,使供应链节点企业间的合作关系最终集成为网络资源关系。

8.1.3 供应链合作伙伴关系建立的意义

(1) 减小不确定性因素,降低库存。面对供需关系上的不确定性因素可以通过相互之间的合作来消除。通过合作,共享需求与供给信息,能使许多不确定性因素得以明确。

(2) 快速响应市场。集中力量于自身的核心竞争优势,能充分发挥各方的优势,并能迅速开展新产品的设计和制造,从而使新产品响应市场的时间明显缩短。

(3) 增强企业的核心竞争力。以战略合作关系为基础的供应链管理,能发挥企业的核心竞争优势,获得竞争地位。

(4) 用户满意度增加。制造商帮助供应商更新生产和配送设备,加大对技术改造的投入,提高产品和服务质量,增加用户满意度。

8.1.4 供应链合作伙伴关系建立的制约因素

(1) 高层态度。良好的供应链关系首先必须得到最高管理层的支持。只有最高层负责人赞同合作伙伴,企业之间才能保持良好的沟通,建立相互信任的关系。

(2) 企业战略和文化。消除企业结构和文化中社会、文化和态度之间的障碍,并适当地改变企业的结构和文化。在合作伙伴之间建立统一的运作模式或体制,消除业务流程和结构上存在的障碍。

(3) 合作伙伴的能力和兼容性。即总成本和利润的分配、文化兼容性、财务稳定性、合作伙伴的能力和定位、自然地理位置分布、管理的兼容性等。

(4) 信任。在供应链战略合作关系建立的实质阶段，需要进行期望和需求分析，相互之间需要紧密合作，加强信息共享，相互进行技术交流和提供设计支持。在实施阶段，相互之间的信任最为重要。

8.2 供应链企业间的关系

8.2.1 供应链企业间的委托代理关系

21世纪的竞争是在企业及其合作伙伴组成的供应链和它们的竞争对手之间展开的。供应链伙伴间的业务关系是一种委托代理关系，所以更强调企业间的合作与协调机制。

8.2.2 供应链企业间委托代理关系的特征

由于供应链的一些特有性质，供应链企业间的委托代理关系具有以下特征。

(1) 供应链企业间是一种"合作—竞争"的关系。供应链的本质强调处于供应链上的企业间的合作，强调企业集中资源发展其核心业务和核心竞争力，而对非核心业务则通过外包等与其他企业协作的形式完成。供应链的思想与传统企业管理模式的根本区别在于，它改变了对供应链上的其他企业的看法，供应链企业不再把它们看作竞争对手，而是当作合作伙伴，为实现最终让顾客满意的目标而进行协同生产，生产活动按整个供应链实行优化，而不是像过去那样仅仅考虑本企业的利益。虽然供应链企业间强调合作，但利益冲突也是存在的，企业之间为分配合作带来的利益会展开竞争。因此，供应链企业的基础和目标是合作，但是它们由于利益主体的不同也存在竞争。

(2) 供应链企业间的委托代理关系是多阶段动态模型。供应链企业间的合作强调建立一种持久稳定的关系，与传统的委托代理模型也有区别。在商品交换市场上，买方和卖方构成一对委托代理关系。一般而言，卖方对商品的信息掌握得比买方多，买方是委托人，卖方是代理人。买卖交换关系是一次性的、暂时的，买卖双方会采用各种手段来实现自己的效用最大化，例如，卖方可能以次充好或抬高价格。而在供应链企业间，企业需要长期进行交易，道德风险的问题相对而言没有那么严重。企业或许可以从短期的欺骗中获得好处，但是从长期看，这是不可取的，企业会发现短期的欺骗虽然得到了好处，但是合作关系也会随之终止，而维持长期的合作关系所带来的收益的贴现值会远远大于短期利益。

(3) 供应链企业间的委托代理是多任务委托代理。传统的企业间的购买策略是展开以价格和质量为基础的竞争，在众多供应商之中，企业通过价格竞争来获得最低价格、最好质量的产品。然而随着竞争全球化、产品需求顾客化的不断发展，建立少而精的供应体系成为必然。对供应商的选择和评价涉及逆向选择问题，如果供应商希望加入供应链，那么供应商就要通过一定的方式向制造商传达信息，制造商对供应商的资格进行甄别。如果供应商作出不切实际的承诺，而制造商又由于信息不完全而没有发现其中的问题，就会给日后供应链上的制造商带来损害，最终直接影响供应链整体效益，这就是逆向选择问题，道德风险问题的存在是不言而喻的。

8.3 供应链合作伙伴的选择

8.3.1 选择供应链合作伙伴的基本条件和原则

1. 选择供应链合作伙伴的基本条件

(1) 合作伙伴必须拥有各自的核心竞争力。唯有合作企业拥有各自的核心竞争力，并使各自的核心竞争力相结合，才能提高整条供应链的运作效率，从而为企业带来可观的贡献。贡献包括及时、准确的市场信息，快速、高效的物流，快速的新产品研制，高质量的消费者服务，成本的降低等。

(2) 拥有相同的价值观和战略思想。企业价值观的差异表现在是否存在官僚作风，是否强调投资的快速回收，是否采取长期的观点等。战略思想的差异表现在市场策略是否一致，注重质量还是注重价格等。如果价值观及战略思想差距过大，那么合作必会以失败告终。

(3) 合作伙伴少而精。选择合作伙伴的目的性和针对性不强，过于泛滥的合作可能会导致过多的资源、机会、成本的浪费。

2. 选择供应链合作伙伴的原则

1) 核心竞争力原则

核心竞争力是一个企业能够长期获得竞争优势的能力，是企业所特有的、能够经得起时间考验的、具有延展性并且是竞争对手难以模仿的技术或能力。企业的每个成员都具有自己独特的核心竞争力，各自发挥自己的核心竞争力才能保证整个供应链正常运转，使之具有对抗竞争对手的能力。

2) 总成本核算原则

要实现供应链总成本最小化及多赢的战略目标，合作伙伴之间须具有良好的信任关系，连接成本较小。

3) 敏捷性原则

供应链管理的一个主要目标就是把握快速变化的市场机会，因此，要求各个伙伴企业具有较高的敏捷性，对来自供应链核心企业或其他伙伴企业的服务请求具有一定的快速反应能力。

4) 风险最小化原则

供应链运营具有一定的风险性，例如，市场风险依然存在，只不过在个体伙伴之间得到了重新分配，因为伙伴企业面临不同的组织结构、技术标准、企业文化和管理理念，所以必须认真考虑风险问题，尽量回避或减少供应链整体运行风险。

5) 灵活、可操作性强原则

供应链中的核心企业可以是制造商，也可以是供应商、批发商以及零售商。核心企业在供应链中所处的位置不同，所遵循的原则也就不一样，所以可适当按照企业在供应链中所处位置的不同进行安排。

8.3.2 选择供应链合作伙伴的方法

1. 直观判断法

直观判断法是根据征询和调查所得的资料并结合人的分析判断，对合作伙伴进行分析、评价的一种选择方法。这种方法主要是倾听和采纳有经验的采购人员的意见，或者直接由采购人员凭经验作出判断。常用于选择企业非主要原材料的合作伙伴。

2. 招标法

当订购数量大、合作伙伴竞争激烈时，可采用招标法来选择适当的合作伙伴。它是由企业提出招标条件，各招标合作伙伴进行竞标，然后由企业决标，与提出最有利条件的合作伙伴签订合同或协议的一种选择方法。招标法可以是公开招标，也可以是指定竞级招标。公开招标对投标者的资格不予限制；指定竞级招标则由企业预先选择若干可能的合作伙伴，再进行竞标和决标。招标法竞争性强，企业能在更广泛的范围内选择适当的合作伙伴，以获得供应条件有利的、便宜而适用的物资。但招标法手续较繁杂，时间长，不能适应紧急订购的需要；订购机动性差，有时订购者对投标者了解不够，双方未能充分协商，造成货不对路或不能按时到货等情况。

3. 协商选择法

当供货方较多、企业难以抉择时，也可以采用协商选择的方法，即由企业先选出供应条件较为有利的几个合作伙伴，与它们分别进行协商，再确定适当的合作伙伴。与招标法相比，协商选择法在物资质量、交货日期和售后服务等方面较有保证。但由于选择范围有限，不一定能得到价格最合理、供应条件最有利的供应来源。当采购时间紧迫，投标单位少，竞争程度小，订购物资规格和技术条件复杂时，协商选择法比招标法更为合适。

4. 采购成本比较法

对质量和交货期都能满足要求的合作伙伴，则需要通过计算采购成本来进行比较分析。采购成本一般是售价、采购费用、运输费用等各项支出的总和。采购成本比较法是通过对各个不同合作伙伴的采购成本进行计算分析，选择采购成本较低的合作伙伴的一种方法。

5. 层次分析法

层次分析法是 20 世纪 70 年代由著名运筹学家赛惕(T. L. Satty)、韦伯(Weber)等提出来的。层次分析法常用于合作伙伴的选择。它的基本原理是根据具有递阶结构的目标、子目标(准则)、约束条件、部门等来评价方案，采用两两比较的方法确定判断矩阵，然后把判断矩阵的最大特征向量的分量作为相应的系数，最后综合给出各方案的权重(优先程度)。该方法的优点是可靠性高、误差小，不足之处是遇到因素众多、规模较大的问题时，难以进一步对其分组。它作为一种定性和定量相结合的工具，目前已在许多领域得到了广泛的应用。

6. 人工神经网络算法

人工神经网络(artificial neural network，ANN)算法可以模拟人脑的某些智能行为，具有自学习、自适应和非线性动态处理等特征。通过对给定样本模式的学习，获取评价专家的知识、经验、主观判断及对目标重要性的倾向，当需对供应商作出综合评价时，输入需评价的指标值即可获得评价结果。

7. 数据包络分析法

数据包络分析法(data envelopment analysis，DEA)是以相对效率概念为基础的效率评价方法，它是在输入和输出的观察数据的基础上采用变化权来对决策单元进行评价，满足条件的最大变化权即为优解，同时，对应的供应商为有效供应商。

8. 线性权重法

线性权重法的基本原理是给每个准则分配一个权重，每个供应商的定量选择结果为该供应商各项准则的得分与相应准则权重的乘积的和。通过对各候选供应商定量选择结果的比较，实现对供应商的选择。

8.3.3 选择供应链合作伙伴的步骤

(1) 合作伙伴的粗筛选：从企业战略的角度来检验是否需要建立供应商合作关系，以及建立哪个层次的供应商合作关系。

(2) 合作伙伴的细筛选：确定挑选合作伙伴的准则，评估潜在的候选企业。

(3) 合作伙伴的精练和确认：正式建立合作伙伴关系。

(4) 合作伙伴的跟踪评价：维持和精练合作伙伴关系，包括增强彼此间的合作关系或解除合作伙伴关系。

8.3.4 供应链合作伙伴的评价与选择

(1) 需求和必要性分析。市场需求是企业一切活动的驱动源。建立基于信任、合作、开放的供应链长期合作关系，必须首先分析市场竞争环境，目的是找到针对哪些产品市场开发供应链合作关系才有效，知道现在的产品需求是什么，知道产品的类型和特征是什么，以确认用户的需求，确认是否有建立供应链合作关系的必要。如果已建立供应链合作关系，则根据需求的变化确认供应链合作关系变化的必要性，从而确认合作伙伴评价选择的必要性。同时分析现有合作伙伴的现状，分析、总结企业存在的问题。

(2) 确立合作伙伴的选择目标。企业必须确定合作伙伴评价程序如何实施、信息流程如何运作、谁负责，而且必须建立实质性、实际的目标。其中，降低成本是主要目标之一，合作伙伴评价和选择并不是一个简单的评价、选择的过程，而是企业自身和企业与企业之间的一次业务流程重构过程。

(3) 建立合作伙伴评价标准。合作伙伴综合评价的指标体系是企业对合作伙伴进行综合评价的依据和标准，是反映企业本身和环境所构成的复杂系统不同属性的指标，按隶属关系、层次结构有序组成的集合。根据系统全面性、简明科学性、稳定可比性、灵活可操作性的原则，建立集成化供应链管理环境下合作伙伴的综合评价指标体系。虽然不同行业、企业、产品需求，不同环境下的合作伙伴评价是不一样的，但通常都涉及合作伙伴的业绩、设备管理、人力资源开发、质量控制、成本控制、技术开发、用户满意度、交货协议等可能影响供应链合作关系的方面。

(4) 建立评价小组。企业必须建立一个小组以控制和实施合作伙伴评价。组员以来自采购、质量、生产、工程等与供应链合作关系密切的部门为主，且必须有团队合作精神，并有一定的专业技能。评价小组必须同时得到制造商和合作伙伴企业最高领导层的支持。

(5) 合作伙伴参与。一旦企业决定进行合作伙伴评价，评价小组必须与初步选定的合作伙伴取得联系，以确认它们是否愿意与企业建立供应链战略合作伙伴关系，是否有获得更高业绩水平的愿望。企业应尽可能早地让合作伙伴参与到评价的设计过程中来。然而，因为企业的力量和资源有限，企业只能与少数的、关键的合作伙伴保持紧密合作，所以参与的合作伙伴不能太多。

(6) 评价供应链合作伙伴。评价合作伙伴的一个主要工作是调查、收集有关合作伙伴的生产运作等全方位的信息。在收集合作伙伴信息的基础上，可以利用一定的工具和技术方法进行合作伙伴的评价。在评价过程结束后有一个决策点，即根据一定的技术方法选择合作伙伴，如果选择成功，可开始实施供应链合作关系；如果没有合适的合作伙伴可选，则返回步骤(2)重新开始评价选择。

(7) 实施供应链合作关系。在实施供应链合作关系的过程中，市场需求将不断变化，可以根据实际情况的需要及时修改合作伙伴评价标准，或重新开始合作伙伴评价选择。在重新选择合作伙伴的时候，应给予旧合作伙伴以足够的时间适应变化。

【延伸阅读】

具体内容请扫描右侧二维码。

第 9 章　供应链整合与优化

【学习目标】

通过本章的学习，了解供应链失灵、牛鞭效应、供应链优化、供应链整合的基本概念，理解牛鞭效应产生的原因及其表现，掌握应对牛鞭效应的方法，理解供应链整合的目标，掌握供应链整合的方法。能力上能够解释牛鞭效应产生的原因，并根据不同的实际情况提出相应的应对策略；能够对企业现有供应链提出优化策略。素养上具有一定的分析和识别供应链失灵的能力。思政上培养读者自学的能力，以及搜索、获取信息的能力。

【案例导入】

生意宝公司与山东鲁泰控股的供应链整合

2018 年 5 月 23 日，生意宝公司与山东鲁泰控股集团(以下简称鲁泰控股)在物流供应链方面达成合作，旨在解决产业上下游存在的应收账款体量大、周期长等问题。在签约现场，"鲁泰大宗品交易平台"宣布上线，该交易平台是由生意宝公司联合鲁泰控股旗下"鲁泰物流"及多家银行共同打造的，面向煤炭行业中小微型企业，为其提供在线融资采购原材料的电商服务平台。图 9-1 为生意宝公司与鲁泰控股签约仪式现场。

图 9-1　生意宝公司与鲁泰控股签约仪式现场

据悉，此次合作将涉及三个方面的具体内容。一是通过大宗原料交易市场+供应链金融+物流网络"三者合一"商业模式创新，建设鲁泰控股跨界融合化工程，实现鲁泰控股新流通战略。二是发挥鲁泰控股的产业资源和行业优势，利用生意宝公司供应链金融专业特长，共同致力于探索开发供应链金融业务，打造国企实现互联网+战略落地的商业成功样本。三是利用生意宝公司开发的物流网络管理服务平台，有效配置鲁泰控股现有运输资源，对车源、货源进行科学分配，为大宗品交易平台提供仓储、物流以及供应链增值服务，以鲁西南为核心，通过整合运输资源，搭建物流网络。

> 这次合作，不仅实现了鲁泰控股现有产业资源和生意宝公司供应链金融、物流网络技术的有效对接，而且灵活地实现了国有企业资源优势和民营企业经营机制的相互融合。
>
> 协议签订后，双方将致力于供应链金融业务和物流资源整合，打造"大宗原材料贸易+供应链金融+货滴云物流网络平台"的商业模式，搭建大数据支撑、网络化共享、智能化协作的智慧供应链体系，为济宁资源型城市新旧动能转换示范区建设作出积极的贡献。
>
> （资料来源：http://www.100ec.cn/detail--6452139.html）

思考：在互联网+背景下，如何实现互联网与供应链物流的深度结合？

9.1 供应链失灵

9.1.1 供应链失灵的原因

供应链管理中的不确定性来源于多个方面，决定了供应链库存投资的大小和服务质量的优劣。在多种不确定性中，主要有供应者、生产者、客户和环境等原因。

(1) 供应商供货的不确定性。供应商的表现直接影响供应链的整体性能。供应商生产提前期的变动、客户订货数量的多变、本身因生产技术条件造成产出期的不确定性等都会造成供应链失灵。此外，供应商本身的原材料供应也存在不确定性的可能，从而对供应商的生产产生影响。

(2) 生产过程的不确定性。这主要源于制造商本身的生产管理和技术上的原因。现代企业生产的一个基本模式就是企业根据市场预测和现有的生产能力加以平衡后制订生产计划。然而，由于现实生产系统的复杂性，生产计划并不能精确地反映企业的实际生产条件和预测生产环境的变化，不可避免地会造成计划与实际执行的偏差。生产过程的可靠与否，决定了对下游客户的服务水准，以及所需要的相关库存投资。

(3) 客户需求的不确定性。客户需求的不确定性是最根本的不确定性。其原因主要包括客户需求的预测存在偏差，客户购买力经常波动以及消费者心理的不断变化等。同时，在供应链中，不同节点企业相互之间需求预测的偏差进一步加剧了供应链的放大效应及信息的扭曲。

(4) 外界环境的不确定性。这主要是指供应链运作所处的外界环境的不断变化，包括供应链企业所处的行业特性，政府的支持或限制政策，暴雨、山洪、台风等自然灾害以及交通堵塞等偶然突发事件(如集会、游行、恐怖主义等)。这类事件往往是难以预测的，但它却给供应链带来了极大的不确定性。

9.1.2 供应链管理中不确定性的表现

(1) 需求信息偏差逐级放大的"牛鞭效应"。供应链管理中产生的这种信息放大现象一般是成员企业优化自身行为的结果。一方面，在供应链的各成员企业间普遍存在着一种合作协商和委托代理关系。基于委托代理理论，供应链中的每一个成员企业都是理性的。为了保证自己利益的最大化，就会隐藏一些敏感信息，特别是涉及核心技术和商业秘密的信息，导致供应链信息不对称。另一方面，供应链各节点企业为了满足自己用户的需求和保持较高的用户服务水平，会夸大一些公用信息(如用户订货量)使信息失真，进而产生牛鞭效应。

(2) 供应链合作伙伴关系的不确定性。一是由于加盟供应链的各企业自身固有的素质差异，如成员企业的技术水平、管理水平、风险偏好、员工素质、企业文化等，会随着供应链的形成而自然产生差异，成为企业间合作和沟通的无形障碍，进而势必会降低供应链的整体竞争力和获利能力。二是由于以独立经营实体加盟供应链的各企业的目标和利益不尽相同，它们之间的合作不仅存在于技术创新的过程，而且还存在于合作各方相互博弈的过程。"各自为政""各人自扫门前雪"的局部最优而整体次优的现象在供应链管理中经常出现。

(3) 供应链收益水平和竞争力的不确定性。经济全球化导致全球市场竞争日益激烈，用户需求个性化、多样化，使产品生命周期逐渐缩短。组建供应链这一动态虚拟企业联盟，正是为了适应这一变化，给供应链成员企业提供参与市场竞争的机遇。市场需求的不确定性和激烈竞争带来了各成员企业面临的市场风险和投资风险。例如，在面向用户需求组建供应链的初期可能会获得高额短期利润，但此后利润会有所下降，进而影响成员企业的利润分配额。此外，随着技术扩散和科技进步，供应链成员企业掌握的核心技术可能会失去其竞争优势，这就促使了供应链整体竞争能力的下降。

(4) 供应链成员组成的不确定性。供应链本质上是一种动态企业联盟，其动态性决定了供应链面临着随时解散、更新或重新组建的可能性。这种不确定性可能由于供应链整体竞争力不强、利润不稳定、利益分配不均衡或某一节点企业与其上下游企业的关系不协调造成的。例如，在供应链整体利润一定的条件下，各成员企业的利润分配额是此消彼长的。当利润分配机制不足以体现风险分担水平或公平性时，某些成员企业会在今后合作中要么表现消极，要么拒绝进一步的合作，退出当前的供应链。

9.1.3 牛鞭效应

1. 牛鞭效应的概念

牛鞭效应又称需求变异放大效应，是指供应链的产品需求的订货量随着供应链向上游不断波动且放大，结果远远超出最初预测的消费者需求。也就是说，到达供应链最上游的产品需求量远远大于市场实际需求量。这一定义类似于蝴蝶效应的定义：一个系统的某一段的小幅变动通过整个系统的加乘作用从而在系统的另一端产生极大的影响。牛鞭效应的具体表现是，以订单为载体的需求信息沿着供应链从顾客向零售商、批发商、分销商、制造商、原材料供应商传递的过程中，需求信息的变异会被逐级放大。

2. 牛鞭效应产生的原因

(1) 需求预测修正。需求预测修正是指当供应链的成员采用其直接的下游订货数据作为市场需求信号时，即产生需求放大。在传统的供应链中，各节点企业总是以其直接下游的需求资讯作为自己需求预测的依据，对未来的掌握度极差，因而常在预测值上加上一个修正增量作为订货数量，产生了需求的虚增。牛鞭效应随之产生。

(2) 价格波动。零售商和分销商面对价格波动剧烈、促销与打折活动、供不应求、通货膨胀、自然灾害等情况，往往会采取加大库存量的做法，使订货量远远大于实际的需求量。供应链中的上游企业经常采用一些促销策略(如价格折扣、数量折扣等)促进销售。然而，对下游企业来说，如果库存成本小于由于折扣所获得的利益，那么在促销期间，它们为了获得大量含有折扣的商品，就会虚报商品的销售量，然后将虚报的商品拿到其他市场销售或者推迟到促销结束后再销售，也有的将这一部分商品再转卖给其他经营者，这样就引起了需求极大的不确定性。而对消费者来说，在价格波动期间，他们会改变购买行为，但这并不能反映消费者的实际需求，因为他们会延迟或提前部分需求。因此，价格波动会产生牛鞭效应。

(3) 订货批量。在供应链中，每个企业都会向其上游订货，一般情况下，销售商并不会来一个订单就向上级供应商订货一次，而是在考虑库存和运输费用的基础上，在一个周期或者汇总到一定数量后再向供应商订货。为了减少订货频率，降低成本和规避断货风险，销售商往往会按照最佳经济规模加量订货。同时，频繁订货也会增加供应商的工作量和成本，供应商也往往要求销售商按一定数量或一定周期订货，此时销售商为了尽早得到货物或全额得到货物，或者以备不时之需，往往会人为提高订货量，这样，由于订货策略导致了牛鞭效应。

(4) 短缺博弈。当需求大于供应时，理性的决策是按照订货量比例分配现有供应量。此时，销售商为了获得更大份额的配给量，故意夸大其订货需求是在所难免的；当需求降温时，订货又突然消失。这种由于短缺博弈导致的需求资讯的扭曲最终导致牛鞭效应。

(5) 库存失衡。传统的营销一般是由供应商将商品送交销售商，其库存责任仍然归供应商，待销售完成后再进行结算，但商品却由分销商掌握和调度。这就导致了销售商普遍倾向于加大订货量来掌握库存控制权，因而加剧了订货需求，导致了牛鞭效应。

(6) 缺少协作。由于缺少信息交流和共享，企业无法掌握下游的真正需求和上游的供货能力，只好自行多储货物。同时，供应链上无法实现存货互通有无和转运调拨，只能各自持有高额库存，这也会导致牛鞭效应。

(7) 提前期。需求的变动随提前期的增长而增大，且提前期越长，需求变动引起的订货量就越大。由于企业对交货的准确时间不确定，往往希望对交货日期留有一定的余地，会持有较长的提前期，因此，逐级的提前期拉长也造成了牛鞭效应。

3. 牛鞭效应的表现

牛鞭效应对供应链管理是不利的，它造成批发商、零售商的订单和生产商产量峰值远远高于实际客户需求量，进而造成产品积压，占用资金，使得整个供应链管理效率低下。其具体表现有以下几个方面。

(1) 增加了生产成本。公司及其供应商为了满足由于牛鞭效应产生的具有变动性的订单流，要么扩大生产能力，要么增加库存量。但这两种做法都会加大单位产品的生产成本。同时由于无法及时处理积压订单，增加了生产计划的不确定性，导致过多的修订计划，增加了补救措施的费用、加班费用和运输费用等，使单位产品的生产成本进一步加大。

(2) 增加了库存成本。为了应付增大的需求变动性，公司不得不保有比牛鞭效应不存在时还要高的库存水平。同时，高水平的库存还增加了必备的仓储空间，从而导致库存成本的增加。有关研究表明，在整个供应链中，从产品离开制造商的生产线至其到达零售商的货架上，产品的平均库存时间超过 100 天。被扭曲的需求信息使供应链中的每个个体都相应地增加了库存成本。

(3) 延长了供应链的补给供货期。由于牛鞭效应增加了需求的变动性，与一般需求相比，公司及其供应商的生产计划更加难以安排，往往会出现当前生产能力和库存不能满足订单需求的情况，从而导致供应链内公司及其供应商的补给供货期延长。

(4) 提高了供应链的运输成本。公司及其供应商在不同时期的运输需求与订单的完成密切相关。由于牛鞭效应的存在，运输需求将会随着时间的变化而剧烈波动。因此，需要保持剩余的劳动力来满足高峰的需求，从而增加了劳动力总成本。

(5) 提高了供应链和送货与进货相关的劳动力成本。公司及其供应商送货的劳动力需求将随着订单的波动而波动，分销商和零售商进货的劳动力需求也存在类似的波动，为了应付这种订单的波动，供应链的不同阶段有不同的选择，或者保有剩余劳动力，或者实行变动劳动力，但无论是哪种选择，都会增加劳动力总成本。

(6) 降低了供应链内产品的供给水平，导致更多的货源不足。订单的大幅度波动使得公司无法及时向所有的分销商和零售商供货，从而导致零售商出现货源不足的频率加大，供应链销售额减少。

(7) 供应链上企业间互相不信任，给运营带来负面影响。供应链上企业间的不信任使每个节点企业都误认为自己做得尽善尽美，而将这一责任归咎于其他节点企业，损害了各节点企业之间的关系。于是，牛鞭效应就使供应链不同节点企业为协调关系而付出的努力变得更加没有意义。

4. 牛鞭效应的解决方法

1) 订货分级管理

从供应商的角度看，并不是所有销售商(批发商、零售商)的地位和作用都是相同的。按照帕累托定律，它们有的是一般销售商，有的是重要销售商，有的是关键销售商，而且关键销售商的比例大约占 20%，却实现了 80%的销量。因此，供应商应根据一定标准将销售商进行分类，对于不同的销售商划分为不同的等级，对它们的订货实行分级管理，如对于一般销售商的订货实行满足管理，对于重要销售商的订货进行充分管理，对于关键销售商的订货实现完美管理，这样就可以通过管住关键销售商和重要销售商来减少变异概率；在供应短缺时，可以优先确保关键销售商的订货；供应商还可以通过分级管理策略，在合适时机剔除不合格的销售商，维护销售商的统一性和渠道管理的规范性。

2) 加强出、入库管理

避免人为处理供应链上的有关数据的一个方法是使上游企业可以获得其下游企业的真实需求信息，这样上、下游企业都可以根据相同的原始资料来制订供需计划。例如，IBM、惠普和苹果等公司在合作协议中明确要求分销商将零售商中央仓库里产品的出库情况反馈回去，虽然这些数据没有零售商销售点的数据那么全面，但这总比把货物发送出去以后就失去对货物的信息要好得多。

3) 缩短订货期

一般来说，订货提前期越短，订量越准确，因此，鼓励缩短订货期是解决牛鞭效应的一个好办法。

根据沃尔玛的调查，如果提前 26 周进货，需求预测的误差为 40%；如果提前 16 周进货，需求预测的误差为 20%；如果在销售时节开始时进货，则需求预测的误差为 10%。通过应用现代信息系统可以及时获得销售信息和货物流动情况，同时，通过多频度、小数量、联合送货方式，实现实需型订货，从而使需求预测的误差进一步降低。

4) 避免短缺情况下的博弈行为

面临供应不足时，供应商可以根据销售商以前的销售记录来进行限额供应，而不是根据订购的数量，这样就可以防止销售商为了获得更多的供应而夸大订购量。通用汽车公司长期以来都是这样做的，很多大公司(如惠普等)也开始采用这种方法。

9.2 供应链整合

9.2.1 供应链整合的概念

企业既向上游的贸易伙伴订购产品，又向下游的伙伴供应产品。供应链管理所要达到的目的就是对现有的供应链进行有效整合，建立协调有序的贸易伙伴关系。越来越多的企业认识到竞争的含义不再是以往意义上公司与公司之间的竞争或品牌与品牌之间的竞争，而是供应链与供应链之间的竞争。供应链的管理与企业的市场竞争优势已经密不可分，丰田、沃尔玛、戴尔的成功都是供应链整合优势的证明。

供应链整合是企业和它的供应链伙伴之间战略性合作的程度。通过协调管理组织内部和组织之间的业务流程，实现有效果、高效率的管理，以低成本和高速度提供最大的价值给客户。

9.2.2 供应链整合的类型

一条典型的供应链包含供应商、制造商和客户，因此，供应链整合的概念包含三个维度：供应商整合、内部整合和客户整合。内部整合关注制造企业内部的活动；客户整合和供应商整合属于外部整合，其关注的是组织间的整合。

1. 内部整合

内部整合是指企业(或资产所有者)将其内部产业和业务根据优化组合的原则进行的重新调整和配置。内部整合是在现有资本结构的基础上，通过调整内部资源，包括控制成本，提高生产率，开发新产品，拓展新市场，提高管理能力，来创造和维持现有的竞争优势。

通过内部整合可以使企业的现有资源得到充分的利用，使生产规模在一定的资本结构和技术领域内得以扩大，从而不断增强核心能力。建立了自身的核心能力以后，在此基础上进行有目的的外部交易(如联合或参与 OEM 等)，继续获得核心能力，保持中小企业在竞争中制胜的关键是制定出合适的竞争战略，这种战略必须能够扬长避短，获得竞争优势。

2. 外部整合

外部整合是指企业对外围企业的业务，或对产业上下游的关联业务或优势资源进行的调整合并过程，以达到增强企业竞争实力，加强对产业控制力的目的。

一般来讲，外部整合通过企业和企业之间资产的买卖(如收购、兼并)、互换等形式，剥离不良资产，配置优良资产，使现有资产的效益得以充分发挥，从而获取最大的经济效益。

9.3 供应链优化

9.3.1 供应链优化的概念

供应链优化(supply chain optimization)即"在有约束条件或资源有限的情况下的决策方案",它主要有整体优化和局部优化两种类型。整体优化是从大量方案中找出最优方案,然而,实际情况下可能没有最优方案或者没有方法来检测所得方案是否最优,因此有必要进行局部优化。局部优化是在大量类似方案中找出最优方案,此法取决于方案的最初解,最初方案不同,优化结果也不同。

供应链优化问题由决策变量、目标函数和约束条件组成。决策变量是需要作的决策,物流中有以下决策变量:何时、何地从供应商中订购原材料;何时生产;何时把产品交给客户、交多少。目标函数是经济上或其他方面所要达到的目标,物流中有以下目标函数:利润最大;供应链成本最低;生命周期最短;客户服务质量最高;延误最短;产量最大;满足所有客户需求等。约束条件是变量必须满足的条件,物流中有下列约束条件:供应商生产材料、零件的能力;生产线每天工作的时间、负荷;配送中心的处理、收集等能力。

9.3.2 供应链优化的目的

一般来说,优化目标会从私营企业和公共组织两种完全不同的角度来考虑。

(1) 私营企业的目标。供应链管理系统中优化目标的定义有很多种形式,如"优化是ROI(投资回报率)达到最高的关键,它的目标包括成本最低、顾客服务水平最高、生产周期最短";然而,在讨论库存链优化时,有人认为最大ROI的目标是"在增加利润的同时,提高顾客服务水平,减少总成本,减少工作负荷,减少库存";"ROE(资产回报率)最大或竞争力提高";"公司盈利最大,市场份额最大"等。

如果把这些目标用于决策模型中,那么这些目标必须转换成明确的、可以衡量的目标。更具体的目标通常是利润及其衍生物——成本和收入。其中,成本包括资本、生产运营成本、仓储和运输成本、库存持有成本、行政管理成本、IT成本和包装成本;收入受公司可提供服务质量的影响,包括准时性、产品可得性等。

(2) 公共组织的目标。公共组织的目标主要有三方面的因素:经济、环境和社会。每个方面都能对供应链设计产生影响。私营企业的目标是设施和运输成本最低,而公共组织的目标则不同。

① 经济:主要和经济系统的改进有关,包括:提高国家竞争力(包括减少工业运输成本);支援不发达地区;增强区域联系,扩大外延;市场标准化(标准的、开放的);提高就业、改革和出口的经济绩效。

② 环境:设施建设、交通运输会对环境造成影响,而环境又对人类身体和下一代有影响,主要包括:当地空气质量(对人有影响,威胁健康);区域空气质量(对庄稼、树木不利);噪声;长期危害(能量危机、臭氧层变薄、温室效应)等。

③ 社会:主要和居民、员工有关,包括:工作场地和运输中的活动安全;经营工作条件;关注残疾人;社会资产的改变(收入分配的影响)。

私营企业在决策中不一定要考虑以上因素,然而政府必须考虑。现在多方已经达成共识:必须制定相关环境标准。当然,单个组织在决策过程中也尽量要考虑这些标准。

9.3.3 供应链优化方案

1. 合并以规模化,获取规模化优势

在供应链中,把分散的业务集中起来,就可以获得规模优势,如每个经销商自己提货不如由核心企业统一配送,每个供应商送货不如核心企业组织统一取货(milk run 策略)。在生产环节中,有 N 个品种、多条生产线,这时把某条生产线专用于生产量大的品种,即使空闲也不切换生产其他品种,也是一种合并零散订单获取规模优势的策略(一些业务实践表明,这样能提高生产率)。分析供应链并查看有哪些业务可以合并,如果能够合并,则可能有改进空间。

2. 分类并差异化

不同的业务类别需要不同的业务策略。联想公司针对家庭客户和商用客户分别建立了供应链;服装企业针对南、北方不同的区域设计不同的运营策略,错开上市时间等;宝洁公司针对不同的采购材料类别设计不同的采购策略。因为不同类别有不同的特点,所以需要不同的策略。供应链优化时应先分类,分析不同类别的特点,试试看能否找到优化空间。

3. 时间优化

缩短各环节时间,提高各环节时间匹配,减少等待,这是一种基本的优化策略。时间缩短了,周转库存、订单提前期等指标都会优化,减少等待也能达到类似效果。做时间优化的基础是先画出运作流程图,把各环节所用时间标注出来,画出时间图(T——运输,S——存储,P——生产,I——检测,D——延迟),逐项分析哪一项时间可以缩短或者取消,从而可以优化供应链。

4. 信息共享

销售环节与生产环节信息共享,核心企业与供应商信息共享,从共享长期计划、中期计划到短期计划信息,共享需求预测信息,再到业务细节中的信息共享,等等,共享信息可以促进业务优化。

【延伸阅读】

具体内容请扫描右侧二维码。

第 10 章 物流与供应链风险管理

【学习目标】

通过本章的学习，了解物流风险、供应链风险的类别，掌握这些风险的应对策略。能力上能够根据风险产生的不同情况结合所处环境，提出相应的应对策略。素养上具有一定的分析问题、解决问题的能力以及随机应变的能力。思政上培养理论联系实际，具体问题具体分析的思想。

【案例导入】

"8·4"黎巴嫩首都爆炸事故

2020年8月4日下午6时左右，黎巴嫩首都贝鲁特港口区域发生特大爆炸事故，爆炸接连发生两次，导致多栋房屋受损，玻璃被震碎，天上升起红色烟雾。

此次爆炸造成至少190人死亡、6 500多人受伤、3人失踪。黎巴嫩当局8月17日宣布，贝鲁特紧急状态延长至9月18日；同日，黎巴嫩司法部门宣布了贝鲁特爆炸案的初步调查结果，在爆炸发生前，包括前海关关长迈尔希、贝鲁特港总经理库雷特姆等多名政府工作人员多次收到港口存放危险品的报告，然而他们均未采取应对措施，最终导致灾难发生，贝鲁特港口12号仓库的管理存在严重安全隐患，因为仓库内除了发生爆炸的2 750吨硝酸铵，还存放了大量的烟花和爆竹。

(资料来源：https://baike.baidu.com/)

思考：当今社会信息技术如此发达，是什么原因导致了这么严重的沟通不畅呢？

随着经济全球化和信息技术的不断发展，市场竞争的加剧，促使跨国公司在全球范围内配置资源，也使中国成为全球采购市场的一部分。此外，在经济全球化迅猛发展的今天，对世界经济份额的争夺，成了国际竞争的重心。一个国家占有世界经济份额的高低，成了其经济竞争力和经济发展水平的重要标志。随着供应链管理战略在全球的日益普及，企业与企业之间的竞争不再是孤立的，而是不同企业之间因为利益驱使而结成的供应链之间的竞争。全球供应链形象的产生和发展对国家经济的发展，特别是发展中国家的经济发展具有重要的影响。

10.1 商业风险

10.1.1 交货延迟产生的风险

物流与供应链管理的实现不是一个企业就能独立完成的，其中涉及各个企业的通力合作，然而并非所有的企业都能按照约定完成相应的工作内容。由于原材料没有办法及时供应，导致制造企业无法按时供应，违反最后交货期限，从而使整个供应链管理出现问题，所以造成风险的事件时有发生。没有按时交货的供应商是日常供应链管理的一部分，很多企业都力争实现100%的 OTIF(按时完全交货)，但它并不总是发生，这意味着企业需要经常淘汰一些没有达到等级的供应商。首先，需要设定明确的期望和后果，明确地告知供应商预计的交货时间、交货地点、运输条款及违约责任并得到供应商的明确回复。其次，采购订单应制定相应的原则，做到优价优先、数量有限、优秀供方奖励等原则，切不可将全部的供货均下至同一家供应商，应按照供应商的等级合理、公开、透明地分配订单，实现高效管理。再次，建立良好的订单管理系统，如在线发布订单与回复、自动跟/催单回复、实时反馈交期情况、双方在线沟通等，进行流程化管理，保持订单交期准确性，减少各种异常情况。最后，拟订交货计划，可以在订单管理系统中导入周、月计划，让相关供应商回复实际交期，如有异常交货，做好异常提醒及确认工作。在整个交货过程中，均需实时监控，并进行各种物流信息的在线跟踪。

10.1.2　商业机密泄露产生的风险

商业秘密是一种需要由权利人自主采取保护措施的权利。商业秘密一旦被反向工程披露或被侵权泄露，权利人就永远丧失了对其垄断的权利，具有不可逆性。很多公司因为自己的机密被泄露造成重大损失甚至导致倒闭。虽然对侵犯商业秘密的行为权利人可以通过诉讼的事后救济挽回一定的损失，但是企业如何保持其核心技术不被披露，也即商业秘密的事前救济，是企业生存发展的刚性需求，如何重视都不过分。在物流与供应链管理中，供应链上各企业能够实现资源共享，对于部分企业而言其核心的商业机密存在外泄的风险。虽然部分企业出台了保密制度，也与相关的企业签订了保密协议等，但还是由于各种各样的原因有可能会导致部分商业机密被泄露。面对这种情况，企业应高度重视自有商业机密的保护，聘请专业律师协作和制定符合实际、切实可行的保密制度，对于涉及保密范围内的人员除签署保密协议外，还需加强其保密意识，做好相关培训。对供应链内各企业的计算机系统、网络系统进行安全设置，制定计算机安全管理制度，禁止私人购买软件等。对商业机密保护措施实时跟踪改进，定期或不定期进行检查。

10.1.3　延迟付款产生的风险

按时付款是商业社会的基本准则，然而不履行供应链交易财务义务在供应链管理中屡见不鲜。尤其是许多中小企业，多数位于制造业企业供应链上下游，面对规模较大、竞争力较强的核心企业，上下游中小企业在谈判议价过程中时常处于弱势地位，这种拒不履行的财务义务导致的资金链紧张是中小企业发展过程中面临的主要问题。目前，我国已经出台相关的法律法规来维护中小企业的合法权益，帮助中小企业渡过难关。同时，建立了相关的监管机制，确保该法律法规的实现。供应链上各企业也应树立正确的观念，做到诚实守信，如期履行付款义务。

10.2 物流运输风险

10.2.1 仓储风险

仓库在设计、建设时，应按消防要求进行设计和施工，且建设完成后须由当地消防部门验收，待通过后方可营业。目前，大部分仓储人员知识水平较低，且呈现出老龄化的状态。然而仓储人员必须具备必要的消防知识，充分了解存储物资的防火属性，实现科学化管理。同时，仓储人员需要定期就各类物资(如电路)进行检查，以防止风险产生。

目前，仓储管理活动仍处于劳动密集型阶段，对人员的依赖性较高。除仓储运营需要相关人员外，物流搬运也涉及大量的人员。同时存在人车混行的区域，极易发生安全事故，如被叉车碰撞，非设备驾驶人员驾驶设备造成自伤或他伤，在货架区被高空坠物砸伤等。由于仓储作业的性质及成本问题，导致仓储中心的选址并非处于监控力度较高的城市中心，所以在实际的运作过程中可能会出现失窃的风险。因此，在仓储管理过程中，应设立明确的人车分流通道，定期对相关人员进行安全培训，并制定相关的制度，以便更好地保障相关人员的人身和财产安全。同时增加仓储中心的实时监控设备数量，安排专门的人员负责实时监控，以及设置部分安保人员进行不定期的巡逻检查。

10.2.2 运输风险

物流运输距离长短不一，其承担的风险也大小不同。但大体而言，长途运输尤其是长途干线运输，驾驶人员需要长时间行驶在路上，很容易因为疲劳驾驶而造成车辆事故。同时，也会发生车辆爆胎、设施温度过高引起自燃造成事故等。由于各大城市对大型货车有一定的限行规定，所以长距离物流运输通常会选择在夜间进行。然而车辆在夜间行驶过程中或在休息区，时常会发生车厢内货物被盗的事故。因此，在涉及上述情况时，物流企业应配备两名驾驶人员，实行倒班开车；并在驾驶室安装安全监控设施，以便及时预警，从而降低事故率。

10.2.3 包装风险

包装可分为一次包装和二次包装。一次包装在货物进出仓库或上下车辆的过程中可能会出现损坏，从而产生损失。而二次包装一般由仓储企业完成，在此情况下，仓储场地内会配置很多生产加工设备，如传送带、激光打码机、自动码垛机、自动封箱机等。在操作这些设施与设备时，如果操作不当或注意力不集中，会造成机器伤人的事故。由于部分仓储企业还未实现仓储自动化，需要依靠人来完成包装生产线上部分具有大量重复性的工作，有时会出现漏操作的情况，如漏贴标签、标签所贴位置不对等，货物送到客户手中后，一旦被发现就会造成质量投诉。针对一次包装在物流过程中可能会带来风险的情况，可以采用规范化的包装(即使用托盘包装等)来降低风险，也可以尽量选用直达运输以减少中转途中产生的风险，亦可加固包装以抵御风险。而二次包装所带来的风险，则首先需要制定相应的制度，对从事包装作业的人员进行安全培训，合理设置其工作时间，并营造恰当的氛围，以降低风险产生的可能。

10.3　其他风险管理

10.3.1　物流信息系统的风险

目前，我国大多数企业物流信息系统水平较低。随着现代物流及第三方、第四方物流的兴起，传统物流企业纷纷转型，很多中小规模的物流企业得到了迅猛发展并成为本地的龙头企业，有了一定的规模。但随着企业的不断发展壮大，企业利润并未随着其规模的扩大而提升，相反，由于竞争加剧、油价上涨等促使物流总费用上升，进而使物流企业管理者意识到物流信息化的重要性。然而，大多数物流企业尚不具备运用现代信息技术处理物流信息的能力，存在诸如观念落后、人才缺失、资金不足、管理不善、缺乏标准等问题，导致物流信息系统存在诸多风险。要应对这些风险，首先，企业应该提升物流管理观念，尤其是管理者应该摒弃这种滞后的想法，清晰地意识到提升管理观念的重要性，认识到物流信息化是提升企业未来竞争力的重要手段，从而有效发挥物流信息系统的作用。其次，注重信息化人才的培养和选拔，设立专门的人事专员负责信息化人才队伍的搭建，并聘请专业的人员对信息化系统的应用进行指导和改进，最大限度地满足企业发展的需要。最后，积极开展信息标准化的构建工作，可根据国内外的统一标准结合企业实际情况，进行标准制定，尽管标准制定工作较为烦琐，但是一旦建成，对于今后信息化工作的顺利开展将有重要的影响。

10.3.2　连带责任产生的风险

物流与供应链管理过程中，不仅涉及收、发货人等，还涉及诸多第三方、第四方物流企业。第三方物流企业可能会由于外包市场不成熟、外包目标不明确、外包范围确定不恰当、与承包商关系不明确、选择承包商失误、错误的外包决策、外包合同签订不恰当等给供应链带来风险。而第四方物流企业则普遍呈现出能力风险、多方合作风险、道德风险和市场风险。由于这些风险的存在，导致供应链上其他企业也或多或少地受到一定的影响，进而不得不承担相应的风险。在此情况下，供应链上各企业首先应做好相应的风险规避措施，慎重选择适当的第三方、第四方物流企业，签订好合同，一旦出现上述事件，以合同为依据进行责任划分。同时，建立应急制度，如若第三方、第四方物流企业无法正常履约，则立即启动备选方案，以便降低损失。

10.3.3　人力不可抗产生的风险

物流与供应链管理过程中，不仅涉及国内各个企业之间的管理，也涉及部分跨国企业的管理。随着新冠病毒等公共卫生事件的肆虐，火山、地震、干旱、火灾等自然灾害的出现，个别国家之间的地缘风险的发生，物流与供应链管理的不确定性逐渐被放大。面对上述这些风险，供应链管理者应尽可能地采取各种措施抵御风险或使损失降低，或是转嫁风险。

【延伸阅读】

具体内容请扫描右侧二维码。

参 考 文 献

[1] 哈里森，范赫克. 物流管理[M]. 李严峰，李婷，译. 北京：机械工业出版社，2013.
[2] 角井亮一. 精益制造 014：物流管理[M]. 刘波，译. 北京：东方出版社，2013.
[3] 王之泰. 新编现代物流学[M]. 4 版. 北京：首都经济贸易大学出版社，2018.
[4] 李严锋，张丽娟. 现代物流管理[M]. 4 版. 大连：东北财经大学出版社，2016.
[5] 张余华. 现代物流管理[M]. 3 版. 北京：清华大学出版社，2017.
[6] 刘常宝. 电子商务物流[M]. 北京：机械工业出版社，2018.
[7] 毕娅. 电子商务物流[M]. 北京：机械工业出版社，2015.
[8] 王述英. 物流运输组织与管理[M]. 2 版. 北京：电子工业出版社，2011.
[9] 吴小燕. 运输管理与实务[M]. 上海：上海大学出版社，2013.
[10] 蔡淑琴. 物流信息系统 [M]. 3 版. 北京：中国物资出版社，2010.
[11] 王道平，关忠兴. 物流信息系统[M]. 北京：北京大学出版社，2012.
[12] 李鹏飞. 物流信息系统[M]. 北京：人民邮电出版社，2014.
[13] 王世文. 物流管理信息系统[M]. 2 版. 北京：电子工业出版社，2010.
[14] 陈胜利，李楠，雷福民，等. 仓储管理与库存控制[M]. 北京：经济科学出版社，2015.
[15] 李作聚，陈伊菲，宋晓黎，等. 仓储系统规划与管理[M]. 北京：中国建材工业出版社，2015.
[16] 杨鹏. 仓储与配送管理[M]. 北京：经济科学出版社，2018.
[17] 耿富德. 仓储管理与库存控制[M]. 北京：中国财富出版社，2015.
[18] 李育蔚. 仓储物流精细化管理全案[M]. 北京：人民邮电出版社，2015.
[19] 汪佑民. 配送中心规划与管理[M]. 北京：经济科学出版社，2014.
[20] 王转. 配送与配送中心[M]. 2 版. 北京：电子工业出版社，2015.
[21] 李岩. 运输与配送管理[M]. 2 版. 北京：科学出版社，2017.
[22] 梁旭，刘徐方. 物流仓储与配送管理[M]. 2 版. 北京：清华大学出版社，2017.
[23] 汝宜红，宋伯慧. 配送管理[M]. 3 版. 北京：机械工业出版社，2016.
[24] 何庆斌. 仓储与配送管理[M]. 2 版. 上海：复旦大学出版社，2015.
[25] 王小丽. 物流信息管理[M]. 3 版. 北京：电子工业出版社，2017.
[26] 王汉新. 物流信息管理[M]. 2 版. 北京：北京大学出版社，2016.
[27] 丁德波，戴德颐. 物流信息管理[M]. 北京：南京大学出版社，2016.
[28] 夏火松. 物流管理信息系统[M]. 2 版. 北京：科学出版社，2018.
[29] 翁心刚，安久意，黄全明，等. 大宗商品全程电子商务及物流模式研究[M]. 北京：中国财富出版社，2016.
[30] 舒辉. 集成化物流协同管理：机理、体系与模式[M]. 北京：经济管理出版社，2017.
[31] 林庆. 物流 3.0："互联网+"开启智能物流新时代[M]. 北京：人民邮电出版社，2017.
[32] 黄刚. 物流大生态：构建新零售时代的电商物流模式[M]. 北京：机械工业出版社，2017.
[33] 桑德斯. 大数据供应链：构建工业 4.0 时代智能物流新模式[M]. 丁晓松，译. 北京：中国人民大学出版社，2015.

[34] 李肖钢. 第四方物流促进块状经济转型升级机制和发展对策：基于集群网络优化视角的研究[M]. 杭州：浙江大学出版社，2015.

[35] 刘璠. 第四方物流企业协同运作研究[M]. 武汉：武汉大学出版社，2014.

[36] 姚建明. 第四方物流整合供应链资源研究[M]. 北京：中国人民大学出版社，2013.

[37] 王建伟. 中小物流企业联盟发展经验与探索[M]. 北京：人民交通出版社，2015.

[38] 闫秀霞. 物流联盟：基于物流服务能力的创新模式[M]. 北京：经济科学出版社，2015.

[39] 章竟. 绿色物流[M]. 2版. 北京：北京交通大学出版社，2018.

[40] 王喜富. 城市绿色智慧物流[M]. 北京：电子工业出版社，2018.

[41] 中国物资再生协会. 中国再生资源行业发展报告(2017—2018)[M]. 北京：中国财富出版社，2019.

[42] 中国物资再生协会. 再生资源"互联网+"创新之路[M]. 北京：人民邮电出版社，2016.

[43] 谢如鹤. 冷链物流[M]. 武汉：华中科技大学出版社，2017.

[44] 王兆华. 逆向物流管理理论与实践[M]. 北京：科学出版社，2015.

[45] 赵忠. 逆向物流运作模式研究[M]. 上海：上海交通大学出版社，2013.

[46] 樊雪梅，张国权，王洪鑫. 供应链管理[M]. 北京：科学出版社，2018.

[47] 丁俊发. 供应链国家战略[M]. 北京：中国铁道出版社，2018.

[48] 丁俊发. 供应链理论前沿[M]. 北京：中国铁道出版社，2018.

[49] 丁俊发. 供应链企业实战[M]. 北京：中国铁道出版社，2018.

[50] 丁俊发. 供应链产业突围[M]. 北京：中国铁道出版社，2018.

[51] 刘宝红. 供应链管理：高成本、高库存、重资产的解决方案[M]. 北京：机械工业出版社，2019.

[52] 鲍尔索克斯 D，克劳斯，库珀，等. 供应链物流管理：原书第4版[M]. 马士华，张慧玉，等译. 北京：机械工业出版社，2014.

[53] 麦尔森. 精益供应链与物流管理[M]. 梁峥，郑诚俭，郭颖妍，等译. 北京：人民邮电出版社，2014.

[54] 克里斯托弗. 物流与供应链管理[M]. 4版. 何明珂，崔连广，郑媛，等译. 北京：电子工业出版社，2012.

[55] 张浩. 采购管理与库存控制[M]. 2版. 北京：北京大学出版社，2018.

[56] 姜宏锋. 采购4.0：采购系统升级、降本、增效实用指南[M]. 北京：机械工业出版社，2016.

[57] 刘宝红. 采购与供应链管理：一个实践者的角度[M]. 2版. 北京：机械工业出版社，2015.

[58] 付胜利. 一本书搞懂采购[M]. 北京：化学工业出版社，2019.

[59] 王尉虹. 供应链中的供需关系管理[M]. 秦仲篪，王爱武，李金亮，等译. 北京：清华大学出版社，2014.

[60] 周宏明，袁啸云. 小数据战略：新零售时代如何重构用户关系[M]. 北京：中国经济出版社，2019.

[61] 王利，黄颖. 供应链生命周期合作关系的影响机理与协调策略[M]. 北京：中国财富出版社，2018.

[62] 彭剑锋，宋跃三，吴满鑫. 供应链改变中国[M]. 北京：中信出版社，2017.

[63] 周根贵. 供应链模型构建、优化与决策[M]. 北京：中国财政经济出版社，2017.

[64] 赵先德. 供应链与商业模式创新[M]. 上海：复旦大学出版社，2019.

[65] 郭海峰. 牛鞭效应：现象危害量化和控制[M]. 北京：电子工业出版社，2011.

[66] 迪特曼. 供应链变革：制定和实施集成供应链战略[M]. 苏铁军，译. 北京：机械工业出版社，2014.

[67] 秦娟娟. 考虑商业信用的供应链库存优化与协调研究[M]. 北京：经济管理出版社，2017.

[68] 刘峥，徐琪. 双渠道供应链的优化与协调研究[M]. 北京：北京理工大学出版社，2015.

[69] 叶飞，林强. "公司+农户"型订单农业供应链协调优化机制研究[M]. 北京：科学出版社，2016.

[70] 魏娟. 物流信息平台整合供应链资源模式[M]. 北京：经济管理出版社，2018.

[71] 福斯特. 质量管理：整合供应链[M]. 6版. 何桢，译. 北京：中国人民大学出版社，2018.

[72] 哈克塞弗，伦德尔. 服务管理：供应链管理与运营管理整合方法[M]. 陈丽华，王江，等译. 北京：北京大学出版社，2016.

[73] 刘宝红，赵玲. 供应链的三道防线：需求预测、库存计划、供应链执行[M]. 北京：机械工业出版社，2018.

[74] 鲍新中. 物流成本管理与控制[M]. 4版. 北京：电子工业出版社，2016.

[75] 安克莱萨里亚. 供应链成本管理：利用 AIM&DRIVE 流程获得卓越成果[M]. 任建标，译. 北京：中国财政经济出版社，2011.

[76] 李遵义，洪卫东，林东龙. 精细化管理 低成本运营：案例解析大型企业采购供应链管理[M]. 北京：中国经济出版社，2015.

[77] 曹云，牛红霞. 物流成本管理[M]. 2版. 北京：化学工业出版社，2018.

[78] 包红霞. 物流成本管理[M]. 北京：科学出版社，2018.

[79] 张远. 物流成本管理[M]. 北京：北京大学出版社，2017.

[80] 李学工，李靖，李金峰. 冷链物流管理[M]. 北京：清华大学出版社，2017.

[81] 孙家庆. 物流风险管理[M]. 3版. 大连：东北财经大学出版社，2015.

[82] 柳荣，雷蕾. 供应链风险管理实战[M]. 北京：人民邮电出版社，2022.

[83] 英国皇家采购与工程学会. 供应链风险管理[M]. 北京中交协物流人力资源培训中心，组织翻译. 北京：机械工业出版社，2014.

[84] 邱映贵. 供应链风险传递及其控制研究[M]. 北京：科学出版社，2022.